JN013094

現代経済政策シリーズ

5

改訂版

地域構造の多様性と内発的発展

北海道の地域経済

髙原一隆

日本経済評論社

はしがき

　地域経済は国民経済の一構成部分である．すなわち，一定の完結性をもった地域的分業の一環を形成することによって成立する．したがって，国民経済の発展と持続性は地域経済のそれに依存することになる．

　もとより地域経済と言っても，地域経済の内部構造を意味する場合と地域経済間の構造を指す場合と 2 通りある．前者は地域の経済構造分析を通じて，どのように移出産業（基盤産業）の基盤を強化して地域所得の上昇につなげていくかという地域レベルの政策論と密接に関係している．後者は国民経済の地理的・空間的配置の分析を通して，その配置の不均衡や効率的配置による国民経済の発展のあり方を論じ，地域を通して国民経済の発展をどのように進めるかという問題意識と関連している．前者が主に地域経済学として研究されてきたのに対して，後者は主に経済地理学（立地論等を含む）として研究されてきた．

　もとより，現代はグローバリゼーションの時代である．政治的にはグローバリゼーションに棹さすような動きがあるにしても，国民経済レベルの地域経済だけの理解では限界があるのも承知している．しかし，本格的に国民経済を超えた地域経済を展開するには理論的課題が多すぎるし，また筆者の能力にも余るため，本書では国民経済における地域経済を対象とした．

　本書は，前者の問題意識から北海道という広域地域を対象に，北海道内の各産業や各地の具体的分析を通じてその発展方法を論じようとするものである．北海道経済を取り上げたのは，筆者が居住している地域経済であること，ポスト高度成長期に持続的な発展の成果がなかなか見いだせていない地域経済であること，地理的に内部経済構造を静態的に分析しやすいこと，1 道 1

県制度のために札幌を含めて１つの行政体で統括されていること，さらに東北や沖縄の一部の大学に見られるように，地域名を冠した「北海道経済論」等という科目がカリキュラムの中に位置づけられていること等の理由による．したがって本書は，大学の講義で使用できる筆者なりの「北海道経済論」でもある．

　さて，地域経済は国民経済の一構成部分であるが，地域経済間の均衡が自動的に図られるものでもないし，不均衡がある場合には当該地域経済の構造に大きな影を残すことになる．例えば，先に発展したある地域が量的にさらなる発展を図るには，発展途上地域の資源を獲得することが不可欠となる．発展途上地域では発展のための産業や経済のシステムが整備されておらず，またそうした人材の育成もされていないため自己の地域資源を活用できないからである．

　こうして発展途上地域の発展が遮断されることは「経路依存」と表現されている．経路依存とは，「制度や仕組みが過去の経験や歴史の偶然によってロックインされること」（exBuzzwords－コンピタント㈱）と定義されているが，こうした定義に最も当てはまる地域経済こそ北海道経済と言えるように思われる．

　戦前の北海道は中央政府直轄の地域であり，地域経済も政府の政策によって動いていった．戦後は「戦後改革」により自治体として北海道が生まれ，地域経済を統御することになった．しかし，冷戦体制への移行など様々な条件があり，出発点からして，中央政府から自立した地域経済になることが出来なかった．経済の高度成長によって経済自立が期待されたが，従来型産業の衰退に変わりうる基盤産業が生まれたとは言えなかった．大量生産・大量消費経済による「豊かな社会」の享受によって人々は経済構造のロックイン解除に動かなかった．21世紀に入り省庁再編が行われたが，中央政府の機関の存続と相俟って経済自立化を阻む条件とされてきた各種の規制策は温存された．

　もちろん，ロックインを解除する試みもあったが，従来型の発想やシステ

ムの活用で行おうとしたため失敗に帰したプロジェクトが多い．そうした失敗の際の障害を克服するものとして筆者が 21 世紀に入る前から主張していたのが経済ネットワークの提唱である．1999 年に出版した『地域システムと産業ネットワーク』（法律文化社）では，当時イタリア経済の第 2 の奇跡を生んだイタリアの産地（industrial district－ID）システムの実態を参考に，日本全国で展開されていた企業間ネットワークの地域経済における意義について述べた．

　続いて 2008 年には，北海道における企業間ネットワークが北海道経済を地域内部から発展させていくことを実証した『ネットワークの地域経済学』（法律文化社，2008 年）を出版した．そこでは，イタリア中部の ID よりも，北海道との比較により現実味をもたせるために何度かにわたるイタリア南部の実態調査を敢行し，新たな EU 地域政策下で，ネットワーク方式による地域振興を進めている地域や諸企業を実証した．そして，北海道においても，企業間・異種産業間ネットワークによって身の丈に合った地域経済を持続的に進めている事例を紹介した．

　本書はそれらを受けて，次のような課題設定を行った．すなわち，1 つは地元経済と地域外の経済との接点に立つ中堅企業が，地域経済発展のリーダーとなることが求められていることである．2 つは，第 1 次産業やモノづくり産業にこだわらず，サービス業を含めた多様な産業で地域づくりを進めることの必要性である．

　本書は 5 章から成り立っているが，各章の要点は次の通りである．第 1 章は，明治以来の開拓時代から現在までの北海道経済発展の概説と戦後における新たな展開について概説した．そこでは，自然的要因によって衰退せざるを得なかった産業や国策によって左右され，時代の流れに乗るタイミングの悪さ等によって失敗した事例を紹介している．

　第 2 章は，統計的数字に基づきながら北海道のマクロ経済の枠組みを実証した．そこでは限られた地域資源を自然の法則に合った使い方をすることによって持続可能な北海道経済の姿を示した．農業や工業と並んで，エネルギ

一産業や高齢者福祉事業など時代に合わせた産業もとり上げた．

　第3章から5章は北海道の主要地域の地域内構造分析である．第3章は札幌を取り上げている．前著では札幌への一極集中を支店経済の展開など資本の北海道への展開と密接に結びつけて論じていた．しかし，21世紀の札幌経済の発展は，新たな産業の支店展開という側面がないわけではないが，バーチャルアイドル「初音ミク」に代表されるように，道内他地域には見られない産業展開に注目して叙述している．

　第4章は，北海道経済再生の要となる地方都市（旭川，函館）を事例に実証している．しかし，現実には人口も減少傾向にあり，新しい産業創成に踏み出せていない2都市の現状を述べた．そしてそれを脱却するには，2地域の主要産業の中堅企業などのリーダーシップが求められることを述べた．釧路と帯広の原稿も準備していたが，紙数の関係で果せなかった．

　北海道の大半の地域は過疎指定されているが，第5章は中山間地の西興部村を事例に述べている．ここでは産業の再生を地域内経済循環に焦点をあてて述べている．旧版に叙述した夕張市や新たに東川町も準備をしていたが，紙数の関係で割愛した．

　以上，各章の要約を示した．「おわりに」でも述べているが，分析の対象地域も限定されているし，地域経済のネットワークに向けての具体的な方法についても十分に展開されていないなどの課題はあるが，読者の評価を待ちたいと思う．

　なお本文中※印は「用語解説」を参照されたい．

　2020年 春

　　　　　　　　　　　　　　　　　　　　　　　　　髙 原 一 隆

目　次

第1章
北海道経済の歩みと構造的問題点

1. 戦前北海道の経済基盤創出

　戦前の北海道経済を跡づけ，その意味を理解するための特性の1つは，内国植民地型経済であったことである．もう1つは中央政府直轄型の経済であったことである．以下，この2つの柱に沿いながら，蝦夷地（北海道）[1]が近代資本主義としてどのような発展過程をたどったかという点を，経済成長の基本的要素である資本，土地，労働力の3点に絞って略述しておこう[2]．

(1) 労働力の創出

　まず近代労働力の創出過程について述べよう．北海道には和人の居住はほとんどなかったため，開発には何よりも道外からの移住を不可欠とした．新政府はまず，その前提となる人々の移動の自由の法的保証，四民平等の宣言を行い移民保護政策を進めた．移民者に対して家屋，家具，農具などを支給し，3年間は食料扶助をするという内容であった．しかし経済発展の基礎的インフラストラクチャー（以下，インフラと略記）もない当時にあっては，それに呼応する移民希望者は余り現れなかった．明治初期の移民の主力は，廃藩置県等で困窮した士族移民であり，旧藩主出資による開拓や華族の資力に依拠した会社組織による開拓などにとどまっていた．

　こうした移民政策と並行して，1873年に徴兵制が施行されたが，人口の少ない北海道にあっては適用外に置かれていたため，北方の防衛という点で

は手薄な状態であった．そのため，その翌年屯田兵制度が始められ，家屋，家具，農具などの貸与，3 年間の食料支給が行われて開拓に従事すると同時に武器（銃）が貸与され，北の防衛にも従事する任務が与えられた．現在の札幌市西区琴似の琴似屯田兵村はその最初である．その後，秩禄処分の結果，経済的に困窮した旧士族の発生に伴い，1875 年「屯田兵例則」によって国内一円から屯田兵を集め，陸軍組織に準じた位置づけを与えた．その後，1890 年代に入ると屯田兵の募集を平民にまで拡大し全道に開拓地が広がっていった．しかし，実際の開拓労働に従事したのは女性や老人であり，決してゆとりのある生活とは言えなかった．この屯田兵制度は，徴兵制が北海道にも適用可能となることによって存在意義を失い，陸軍第七師団が設置された 1904 年に廃止されたが，37 兵村，7,337 戸，4 万人，74,555ha の開拓実績を残した．

　1880 年代後半には士族移住も落ち着き，移住数は減少したが，代わって 1890 年代に入ると平民移民が中心となった．西南戦争による財政危機，松方デフレ政策さらには頻発した地震被害などの影響で困窮した農民の一部は都市労働力となり，一部は北海道への移住を選択した．1886-1922 年の 37 年間に北海道への移住者は戸数で 55 万 1,036 戸であり，それに対応して北海道の人口も明治末には 150 万人を超えた．その出身地域は東北・北陸が 7 割を占めるものの全国に広がっており，現在の北海道が道外の様々な地域から持ち込まれた融合「文化」から成り立つ歴史的根源を示している．またこのことは，北海道に産業が根づかなかった要因の 1 つでもある．戦前北海道に移住した人々は内地での苦しい生活から脱出したいわば「一旗組」が大半を占めていた．彼らの多くは内地の故郷に思いを寄せながら寒冷地のパイオニア労働に従事しており，内地での地域に根ざした労働・生活スタイルとは異にしていた．現在でも，道民同士で出自を尋ねられると，先祖は「北陸の〇〇県」とか「東北の△△県」という答え方をする場合が少なくない．

　北海道への移民は 1920 年をピークに減少する．それ以降は「満州」など海外への移民に取って代わられることになる．北海道が再び人口を受け入れ

るのは，敗戦後の引揚者などを受け入れた時期である．そして，高度成長期には道外の工業地帯などに労働力を送り出す役割を果たすことになる．

経済の基礎的インフラのない北海道にあって，それらの建設に従事した特殊な労働があった．1つは囚人労働であり，もう1つはタコ労働である．1879年伊藤博文の上申から始まり，全道で5カ所の集治監（現代の刑務所）が設置され，そこに入っている囚人を道路開削，硫黄や炭鉱の採掘，屯田兵屋建設などに従事させ，最高時7千人を超える囚人が収監されていた．もともと囚人労働はコストがかからず死亡しても社会的批判を受けにくいため，途上国の開発初期などに使われる労働で，北海道開拓における囚人労働もその典型的なものであった．石狩から網走への道路開削は囚人道路とも呼ばれたが，ロシア南下政策に対抗する軍事道路として，160km を約1,000人の囚人が半年で完成させたが，鎖で足首を巻いたままの労働など過酷な労働条件のために212人が死亡したと言われる．改良して現在も使用されている道路は「囚人道路」と呼ばれている．「囚人」の中には不平士族（西南戦争の捕虜など）や自由民権運動家など思想犯も少なからず含まれていたことから社会的批判が高まり，1895年以降は農耕や内役に転換された．

しかし，鉄道建設への労働需要は高まっており，囚人労働に代わりうるものとして1900年前後から登場してきたのがタコ労働であり，北海道が起源とも言われる．貧しい農村や失業を背景に，周旋屋（雇い人の紹介や斡旋を仲介する生業）の前貸金によって事実上半強制的に多くの労働者が集められ，24時間監視体制の下で劣悪な待遇と過酷な労働が課せられた．道路開削，ダム，トンネル，橋梁，造田工事などに従事し，囚人労働と変わらぬ非人間的扱いによって多くの犠牲者を生んだ．公式統計はタコ労働者の数を2万人程度としているが，歴史学研究者は実際にははるかに上回ったと推測している．

(2) 土地払い下げ

明治になって蝦夷地が北海道と改称され，全域が無主の土地すなわち天皇

の領地と宣言された．北海道で土地に関わる最初の法律は1872年の「北海道土地売貸規則」である．この規則には，北海道の土地はすべて官において民間の希望者に売り払って土地所有権を早期に確定することを明記している．これにより，「土地所有」という観念を持たない暮らしを営んでいたアイヌは以後，アイヌ保護地への強制移住など苦難の道をたどることになったが，ここでは詳細な経過は省略する．

1886年に「北海道土地払下規則」によって，有償で民間（和人）に土地を払い下げる規則を制定し，これが大地積処分に道を開く法的根拠となった．1889年に220万haの皇室御料地が設定され，そのうち華族組合農場へは5万haが払い下げられた．華族組合雨竜農場は払い下げの結果創立されたものであるが，後に蜂須賀農場となり4,000haを誇る大農場へと発展する．

土地払い下げの条件はあくまで開墾が条件であったが，中には投機目的として開墾されずに放置されたままの土地もあり，また，1人当たりの処分面積が10万坪に限られていたため道外から企業家的開拓者を誘致する妨げとなっていた．さらにこれほどの大地積処分を有償で所有できるのは政商，旧藩主，財閥などほんの一握りの層に限られていた．それを突破するために制定されたものが1897年の国有未開地処分法＊である．1909年にも改正が行われるが，その内容は，道外の資本家に合計100万haを無償提供することを目標としており，開墾した場合には1人当たり500町歩で無償払い下げとするというものであった．当初は農業労働者を雇用して欧米型の大農場経営を志す者もいたが，労働者の確保が困難で労賃も高く，販売ルートの開拓にも失敗するなど企業家としては成功しなかった．その後は道外と同様に小作料に寄生する小作制大農場が主流となる．地主の多くは都市に居住する不在地主で，農場には土地管理人を配置し，小作料の徴収，小作人の管理，農事指導などに当たらせた．

国有未開地処分法を契機に土地払下げ面積は大きく増加した．土地払下規則（1886-96）による貸下げ，貸付地と売下げ，売払地は66.3万ha（返還地11.4），未開地処分法（1897-1908）による土地面積は248.8ha（返還地64.2）

そして改正法後（1908-37）は242.3ha（返還地63.8）となっている[3].

　北海道の寄生地主制※は地域によって大きく異なる．一方では十勝地方に代表されるような自作農民主体の農村構造をもつ地域があり，他方では小作大農場における地主制による過酷な小作人支配構造をもつ地域があった．前者は零細規模の農業のため，資本力不足などにより農民の必死の努力にもかかわらず生活改善はなかなか進まなかった．後者は農地ベースで大正から昭和初期にかけて増加し，前述の蜂須賀農場の小作争議に代表されるように，寄生地主の過酷な小作料徴収などにより小作農民の生活は厳しい状態が続いた．

　昭和期に入って，争議対策として小作農創設維持法や民有未墾地解放事業により地主の土地売り逃げが進み，自作農・自小作農が増加して寄生地主制の危機が訪れるが，農民が自己の所有地で自己の裁量で農業経営を可能にしたのは戦後の農地改革※を待たねばならなかった．

（3）　財閥の進出

　明治政府の政策の柱が殖産興業と貿易振興であった．北海道においても開拓移民への生活物資・生産資材を供給する目的で約40の官営工場が造られた．その代表的な工場が札幌器械所であり，この工場は北海道の産業革命に大きな役割を果たすことになる．

　1886年に北海道庁が設置されるが，明治政府は，既に道外で起こりつつあった近代産業を北海道にも導入する政策をとった．それが官営工場の払い下げ方針であった．当時，官営工場はいずれも巨額の赤字を抱えていたが，政府は道外の民間資本の誘致のために，進出企業には利子補給などを実施し，極めて低価格で払い下げを進めた．その結果，1886-90年の5年間に工場は11から47へと増加した．後発国が近代的経済システムを導入するにあたって，先進国からの外資導入という政策手段を採用するのが最も一般的であることは歴史の示すとおりであり，北海道の場合も同様であるが，このような流入する資本と結びついた産業が紡績業や織物業ではなかったことが北海道

の産業発展の特徴である.

　戦前の北海道における産業の担い手は，一方は開拓農民や漁民であったが，内地の経済に大きな影響をもつ産業においては財閥がそれを担った．道外の3大財閥は明治後半までに産業で独占的地位を固めたが，北海道では財閥資本の進出はまだなかった．財閥の北海道進出は1899年に三井財閥による北海道炭礦汽船株式会社（北炭）※への経営参加が最初である．その後明治末から大正にかけて，炭鉱を中心に財閥の北海道進出が激しさを増した．財閥のうち三井財閥系は道内の石炭生産額の66.1％，三菱財閥系は18.4％を押さえ，住友財閥は少し遅れて炭鉱経営に進出したが，中でも林業には大きな投資を行った．北海道においては特に三井財閥が圧倒的な力をもった．数多くの炭鉱経営に加えて北海道炭礦汽船を傘下に収め，王子製紙，日本製粉，森永製菓など多様な業態において支配権を掌握した．この三井財閥の1つの特徴は短期利益集中型経営であるが，そのことが，地域に腰を据え技術を継承させながら展開するビジネスが北海道で発達しなかった理由の1つであり[4]北海道産業の底の薄さを規定した．また，石炭・鉄鋼・パルプ・農産原料加工など素材型産業が多く，したがって，機械組立工業とは異なって，地域に幅広い産業の裾野を形成することにつながらなかった．近代以前から継承される伝統産業が不在であったのみならず，北海道で産業集積が形成されなかったのはこうした歴史的要因があったからである．

　民間資本蓄積がほとんどなかった北海道に大資本が流入したことが，これ以降の地域内発的発展をみなかった，つまり中央政府「依存型」経済構造の歴史的根源はこの時期から形成されたといってよい．日露戦争後，財閥資本の北海道進出は激しさを増す．通説によると，日露戦争後には一方では財閥が掌握した石炭，製紙，金属，一部の食品における近代的工業がそびえ立ち，他方では食品加工，煉瓦，漁網，製材，マッチ軸製造などの中小零細資本が対置する構造が形成された．しかも両者は取引などを通じる産業連関を欠いていた[5]．財閥系の近代工業は東京の財閥本社を通した取引を中心としており，資源・エネルギーの獲得以外には地域との関わりはもたなかった．北海

道の工業生産額が農業のそれを上回るのは 1920 年である．

（4）　中央直轄・主導型の開発と内発型開発の萌芽

　北海道経済の特性の第 2 は，中央政府に依存する構造が他地域に比べて顕著であることである．明治以降太平洋戦争終結に至るまで，北海道は中央政府の直轄地（正確には 1947 年）であった．1871 年（明治 4）明治政府は本府を札幌に定め，開拓史 10 年計画を立案し（具体的な計画の策定はない），当時の国庫支出の 1 年分に相当する 1,000 万円の予算を投じて官営工場，交通網整備，屯田兵制度，札幌農学校などをつくった．しかし，国と北海道の一元的な統一機構による開発は 1886 年（明治 19）の北海道庁設置から始まっている．

　この年は土地においては大地積地処分に道を開き，労働力の面においては近代的労働力創出の出発点となり，官営工場の払い下げにより民間資本の蓄積という資本主義システム創出の重要なエポックとなった．この時期以降，北海道 10 年計画，第 1 期拓殖計画，第 2 期拓殖計画が国直轄の開発事業として進められていく．官営工場の払い下げが急速に進んでいったのも，こうした北海道開拓計画と密接に関連していた（表 1-1）．

　開発事業の 8 割が国費の事業であったが，中央では内務省が事業の権限を握り，現地では北海道庁が国の機関として事業を実施した．北海道庁はこうしてインフラの整備を国直轄事業として進めると同時に，他方では「上」からの産業資本創出策として内地資本を北海道に流入させることにあった．内地資本を呼び込むために様々な保護・助成政策をも採用し，いわば「上からの」資本誘導策を採用した．この時期に至って開拓政策も人を植民させる政策から資本を導入する政策へと移った．その後の 2 回にわたる拓殖計画においては海外植民地が重視されるようになり，戦争に伴う財政悪化と相俟って北海道の開発は急速に比重を低下させていく．

　以上のように，北海道の経済は，産業分野にせよ産業構造にせよ産業の主体にせよ，地域経済の内発的発展とは異なる道を歴史的には歩んできたので

表 1-1　戦前北海道の開拓計画

行政機関	開拓計画	開拓年
北海道開拓使	なし 開拓使 10 年計画	明治 2-4 年 明治 5-14 年
三県一局	なし	明治 15-18 年
北海道庁	なし 北海道 10 年計画 第 I 期拓殖計画 第 II 期拓殖計画	明治 19-33 年 明治 34-42 年 明治 42-昭和 1 年 昭和 2-21 年

資料：大沼・松井・鈴木・山田編『北海道経済図説』。
北海道大学図書刊行会，1990 年．

ある．もちろん，北海道内から産業の芽を作りあげていく実践が全く皆無であったわけではない．明治の農商務省官僚であった前田正名は地方産業の振興方法をめぐって松方正義と対立後，下野して全国を行脚し，地方産業振興と近代化に力を尽くした[6]．後に北海道・釧路に製紙会社（前田製紙合資会社）を興すなど道東地域の経済発展に尽力し，道内からの経済発展路線を試みたところから「地域からの経済発展」つまり内発的地域経済発展の北海道におけるパイオニアという評価もある[7]．しかし，こうした実践も 1 人の力では無理であって，北海道経済は資源・エネルギー分野を中心に財閥の資本蓄積を柱に展開されたのである．

2.　戦後北海道経済の歩み

(1)　国策と地域利益のはざま

敗戦後の混乱の中から経済復興と国民生活の安定が求められたが，その時北海道が注目された理由は，第 1 に国内資源の開発——緊急のエネルギー源確保——，第 2 に食糧供給，第 3 が人口問題の解決——海外からの引揚者の居住——を含む緊急開拓事業の実施であった．第 1 について，北海道の採炭実績は全国の 3 割を占めるなど復興に大きな役割を果たしたが，講和条約発効までは連合国の意向に，発効以後は国の政策に大きく左右され，逆に高度成長期には合理化や閉山を進めるなど北海道経済の不安定要因となった．第 2 については，1945 年 11 月から緊急開拓事業が実施され，民有未墾地・国有未墾地の開拓進捗が期待された．入植者は全国の 2 割以上の 4.5 万戸（実際の入植は 4 万戸弱との研究もある）に達したが，入植地は道北や道東など

当時の農耕不適地が多かった．既存農家と開拓農家の比較（1957 年）による
と，耕地規模では開拓農家も決して引けをとらないが，農業収入や農業所得
においては既存農家に大きく劣る水準であった．また，十分な計画や財政的
裏づけもないため非常な苦難を強いられ，それが高い離農率（1971 年に 70
％以上）に結果した[8]．

　高度成長期以降の北海道経済の特性は，それぞれの時期の経済を規定する
主要な政策がワンテンポ遅れて計画され実施されたり，成長の見通しのない
産業をズルズルと引き延ばしたり，特に影響の強い規制がかけられたりした
結果，当該産業を取り巻く環境が変化——タイミングのズレ——したため失
敗に帰したものが多いことである．以下，幾つかの事例について触れておこ
う．

①国策としての石炭鉱業の崩壊

　石炭鉱業は国策と地域の利益の狭間に立ってきた産業の典型である．敗戦
直後の石炭鉱業の混乱収束後，国策として 1955 年から計画的に合理化を進め
る方針が決まったが，その後の景気上昇により逆に増産が要請され，後に石
炭鉱業崩壊の引き金になった北炭夕張新鉱を含む新規炭鉱の開発さえ進めた．
　しかし，1960 年の三井・三池闘争で労働側の敗北後，人員整理，賃下げ
そして石炭輸入政策によって低コストで無理な出炭が強いられると同時に閉
山が進んだ．しかし他方では北炭夕張新鉱の開発とそれへの融資は行われた．
1981 年の北炭夕張新鉱のガス突出事故（93 名死亡），1985 年の三菱南大夕
張炭鉱のガス爆発事故（62 名死亡）はそうした無理な出炭の帰結であった．
この 2 つの大事故を契機に，全国的に急速に閉山が進む中で出された 1987
年の第 8 次石炭政策答申により三井砂川鉱，北炭真谷地鉱，三菱南夕張鉱な
どが閉山に追い込まれたが，大手石炭消費業界（具体的には新日鐵室蘭，北
電苫小牧火力発電所）との取引が継続となり，北海道からの石炭鉱業の全面
撤退は避けられた．しかし，鉄鋼業界による石炭引取協力も 1990 年で終了
し，1995 年には北炭空知炭鉱が閉山し（会社更生法），炭都・夕張の炭鉱も

1990 年に終了した．最終的に北海道からそして日本から石炭鉱業が消滅したのは 2002 年の釧路・太平洋炭鉱の閉山によってである．エネルギーとしての石炭と石油が逆転してから 40 余年，夕張事故から 20 年後であった．

　石炭鉱業はエネルギー政策と結びついているが故に，政治・行政つまり国策に左右されざるを得ない．また，閉山を含む合理化も景気変動や石油のあり方によって絶えず影響を受けてきた．最終的には，政治や経済界の駆け引きの結果できあがった最終答申による上からの指示によって方向は定まったが，最終の閉山まではそれから 15 年もかかった．それには，「石炭はまだ必要である」という声も無視し得ないが，構造調整に入った産業分野でそうした声が根強くあるのも北海道経済の特徴と言えよう．

　一部には，北海道の重要資源である石炭を活用すべきとの声もあったが，コスト面からそうした声はかき消され，現在は CO_2 排出の多い石炭というエネルギー生産自体が問題視される状況になっている．

②地域建設業の縮小

　北海道の建設業の産業別従業者割合は 2010 年に 8.9％（全国は 7.5％）で全国平均より高く，経済活動別道内総生産に占める割合は 6.6％（同 5.6％）で製造業の割合 8.9％，全国平均 18.5％ と比べて対照的な数値となっている．2011 年に，総固定資本形成の中で北海道は公的固定資本が 43.1％ を占めるが，全国平均は 22.0％ に過ぎず，建設工事費も全国の公共工事が 1/3 強に対して北海道は 2012 年にも 6 割をこえるなど民間より公共工事が多い．したがって，北海道の建設業は公共事業という政治と経済の狭間に依存し，国の政策に左右されやすい業態である．

　高度成長とともに北海道の建設業も成長を遂げてきたが，その波に乗り遅れた地域は，第 1 次産業の相対的過剰人口を公共事業の拡大によって雇用と財政問題を「解決」してきた．その結果，建設業の就業人口比が 3 割を超える地域も珍しくなかった．1970 年代後半には建設投資の右上がりの成長に転機が訪れ，1980 年代後半のバブル経済期に再び増加し，バブル経済崩壊

と同時に一挙に落ち込み，それへの対策として1990年代後半には工事額も再び増加した．しかし，20世紀末から21世紀初頭の公共事業抑制基調の経済政策が進む中で，北海道の建設業は新たな産業への転換の可能性も少ないまま辛うじて踏みとどまっているのが現状である．北海道の建設業の全国に占める割合も徐々に低下しているが，額の大きさだけでなく，建設業の中でも公共工事が民間工事を大きく上回っているのも北海道建設業の特徴であった．前節で見た北海道開発局の開発予算は1997年には1兆円を超えていたが，2014年には5千億円を下回り，2015年からは5千億円を少し上回る状況で推移している．建設投資額も最大であった2003年の4兆8千億余りから2010年には2兆円へと半減した．

建設許可業者は最も多かった1999年の約2.6万社から2015年には約2万社以下に減少し，建設業従業者も1999年の35万人（全産業の12.5%）から22万人（同8.5%）へと減少している．ただ，建設投資額や北海道開発事業費の減少に比べると従業者の減少の度合いが小さく，競争を伴いながら，少なくなっていく公共事業費を分け合っている姿が見えてくる．「公共事業は減少しても全くなくなるわけではない」「建設業がなくなると地域の経済は崩壊する」という声が聞こえてくるのも北海道経済の特徴である．

建設業自体は社会的に有用な産業である．個々の地域では持続しうる地域社会を支えるという意識をもつ建設業事業者もいる．建設業も改めて地域づくりの基盤として位置づけることが求められている．

(2) 産業の構想・計画と実現のズレ

①大規模開発の失敗

苫小牧東部大規模工業開発（以後，苫東開発と略記）の失敗は，行き先の見えない北海道経済の現状を最も象徴している．苫東開発は，新全国総合開発計画（新全総）において交通通信ネットワークとともに主要プロジェクトである大規模工業基地建設（むつ小川原地域，志布志湾地域）の候補地の1つに位置づけられた．このプロジェクトはいわば国策として計画されたもの

であり，北海道開発局が主導して大規模工業基地開発基本計画を策定し（1971年），翌年苫小牧東部開発株式会社（苫東開発会社と略記）がつくられ，当時の花形産業であった重化学工業の誘致活動を始めた．

北海道にとって，工業化は長年の夢であった．そこに降ってきたこの大規模工業基地(案)は千載一遇のチャンスであった．開発局をはじめ道内経済界あげてこのプロジェクトに力を注いだ．しかし翌年起こった第1次オイルショックを契機に重化学工業－素材型産業は構造不況に陥り，他の要因も絡んで，新全総自体の見直しをせざるを得なくなった．工業用地整備段階から1万haもの苫東地域への工場立地は難しいと言われていたが，この事態により工場立地はほとんど進まなかった．用地販売を目的としていた苫東開発会社の経営は圧迫され，1999年経営破綻に陥り，負債1,400億円を残して解散に至った．1万haの土地のうち分譲されたのは800haに過ぎず，借入金は1,800億円に上った．この会社の破綻の直接の原因は，開発資金における有利子借入金によって債務超過に陥ったことであるが，官・民のもたれ合い即ち責任を負わない戦略なき工業開発であったと言えよう．

2000年に苫東開発会社は多くの関係団体等の犠牲の末，㈱苫東となった．土地の分譲価格見直しや土地のリース制を取り入れたりした結果，2007年にアイシン精機子会社（現・アイシン株式会社）が立地するなどの動きはあったが，自動車関連企業は苫小牧西部工業基地（トヨタ自動車北海道など）や隣接する千歳市の工業団地（株式会社デンソー北海道など）に分散して立地している．またこの産業の立地のグローバル化，人材，取引関係などを考慮すると，この地域が自動車関連産業の集積地になり得るとも考えにくいし，現在に至っても，工場用地面積に対する分譲済面積は19.4%（2017年）に留まったままである．

もともと苫東開発は一全総における重化学工業の立地に遅れて計画されたものであり，オイルショックの時期に重なった「タイミングの悪さ」があるのも事実である．しかし，「タイミングの悪さ」の代償がなんと大きかったことか．こうした遅れは工場・企業誘致で挽回できるとは考えにくいし，地

域に埋め込まれた展開ではないため植民地型工業展開になってしまった．

②ストップした工場誘致の波

　1国内の発展途上地域が経済発展のためにとる政策手段の1つが地域外からの工場誘致である．北海道でも企業誘致政策を柱の1つに据えてきた．筆者はかつて，東京一極集中が進む中，1980年代に焦点を当て，事業所とりわけ製造業工場立地の空間的拡大を実証的に論じたことがある[9]．それによると，1980年代には東京圏の外延的拡大が進んだ結果，事業所活動で見る限り，東京圏が関東北部のみならず南東北，長野，東海地方にまで拡大していること，それは電気機器製造業など機械組立工業において顕著であること，他方，北東北への伸び率は高いものの工場数ではまだ南東北よりも少ないこと，北海道への立地は伸び率，立地数ともに低いことなどを明らかにした．そこでは，この傾向が続くならば，立地の拡大が北東北や北海道へ拡大するのではないかとの期待感をにじませておいた．しかし，この研究では対象外であった1990年代には南東北への立地数も鈍化し，より北への立地の拡大もはっきりと止まったことが読み取れた．

　それは1978年の中国の改革開放政策決定によって対中投資の動きが本格的に始まったことと密接に関連している．1989年天安門事件後の中国への工場進出ブームによって工場の海外移管の流れが加速し，国内への工場立地の波は止まった．

③観光・リゾート開発の崩壊，拓銀破綻そして財政再建団体

　タイミングのズレによって1つの産業が崩壊した事例の1つが北海道の観光・リゾートである．ポスト高度成長の低成長は，1980年代後半に有利な投資先が見えない過剰資本を住宅投資に向かわせ，それが異常な土地騰貴を生み，それが現実資本と乖離したバブル経済を生んだ．リゾートブームはその一環として生まれた．第4次全国総合開発計画が，過疎地域の振興には内需拡大とリゾートが欠かせないと述べたのに続いて，1987年の総合保養地

域整備法（リゾート法）がブームを一層押し上げる役割を果たした．ゴルフ場，スキー場，ホテルを3点セットにして金融機関は積極的に貸付を行った．それが実体経済を異様に膨らませたのである．

筆者はバブル経済崩壊直前に北海道のリゾートブームの諸相を描き，近々ブームが崩壊するとの警告をならした[10]．1988年の市町村アンケートによると，回答総数195（全市町村は当時212）のうち，プロジェクト総数は207，うち観光・リゾート関連が114を占めた．道の調査（1986年）によると，地域に導入したいサービス産業として観光・レジャーを挙げる自治体は86.2％に達した（人口5,000人以下の自治体では91.3％）．

バブル経済崩壊とともに上記のリゾート構想，計画の中止や凍結が相次ぎ，1997-98年はリゾート会社の破産，解散，清算などそのツケの後始末に追われた．北海道発の都市銀行・北海道拓殖銀行（拓銀）は他の銀行より遅れて融資競争に参入した．破綻の直接の要因となったのはエイペックスリゾート洞爺への融資の焦げ付きであったが，拓銀がこのリゾートへの融資を始めたのはバブル経済崩壊直前だったのである．拓銀の破綻はその後の北海道経済に少なからぬ後遺症を残した．

観光・リゾート開発においても北海道の参入はタイミングがズレていたし，単純な経済波及効果論に乗っかってしまった市町村も少なくなかった．もちろんバブル経済による経済の負は北海道だけに限られたことではなかったが，半数以上の市町村が観光・リゾート関連プロジェクトに関わっていただけに，その後始末には多大の犠牲を強いることになった．観光・リゾート開発の失敗によって悲惨な結果となった代表的な地域が夕張市であった．

(3)　影響の大きい規制の導入
① 200カイリ制と大規模漁業の衰退

戦後，高度成長とともに漁業は漁船の大型化・高馬力化，漁網・魚群探知機などの革新で飛躍的に生産力を伸ばし，沿岸から沖合へ，沖合から遠洋へと大規模漁業を展開した．特に，ロシアと境を接する水産物豊富な海域にお

ける北洋サケ・マス漁，サンマ棒受け網漁業，底引き網によるスケトウダラ漁などの急成長により，北海道漁業は現在に至るまで数量・価格ともに全国の2割程度の生産力を誇っている．

　しかし，1977年にアメリカ，ロシアが200カイリ排他的経済水域を設定（200カイリと略記）し，日本も同年5月に排他的経済水域（「漁業水域に関する暫定措置法」）を設定した．1978年以降は，日ソ漁業暫定協定（1977年6月発効）により旧ソ連との協議により漁獲量，期間，海域を取り決め，日本漁船はその取り決めの範囲でのみソ連200カイリ水域内で漁業が可能となった．しかしこの時点で減船により沖合底引きなどで4千人以上の離職者が出ていた．1980年代にはそれぞれの漁業協定において漁獲削減が進み，母船式底引き網の減船によって3千人を超える離職者を生み出した．1988年にはアメリカの200カイリ内での操業禁止により北洋漁業※は終焉を迎えた．1990年代には日米，日ソ漁業協定での削減合意により太平洋サケ・マスや公海イカ流し網などで2千人を上回る離職者が出た．1993年には「北太平洋における遡河性魚類の系群の保護に関する条約」において，公海上でのサケ・マス漁は全面禁止となり，ロシア200カイリ内でのみ漁獲可能となった．2000年代に入ると漁業会社の船上において高い対価を支払うことによってのみ「漁業」が可能となり，著しく漁業の範囲は狭められることになった．こうして北海道の成長の柱であった大規模漁業はほぼ消滅した[11]．

②減反政策・コメの市場化と北海道農業

　1969年は稲作中心の日本農業そして北海道農業の画期をなす年であった．「1970年（昭和45）の減反政策の開始は，北海道の稲作に大変動をもたらした」[12]．自主流通米の導入と一定の転作面積の配分を柱として麦，豆，牧草などの作付けを奨励し，そのための転作奨励金を補助するものであった．1978年には水田利用再編対策によって減反政策の強化が図られた．北海道の減反は道外のそれより多く，70年代後半には減反率3割台（道外は1割台），80年代には4割台（同2割台）に達し，1990年には49％とほぼ半数

の水田が減反となった．1979 年産から導入された品質格差米価制度は，コメを 5 等級に分類し，等級ごとに価格差をつけて政府が買い入れるものであったが，当時の北海道産米はほとんどが 5 類米に分類されたことが高い減反率と結びついており，この面からの影響も大きかった．

　プラザ合意を経てコメの市場化の流れは畑作にまで及び，畑作の作付け制限が実施されるようになり，それまで原料農産物生産地だった北海道農業を大きく揺り動かすことになった．1994 年の食管法※の廃止・食糧法の制定によって政府買い入れ米は備蓄米に限定され，コメの取引は原則市場で行われることになった．しかし生産量は生産者が自主的に決めて良いとされ，この時点で減反の当初の目的とは乖離することになり，この政策は事実上コメの市場化政策となった．同時に前年度のガット・ウルグァイ・ラウンドの合意に基づき，ミニマムアクセス米としてコメの輸入が開始された．2000 年には稲作経営安定対策が始まり，減反したコメの代替え農産物として，麦・大豆・飼料用作物などへの新たな助成金制度も始まり，農産物の市場開放とそれに対応する農業の大規模化が追求されるようになった．北海道農業はこうした減反（2018 年廃止），市場化の政策の流れの中で農業構造に大きな変動をもたらされ手痛い打撃を受けつつも，それを新しい農業生産に取り入れた試みも進んでいる．地球温暖化の影響とも言われるが，かつて「マズイ」米の代表格であった北海道米は，現在では有数のおいしい米と言われるようになっている．

（4）　基盤産業の崩壊と地域の停滞・衰退

　北海道経済を形作ってきた 3 大要因について述べてきた．1 つは植民地として形成され労資ともに地域に根づかない体質の形成，2 つは戦前戦後にわたる政治・経済の中央政府依存型経済構造，3 つは発展の節目にタイミングがずれた政策や制度であった．こうした 3 大要因によって現在の北海道経済の負の部分が形成され，なかなか脱却できない構造が定着してしまったと言える．

① エネルギー産業の崩壊と地域の衰退

　炭鉱の閉山後，それに代わりうる産業を見いだせないまま旧産炭地域は衰退の一途をたどっている．撤退した大手炭鉱の土地は，一部は地域に寄付されたケースもあるが，大半は炭鉱のオーナー資本に所有権は帰したままである．閉山後の炭鉱地域はそうした土地を活用して経済活性化を進めることも困難で，人口も極端に減少し高齢化も農村部以上に進んでいる．それを象徴するのが夕張市である．夕張市も事態の推移に任せきっていたわけではない．リゾート地域としての再生に多大な投資を行ったが，その結果が 2007 年の財政再建団体への指定であった．

　リゾートの失敗も政策や制度の「ズレ」，「遅れ」と密接に関わっている．福島県常磐炭鉱（いわき市）の閉山後，スパリゾートハワイアンズというビジネスを苦労の末立ち上げ成功させたが，それも地元で何とかビジネスを展開させようとする炭鉱関係者の熱意と人材，そして何よりも当時としては炭鉱から先進的なリゾート産業への転身であり，「脱石炭の１つのモデルケースとなったのである」[13]．常磐ハワイアンセンターの開設は 1966 年だったが，夕張のリゾートはこれより 20 年後であり，バブル経済に背中を押され，その崩壊とともに消滅したのである．常磐炭鉱の閉山後の新規事業については，日立鉱山による雇用吸収など確かに夕張よりも良い条件があったのも事実である．夕張市の最盛期の人口約 11.7 万人に対し 2019 年は 8,087 人で最高時の１割以下の人口となり，高齢化率は 50.1% に達し，なおも人口減少，高齢化は進んでいる．主要な炭鉱のあった空知地域の人口も 1960 年の 81.2 万人から 2015 年には 30.8 万人へと減少している．

② 進まない工業化

　北海道は高度成長以降，産学官あげて工業化を目標としてきた．その１つが苫東工業基地であるが，既に述べたとおり，重化学工業の構造不況とともに北海道にとって大きな重荷となっている．しかし，苫小牧東部開発の対応に苦慮しているうちに，経済のグローバル化は進み，大きく知識経済化へと

進んでいる．苫東の活用方法も新たな産業パラダイムへの移行の中で，時代を見据えた基幹産業とそのシステムを考えなければならない時代に入っているのである．

　1990年代には北海道を通過しないまま，東北の分工場は中国への立地の流れに進んだ．農村地域経済活性化と密接に結びついている内陸工業団地を含めた工場用地面積に対する分譲済み面積の割合は47.2％（道の工場団地ガイド）にとどまっている．付加価値が高くなく，熟練度も高くない工場誘致であったため，北海道への工場立地の波は，タイミングのズレのために基盤産業形成には結びつかなかったのである．しかも，工場立地は東アジアに移動しているのみならず，市場も現地化が進んでいる現在なおさらである．

　室蘭は北海道第1位の工業都市であったが，高炉の廃止など粗鋼生産の成熟とともに都市の縮小が続いてきた．これまで自動車の側鋼板素材の鉄鋼生産が多かったが，それが途上国の生産に取って代わられ，中国の自動車生産のブームによって一時的には工業出荷額も増加するが，市内の造船業の停滞とともに持続的成長の芽は見いだしがたい．2019年4月にはガソリン，灯油など石油製品の生産を行っていたJXTGエネルギー株式会社の室蘭製造所での生産停止が発表されるなど先行きが見通せていない．工業出荷額も2006年の9,246億円から2017年には6,365億円へと減少した．最盛期には16万人強を誇った室蘭市の人口は2018年には8.5万人となり，現在も減少が続いている．

　北海道の建設業は公共事業の減少とともに深刻の度を増している．2～3年で3割程度の工事高減を経験する業者は決して珍しくない．新規事業に進出しようとする建設業者も増加しており，自治体も新規事業進出への手厚い補助事業などの施策を行っているが，その補助金申請企業数も減る傾向にある．また，建設産業就業者比率が3割程度あった地域は，それに代わりうる産業を見いだせないまま少子・高齢化，人口減少を経験している．

③リゾートブームのツケに苦しむ地域

バブル経済崩壊後の 10 年間の北海道経済は，バブル経済後の負のツケを整理していく過程であった．1992-93 年はゴルフ場計画の取り下げが相次ぎ，構想・事業実施はまだ 110 市町村，129 事業あったが，新規のものより凍結・中止が上回った．その後 1997-98 年はリゾート計画を推進・実施する会社組織が次々と自己破産，特別清算，解散となり，他方で拓銀破綻に伴い拓銀傘下企業が大半を占める倒産が相次いだ．

2007 年に財政再建団体に夕張市が指定されたのも過大な観光・リゾート施設建設投資の継続の結果であった．最高時の 1960 年代の人口は 11.7 万人であったが，石炭生産の減少，閉山とともに人口減少が続き，現在 1 万人以下となり，さらに減少している．旧産炭地でリゾート計画を推進していた市町村は現在に至るまで負の遺産に苦慮している．トマムリゾートで多くのリゾート客を呼び込んだ占冠村は一時 2,000 人強まで回復したが，その後 1,200 人前後まで減少している．身の丈に合わない事業の推進がいかに悲惨な結果をもたらすかをこれらの経過は物語っている．遅れてリゾートに参入した北海道は，ある意味では 10 年は無駄な期間だったといってよい．「後始末」と並行して新しい経済の芽が見えてきたのは 21 世紀に入ってである．アジアからの観光客の増加に伴い占冠村は再び人口微増の傾向にある（外国人比率 22.7%：2019 年 9 月）．

④自然資源の乱獲の諸結果

200 カイリ排他的経済水域設定による影響は漁業王国・北海道の諸地域で顕著であった．母船式サケ・マス漁業基地でもあった函館は基地による波及効果がなくなり，他の要因（造船の衰退，青函連絡船廃止など）も重なって，最高時 32 万人を記録した人口も減少に転じ，4 町村合併後も 30 万人を下回っている．釧路は 200 カイリ制の影響でスケトウダラの水揚げは減少したが，イワシの大量漁獲により 1979-91 年は水産物水揚げ高日本一を続けた．しかし 1995 年からイワシが全く獲れなくなり，かつての遠洋漁船や大規模外来

船の漁獲も減少してしまうなど漁業で生きる街とは言えない地域になりつつある．根室市も，大規模漁業最盛期には人口も5万人近くあったが，現在は3万人を切る状態で，さらに2016年にロシア200カイリにおけるサケマス流し網が禁止となるなど先の見通しがつかない状態が続く．

水産資源は自然と共生している資源であり，全く漁獲しなくても自然の中で淘汰が進む．つまり，自然の中で自然と釣り合いのとれる資源に収まる傾向がある．したがって，自然との釣り合いの範囲で漁獲するならば半永久的に人類にとって宝物なのである．我が国だけでなく近隣諸国によるルールを無視した漁業のあり方も課題に上ってきた．また，気候変動の影響と思われる漁獲への不安定要因も現れている．函館では2016年からスルメイカの大不漁が続き，地域経済への影響が深刻になっている．成長主義はともすれば眼前の成果を直ちに求めがちであるが，持続可能な漁業のためにはこれまでの生産システムのパラダイム転換が求められている．

(5) 戦後の中央主導の開発政策

第2期拓殖計画は1927-46年という超長期の計画であったが，日中戦争，太平洋戦争と同時に有名無実化した．1947年に内務省が廃止され，戦後憲法体制の下で北海道庁は地方自治体となり，同年，公選によって北海道知事が生まれた．この公選知事の下で北海道総合開発計画書が立案され，地域と地域経済の再建が進むように見えた．北海道でははじめての地域からの計画として重要な意義をもつものであったが，しかし，それは日の目を見ないまま大きく軌道修正されていくことになった．

しかし，国民国家として未開拓地の少なくない北海道開発の必要性は高く，国の開発行政機構の設置が求められていた．当初は北海道だけに国の特別な制度をつくることに反対していたGHQも，冷戦が始まっていた情勢を踏まえ，あえて強くは反対しなかった．いずれにせよ，1950年4月「国民経済復興及び人口問題に寄与する」（北海道開発法第2条）目的をもって北海道開発法が成立し，6月には北海道開発庁が発足した．但し，事業実施は農林省

（拓殖事業），運輸省（港湾事業），建設省（土木事業）それぞれ各省の権限で実施し，現地の業務は北海道庁が担い，開発庁は企画調整官庁にとどまることになった．

　しかし，国の事業でありながら自治体の長たる北海道知事が執行するという変則的な事態となっていたため，北海道開発庁（東京）には開発庁の地方支分局として北海道開発局が1951年6月に設置された．これについて，北海道の北海道総合開発委員会は反対決議をあげ，全国知事会も慎重を求める声をあげたが，結局，地方の声は無視されてしまった．こうして北海道事業費のうちほとんどを占める国の直轄事業は北海道開発局が実施することとなり，ここにおいて，北海道開発は自治体ではなく中央政府が主導する事業として行われることになった．

　この体制には北海道開発に関わる次の2つの特殊性が含まれている．1つは「予算の一括計上」である．開発計画の総合性を目的としたもので，農林省，運輸省，建設省にまたがる公共事業予算などを，計画した北海道開発庁が大蔵省に要求するという他の省庁にはあり得ない権限のことである．もう1つは「北海道特例」と言われるもので，他府県の同種の公共事業への補助率よりも高率を設定している特例である．特に後者はかさ上げされた金額も

表1-2　戦後北海道の開発計画

北海道開発庁(国土交通省北海道局)		北海道
(第1期)北海道総合開発計画	1951-63	北海道総合開発計画書　実現せず
第1次五カ年計画	1952-56	
第2次五カ年計画	1958-62	
第2期北海道総合開発計画	1963-70	
第3期　　〃	1971-80	
(第4期)新北海道開発計画	1978-87	北海道発展計画　1977-87
第5期北海道総合開発計画	1988-97	北海道新長期総合計画　1988-97
第6期　　〃	1998-2007	第3次北海道長期総合計画　1998-2007
(第7期)地球環境時代を先導する	2008-17	新・北海道総合計画　2008-18
新たな北海道総合開発計画		－ほっかいどう未来創造プラン－
(第8期)北海道総合開発計画	2016-25	北海道総合計画　2016-25
		－輝きつづける北海道－

資料：国土交通省北海道局HP，北海道HP.

多額に上ることから，長年にわたって政・官・財のある種の利益共同体が形成され現在までその体制が続いているため，それを解きほぐすのは並大抵ではない．

　国の組織としての開発庁－開発局体制の成立時には北海道庁と対立した経過については述べたが，その後，北海道知事の交代に伴い開発局と道庁が緊密度を増していくことによってこの体制は定着していく．そしてそれは北海道及びその経済が中央政府依存構造に組み込まれていく過程でもあった．三全総の閣議決定を受け，1978年に北海道開発庁は「新北海道総合開発計画」を公表し，道は北海道では地元発の初めての地域開発計画である「北海道発展計画」（1977-87）を公表した．前者が施設整備などハード面，後者が住民生活にかかわるソフト面を強調して両者は補足し合う関係にあり，実質的には一枚岩的な国－地方の開発体制が進んだ[14]．

　しかし同時にそのことは，北海道は歴史的に道外と異なった経済構造であり，インフラ整備も非常に遅れているという北海道開発の特殊性に依拠していた開発体制が，高度成長期を通して，日本における開発政策一般に解消されていくことを意味することになった．インフラ整備が急速に進み，東西冷戦体制の解消によって旧ソ連に向き合う北海道という地政学的意味もなくなった．大量生産・大量消費システムが普遍化する中で，地域システムもそれに合わせて編成され，道民の生活スタイルも道外のそれと変わらなくなった．様々な経済統計を見ても，例えば道民1人当たりのGDPに見られるように，全国の中の下くらいにランクされる．北海道開発法の目的は経済的には達成の域に達したが，他方で中央政府に依存する開発体制は継続する．そうした中で地方主体の開発・地域発の産業構築という流れに遅れをとることになった．同時に二重行政との批判が強められることをも意味した．開発庁－開発局体制への批判が顕在化していくのも，公共事業の構造的減少とともに苫東開発から観光・リゾート開発の失敗に至る過程においてである．しかし，道庁と開発局が協調して開発計画を進めている中では，開発庁体制への批判が地方主体の開発からの批判になることはなかった．

2001 年に省庁再編成が行われ，北海道開発庁は廃止となり，北海道開発局は国土交通省北海道局となった．予算の一括計上は国土交通省と農林水産省にまたがる公共事業のうち，北海道分を農水省と国土交通省北海道局が一括して財務省に要求し，認められると，農水省と国土交通省に移し替えることになったが，開発庁体制のやり方が基本的に継承されている．北海道特例についても継続されている．この 2 つの北海道開発の特殊性は，道庁や道内経済界が「死守すべし」としているものである．

開発庁－開発局体制を問い直す声は地域からではなく，行政改革の一環として上がってきた．すでに，高度成長時代に臨時行政調査会答申において，内閣府新設，北海道開発庁と経済企画庁の統合案も出たが実現せず，1983 年に，第 2 次臨時行政調査会が北海道開発庁と国土庁の統合を答申したが，実現には至らなかった．2008 年には国の「地方分権推進委員会」第 2 次勧告でははっきりと開発局の廃止を提起した．2009 年には官製談合事件で元開発局長の逮捕－有罪確定となり，2010 年にも開発局廃止構想も明記された．

このように，北海道の開発・経済構造は開基以来，戦前は中央直轄，戦後は中央主導で行われてきた．戦前北海道は地方自治体ではなく国の組織であったが，戦後は地方自治体としての北海道となり，直轄事業以外の開発や外部経済は自治体の総合計画として行われることになったが，北海道だけは（1972 年からは沖縄県も）国主導で行われ，しかも自治体が国と協調して行ってきた．そうであるから，この 50 年の間に財政や人的関係を通じて国主導型開発から実施の方法やノウハウを得てきたことは想像に難くない．研究者として北海道経済の発展政策に関わりをもってきた小林好宏氏も，道庁や経済界も，いずれ開発局は統合されるかもしれない（つまり，北海道開発は終わったという本音）が，それをできるだけ遅らせよう，ということではないかと述べている[15]．確かに小林氏が言うように，地域を愛するものとして，地域に打撃を与えかねない制度変更をなるべく遅らせようという気持ちは筆者にも埋解できる．しかし，それだけでは制度変更が行われた場合の混乱の

方が大きいのではないか．筆者は経済的利害関係のない研究者こそが，制度変更による影響を極小にし，次の段階の発展戦略を論ずることが重要ではないかと考えるのである．

3. 北海道経済の構造的脆弱性

以上のような戦前・戦後の北海道経済の概観から現在の北海道経済の構造的脆弱性について指摘できるが，それを次の9点に整理しておこう．

第1は，植民地型モノカルチャー経済を脱却できていない問題である．植民地型経済というのは，植民地本国が本国の経済発展に供するために，植民地の資源を奪取するためにのみ形成された経済であり，目的が地域の資源の獲得にあるから，本国にとってその資源を必要とし，また奪取できる限りにおいて投資がなされるが，逆の場合は投資が引き揚げられることになる．明治以来，北海道はエネルギー源としての石炭，木材そして一部の農海産物の供給基地として位置づけられ，それらが道外の工業地帯などに送られた．戦後は敗戦直後の一時期にはエネルギーや食糧供給，人口吸収において大きな役割を果たしたが，1960年を境に石炭生産は石炭から石油へのエネルギー源の転換や海外炭への代替によって衰退の一途をたどり，木材資源も価格と資源の「限界」によって輸入材に代替され，北海道からの供給製品は農水産物のみとなった．こうした中で，石炭，木材そして第1次産品を地域の中心としていた地域は，こうした資源の道外からの需要が縮小していくにつれ，地域経済がたちまち衰退することにつながった．旧産炭地域はその典型であろう．

第2は産業集積の広がりが弱いことである．産業集積とは，一定の地域空間に，関連ある企業が集結してまとまりある産業を形成することと定義されるが，北海道の場合，近代産業としての前史がなく，しかも植民地型経済であったため，技術とそれを担う人的資本の集積が見られず，いわば地域に根を張ったビジネスの展開が余り見られなかったのである．道外の地域では，例えば絹織物工業が発達すると，それに関連する織機生産（機械工業）が発

達し，商品開発，デザイン，裁断，染色から精錬，鋳物，メッキなどの機械関連，さらには商社，卸売業そして関連サービス業という形で歴史的に一大産地が形成されていく地域が少なくないが，北海道の場合，そうした産地はほとんど形成されないままであった．室蘭に大鉄鋼企業があっても，製品を道外に供給する役割にとどまり，地域内経済循環に展開することがなかったのである．炭鉱のみならず，北海道の主要産業を掌握していた三井財閥は短期利益追求型の財閥という特徴をもち，地域での稠密な取引や地域での需要に対応するという発想もなかったのであり，炭鉱の閉山に見られたように戦後も克服されないままであるといって良い．

　第3に，付加価値を地域に蓄積していく生産の仕組みがあまり展開されなかったことである．これも第1や第2の問題と密接に結びついている．モノカルチャー経済だからそれ以外に産業を広げていく仕組みは形成されなかったし，関連産業の広がりも見られなかった．また，北海道からの移出産業は第1次産品であり，それらが豊富に存在したからこそそれら産品の高次加工を施すという発想が生まれにくかったのである．最近の域際収支を見ても，収支が黒字の部門は農水産物と食品加工部門が大宗を占めており，その食品加工部門も全国平均に比べて付加価値率が低い．黒字部門の大きな変化はあるが，製造業が全般的には赤字で，特に機械工業や化学工業の大きな赤字という構造は戦後一貫して変わっていない．

　第4に伝統的産業とそれを担う職人層が薄かったことである．道外では多くの地域にクラフト的に継承されてきた職人業があり，近代に入って，例えば，伝統的織物が機械生産，商社，事業所サービス業などと結合して一大産地を形成した例は少なくない．道外では，そうしたことが産地の多様性につながり，バラエティに富んだ地域経済を生んだ．しかし北海道ではこうした経済の展開は余り見られなかったのである．

　第5に，開拓以来，国策と関連がある開発事業が優先されたため自己決定権の余地が少なく，それが独自・新規のビジネス展開に結びつくことが困難であった．未開拓の余地が多くある時代には国主導型開発は重要な役割を果

たすが，国主導から自力開発へのタイミングを逃したため，対応する経済が後手に回ることになった．国主導の開発が継続したことがポスト高度成長期の経済構造調整にあって少なからぬ負の遺産を残すことになった．後手に回るとは歴史的不運に遭遇したことを意味する．前述した苫東開発，企業誘致政策，観光・リゾート開発などの失敗はいずれもタイミングのズレによって北海道経済に深い傷を残してしまった．

第6は，時代の変化に対応した創業や企業の風土が形成されず独自の販売ルートを持ち得なかった．戦前は国策遂行のため北海道経済は国の直轄経営下にあり，庶民が企業家として成長していく余地は事実上制限されていた．戦後も国民経済の成長政策の一環として位置づけられ，自己資本比率の低い地場企業は未知のビジネスをパイオニアとして進めるより大規模公共事業や政府サービスに依拠する方が経営上も有利だったのである．販路についても，戦前は商人資本的性格の強い三井財閥が大半の販路を掌握しており，地場の製品の販路は限られていた．戦後は財閥による市場独占状態は解消されるが，道外の大手商社や支店によって販路が担われ，道内の中小事業者は第二次的役割から脱却することがないまま現在に至ったのである．

第7は，特徴ある都市の発展が消費都市としての成長に変わってしまったことである．戦前は小樽－金融の中心機能，函館－本州への玄関口・海運機能，札幌－政治・行政機能のように都市ごとに機能分化して発展していたが，戦後の高度成長期の大量生産・大量消費システムが全国を席巻する中で，札幌を中心に一元化した垂直的システムに編成された．それは札幌をはじめ各圏域の中心都市が消費都市としての性格をもつようになったことを意味する．歴史的に様々な要素が蓄積されていない北海道の都市の消費都市化は，ポスト大量生産・大量消費時代における新しいタイプの都市創造を困難にすることになった．

第8は主体的要因であるが，歴史性，地域性と乖離した人的要素が多かったことである．北海道に入植した日本人はいずれも，そのルーツを道外諸地域にもっており，北海道に来た人達は，北海道で成功を夢見た一旗組が多か

ったのである．そのために，かえって長い歴史をもつ地域では「よそ者」が地域にとけ込めない側面が強くあるのに対して，「よそ者」を容易に受容する開放性をもつことになった．しかし開放性は地域での生活という点ではプラスに作用したが，同時に，地域の産業や文化に執着せず，地域への「思い入れ」の弱い精神構造をもつことになったのである．

第9は地理的・気候的不利性をあげることが出来る．戦前の人口320万人，戦後500万人以上の人口は決して市場として狭隘ではないが，札幌圏以外は市場として低密度であった．戦後も航空輸送が一般化するまでは東京への時間距離は長く，高速鉄道の恩恵は常にワンポイント遅れて受けてきた．道内間の時間距離も著しく長い．また寒冷積雪地のため，とりわけ冬期の事業活動が制限されており，様々なコスト負担も多大に上っている．

以上，北海道経済のネガティブな問題点を挙げた．これらはいずれも経路依存（path dependence）から生まれる問題点である．しかし21世紀を目前にした時期つまり起業や創業が政策の柱となりつつある頃から，少しずつではあるが北海道という地域柄に合ったビジネス展開が始まっているように思われる．また，不利性を生かしたビジネス展開の試みも始まっている．これについては，こうしたビジネス展開を進める北海道ならではのポジティブな条件と併せて，本書の後半で述べることにしよう．

注
1) 北海道という地名は幕末～明治の探検家・松浦武四郎の発案に基づく地名である．
2) 特に断らない限り次の諸文献，『新 北海道史』，『北海道経済図説』，『北海道産業史』（いずれも巻末の参考文献）に依っている．
3) ここの4行の数字は大沼盛男氏による．
4) 板橋守邦『屈折した北海道の工業開発』北海道新聞社，1992年．
5) 地方史研究協議会編『日本産業史大系2 北海道地方編』東京大学出版会，1960年，99-100頁．
6) 釧路製紙工業研究会『釧路の製紙 上』釧路市，1987年，59-66頁．
7) 祖田修『地方産業の思想と運動』ミネルヴァ書房，1980年．
8) 北海道『北海道戦後開拓史』，1973年，によると，1945-70に入植約4.5万戸に

対して，1970 年の定着戸数は約 1.5 万に過ぎなかった．

http://m-repo.meiji.ac.jp/dspace..../1/nogakubuhokoku_50_35.pdf

9) 「工業の地域的再編成と地域システム」宮下・三田・三島・小田編著『経済摩擦と日本農業』ミネルヴァ書房，1991 年．

10) 菊池和明（高原一隆）「観光・リゾート開発と地域経済」『経済』1990 年 1 月号．

11) 大沼盛男編著，前掲書所収，池田均「漁業」による．

12) 大沼盛男編著，前掲書，坂下明彦稿，55 頁．

13) 伊部正之「常磐炭礦職員に関する一覚書」『東北経済』No. 71，6 頁．

14) 行政学の立場から北海道開発体制を詳細に分析したものとして，山崎幹根『国土開発の時代』東京大学出版会，2006 年．

15) 小林好宏・佐藤馨一『北海道開発の役割は終わったのか？』北海道建設新聞社，2008 年，2-4 頁．

第2章

北海道経済の概説

1. 北海道のマクロ経済の現状

(1) 人 口

　北海道の人口は，高度成長期を含めて開基以来ほぼ一貫して増加してきた．1869年（明治2）の人口が58,467人，その後1890年代に100万人を超え，太平洋戦争直前の1940年には327万人余りとなった．そして本格的に高度成長が始まる1960年には500万人を上回った．1985年から1990年にかけて特殊な要因で減少した時期もあるが，1995年に開基以来最高の569.2万人となった（図2-1）．しかしこれを境にして明らかに減少傾向に入った．最も新しい国勢調査（2015年）によると538.4万人であり，最高時からわずか20年間で31万人の減少である．

　この人口減少－縮小傾向は今後も継続し，2000年代以降の各種のシミュレーションによっても，2030年には北海道の人口は現在より100万人程度減少するとの予測がでている．しかも，2018年に発表された『地域別将来推計人口』は2045年には133.7万人減少して400.5万人になると推計しており，新しい人口推計が発表されるたびに減少数は増加する結果となっているのである[1]．この推計結果は同時に，札幌市も2030年頃から減少に転ずること，2045年の高齢化率が42.8%に達すること，旧産炭地地域の高齢化率がほぼ60%になるなど将来の深刻な状況をも示している．

　戦後の人口について少し述べておこう．周知のように，地域人口の増減要

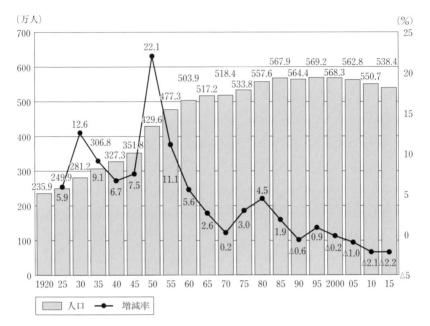

（万人）　　　　　　　　　　　　　　　　　　　　　　　　　　　（％）

資料：『北海道経済要覧』2018 より作成.

図 2-1　戦後北海道の人口の推移

因は社会的要因（社会増減）と自然的要因（自然増減）に大別される. 図
2-2 を見て頂きたい. 社会増減（転入と転出の差）については，ほぼ社会減
の傾向となっている. しかし，減少の内容については経済状況が反映してい
ることがわかる. 1950 年代半ば頃から社会減が増え始め，1970 年代半ばに
減少の最大値を記録している. それ以降数年間は減少幅が小さくなるが，
1980 年代半ばに社会減の山が訪れている. そして 2000 年代半ばに小さな山
が見られる. この 3 つの山はそれぞれ高度成長期，バブル経済期，戦後最長
の好景気持続期（いざなみ景気）である. つまり，経済成長が続いている期
間は減少幅が大きく人々が道外に転出する傾向が強い. 逆にオイルショック
時（1973 年）には転出が急減して転入との差が縮小し，バブル経済の崩壊に
よって転出が減少し，一時的に（1995 年）わずかではあるが転入超過（1,076

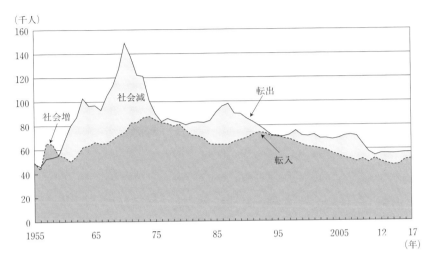

（千人）

資料：『北海道経済要覧』2018 より作成．

図 2-2　北海道人口の社会増減の推移

人）に転じた年もある．アメリカ発の金融恐慌後も転出数は減少し転入数との差は縮小している．

　北海道は国土面積の 2 割を占めているが全国に占める人口は 4.2% であるため人口密度は低い．そのため道外と比べて，道外への人口移動と同時に道内における人口移動の動向も経済を考える際の重要な要素となり得る．詳しくは後述するが，道内それぞれの圏域における人口移動状況とそれら圏域と札幌との移動関係について略述しておこう．

　北海道は主に 4 広域圏に地域類型化されている．1 つは函館市を中心都市とする道南地域，2 つは旭川市を中心都市とする道北地域，3 つは釧路市を中心都市とする道東地域[2]，4 つは札幌を中心都市とする道央地域である．旭川市，函館市，釧路市そしてオホーツクの北見市，十勝の帯広市はそれぞれの圏域人口の半数あるいはそれに近い人口集中率であるが，高度成長期の大量生産・大量消費の経済システムとともに消費都市として周辺地域から人口を吸収してきた．他方，札幌市は旧産炭地域，北海道全域の農山漁村地域

そして上記の地方都市から人口を吸収し，若い人々の転入による自然増などの要因によって，道央地域の中心都市であると同時に北海道の中心都市となり，北海道の人口の1/3以上を擁する地方中枢都市となった．

　しかしポスト高度成長期になると，上述の主要地方都市人口が停滞ないし減少に転じるようになった．これら諸都市の人口移動は圏域からの人口吸収より札幌や道外の大都市地域への転出が上回るようになったためである．農山村地域から札幌への転出超過数は減少したものの現在もずっと続いており，こうした傾向とともに主要地方都市から札幌への転出超過傾向が札幌一極集中傾向を生み出したのである．

　もう1つの自然動態を見てみよう．高度成長期には6万人以上（出生数9万人，死亡数3万人）の自然増加であった．それがポスト高度成長期には出生数は減少し，21世紀初頭には半数以下となり，現在は3.5万人を下回っている．逆に死亡者数は漸増し，2003年には数字の上からも自然減がはっきりした傾向となった．世紀の変わり目以降，じわじわと自然減が進んだ．社会減が進み，自然減に入った2003年の社会減が1.1万人余り，自然減は1,300人余りであったが，2017年には自然減数（約2.8万人）と社会減数（約0.5万人）あわせて33,800人減となった．社会減は少なくなったが自然減が大きく伸び続けている．社会増減と異なり，自然増減は世代間にまたがる期間に関わるために特に経済には深刻な影響を与える可能性が高い．

　市町村レベルの人口変動を見ると次のことが言える．周知のように，過疎地域は主に人口の減少率と財政力指数によって指定され，人口が大きな要件となっている．第5章で見るが，過疎地域の分布状況を鳥瞰すると，まず大半が過疎地域に指定されており，したがって大半の市町村で人口が大きく減少していることがわかる．函館市や釧路市など20万前後の都市も全域過疎地域に指定された．指定されていない市町村はそれぞれの広域圏の主要都市から通勤できる範囲の周辺都市（札幌市隣接の千歳市や恵庭市，帯広市隣接の音更町や芽室町，旭川市隣接の東神楽町や東川町など）及び道央の工業地域，道東の一部地域に限られている．

人口減少市町村も様変わりし始めている．高度成長期の人口減少市町村で目立ったのは農漁村地域に加えて旧産炭地域の市町村であったが，これら市町村の人口は，全国最大の人口減少都市・夕張市や人口最小都市・歌志内市においては現在も高い減少率であるが，観光・リゾート開発に失敗した占冠村，奥尻町，上ノ国町そして地方交付税不交付団体の泊村などにも広がっている．

図 2-3 は年齢別割合の変化を見たものである．

15 歳未満人口は 60 年間で 175 万人余りから 60.8 万人へと減少し，人口に占める割合も 36.7％ から 11.4％ へと 1/3 以下に減少している．逆に 65 歳以上の高齢者は 60 年間で 18.6 万人余りから 155.8 万人へと急増し，その割合も 2015 年には人口の 3 割近くを占めるまでになった．2015 年は「団塊の世代」が高齢者に数えられ大きく数値を伸ばした時代である．全国の 15 歳未満人口比（12.6％：2015 年）と比較して，北海道のそれは 11.4％．それに対

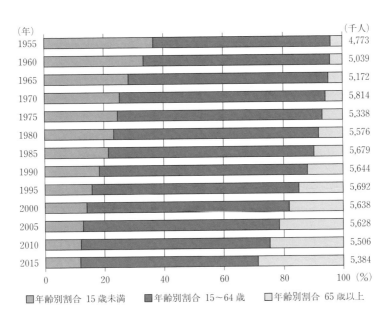

図 2-3　北海道の年齢別人口割合の推移

して全国の高齢化率（26.3%）に対して北海道のそれは 29.1% となっており，全国平均よりも子供が少なくて高齢者が多いのである．後述するが，全国で最も高齢化率の高い夕張市をはじめ高齢化率 40% 以上の市町村は 30 市町村（2015 年国勢調査）にのぼっている．

　そうした結果，生産年齢人口にも影響を及ぼしている．生産年齢人口の変動は，人口がまだ増加を続けている時にはそれほど目立たなかったが，人口減少とともに生産年齢人口の変化が目立ち始めた．図 2-3 に見られるように，21 世紀に至るまでは人口数及びその割合に変化は見られないが，2000 年以降は変化が大きくなりつつあることが読み取れる．2000 年には 380〜390 万人前後であったが，2015 年には 319.1 万人へと減少し，その割合も 10 年で 67.8% から 6 割以下 へと縮小した．

　労働力人口は戦後ずっと増加してきたが，2000 年を境に減少に転じている．しかも高齢化を反映して労働力人口比率も漸減傾向にある．性別の比率をみると，かつては 8 割をはるかに超えていた男性のそれは 2005 年から 7 割を下回り（65.9%：2018 年），それに対し女性についてはその活用が叫ばれていることもあり，労働力人口のほぼ半数近く（47.2%：2018 年）が就業している．高齢化，労働力不足を背景に，高齢者の就業が増加している．2015 年「国勢調査」によると，65 歳以上人口 155.8 万人のうち 19.4% に当たる 20 万人以上が就業している．2005 年「国勢調査」では 17.0%，20 万人強であったから，高齢者の就業者が増加していることは間違いない．

（2）　GDP 及び域際収支

　北海道の経済成長の特徴は，第 1 に全国に比べて成長率が全体的に低いこと，第 2 に景気回復がワンテンポ遅れて現れることである．2002/2〜2007/10（69 カ月）の戦後最長の好景気（いざなみ景気とも言われる）は，庶民にとっては実感のない好景気で，全国的には 1% 以下の控え目な好景気（名目）であったが，北海道は 2007-15 年の 8 年間においてプラス成長は 3 年間にとどまり，5 年間はマイナス成長であった．2008 年と 2009 年に全国がマ

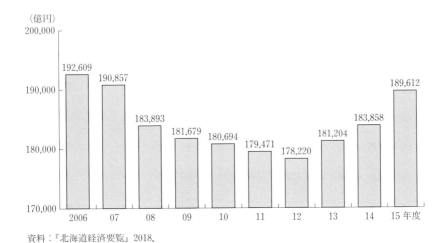

（億円）

資料：『北海道経済要覧』2018.

図 2-4 北海道の GDP 推移（2006-15 年）

イナス成長になると北海道もマイナス成長となり，2010 年に全国は成長率 ＋3.2％ となったが，北海道はマイナス成長であった．2011-17 年も全国より少しずつ低い成長率で推移している．

　図 2-4 は 10 年間の道内総生産（名目）を示したものである．2004 年までは概ね GDP 20 兆円であったが，2005 年以降はそれを下回り，2015 年には 19 兆円にまで回復した．全国の成長率よりも低い水準で推移した結果であるが，全国に占める GDP のシェアは下がっている．

　図 2-5 は 2014 年の経済活動別道内総生産（名目）の構成を示したものである．まず，産業別の総生産を見てみよう．日本全国で 2014 年に生み出された総生産額（約 486.9 兆円）に占める第 1 次〜第 3 次産業の生産額の割合は 87.9％，政府サービス生産者（電気・ガス・水道，サービス業，公務）は 9.0％ である．それが北海道においては，産業の生産額（約 15.6 兆円）は道内総生産のうち 84.5％ で，政府サービス生産者による生産額の割合は 13.3％ となっている[3]．明らかに，北海道は全国に比して産業活動より政府の様々な活動が生み出す割合が高いことがわかる．昭和の時代からの割合も 12〜14％ 台なのである．産業分野別の特徴も第 1 次産業，建設業，運輸業，

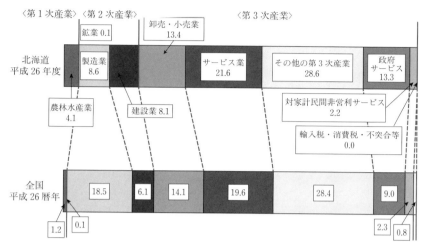

〈第 1 次産業〉〈第 2 次産業〉　　　　　　　　　　　　　〈第 3 次産業〉

鉱業 0.1　　　卸売・小売業 13.4

北海道　　　製造業 8.6　　　　　サービス業 21.6　　　その他の第 3 次産業 28.6　　　政府サービス 13.3
平成 26 年度

農林水産業 4.1　　　建設業 8.1　　　　　対家計民間非営利サービス 2.2

輸入税・消費税・不突合等 0.0

全国　　　1.2　0.1　18.5　6.1　14.1　19.6　28.4　9.0　2.3　0.8
平成 26 暦年

資料：『北海道経済要覧』2017.

図 2-5　北海道と全国の GDP の経済活動別構成比

サービス業がやや高い割合であるのに対して，製造業，金融・保険業，情報・通信業で低い割合であり，特に製造業は 10％ 近くも低い割合である．

　その総生産の規模に対応する総支出の構成（2014 年）を見ておこう．民間最終消費の割合は全国（59.9％）より北海道（64.8％）が高い割合であるが，政府最終消費支出の割合は全国が 20.6％ に対して，北海道は 26.0％ となっており，政府支出割合が高くなっている．総固定資本形成においても民間（設備投資など）が全国で 16.9％ に対して，北海道は 10.5％ にとどまっている．そして公的固定資本形成は全国が 4.8％ に対して，北海道は 8.6％ となっており，公共事業などに支出された割合が全国よりかなり高いのである．

　支出に対応する需要を民間需要と公的需要に大別してその推移を見たものが図 2-6 である．この図における民間需要とは家計最終消費支出や民間企業設備投資などを指し，公的需要とは，国や自治体の政府最終消費支出（物件費や人件費など）と公共事業及び公的企業の設備投資などを指す．図 2-6 によると，2014 年の北海道の公的需要は約 6.4 兆円で総需要の 31.2％ を占めている．全国のその比率が 24.9％ であるからかなり高い比率となっている．

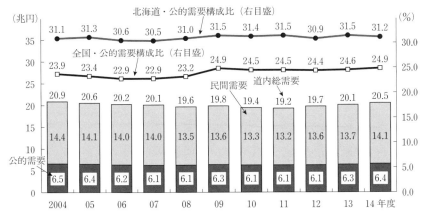

図 2-6　北海道と全国の公的需要と民間需要割合の推移

資料：『北海道経済要覧』2017.

しかも図に見られるように，10 年間この比率は余り変わっていない．このように，民間の設備投資の割合が低くて，政府最終消費，公共事業などによる支出の割合が高いというのがマクロ経済的に見た財政依存度の高さなのである．

　こうした財政依存の基本構造をなしているのが域際収支の赤字である．表 2-1 は 1980-2011 年の 10 年ごとの北海道の産業別域際収支を見たものである．これを見ると，1980 年以降域際収支の赤字額は 2 兆円を超え，しかも 1990 年と 2000 年の間にデフレ時期さえあったにもかかわらず，赤字額は増加している年もあり，2011 年の域際収支赤字総額は約 2 兆 8,304 億円である．域際収支の推移は地域産業構造の反映であり，この域際収支を産業別に類型化して見ることにしよう．

　第 I 類型は域際収支に積極的に寄与している産業であるが，これには「農業」「水産業」，製造業では「食料品」「パルプ・紙」などが該当する．いわばこれらが北海道の代表的な移出（基盤）産業である．第 II 類型は域際収支赤字の主要因となっている業種であるが，「林業」「鉱業」そして製造業の「機械製品」「化学製品」「繊維製品」「その他製造業」「金属製品」「皮革・ゴ

表 2-1　北海道の域際収支の推移

（△はマイナス，単位；億円）

	1980 年	1990 年	2000 年	2011 年
第 1 次産業	785	2,839	3,220	3,502
農業	956	2,688	3,227	3,237
林業	△492	△292	△175	△56
水産業	321	433	168	321
第 2 次産業	△26,844	△28,066	△28,755	△30,257
鉱業	△4,708	△2,876	△2,710	△8,704
製造業	△22,136	△25,187	△26,045	△21,552
建設業	0	0	0	0
第 3 次産業	3,075	△427	△2,270	△1,549
電気・ガス・水道	△9	7	△18	△4
商業	2,713	289	△3,111	△195
金融・保険・不動産	7	△189	△670	△2,225
運輸・通信	1,249	1,832	1,320	2,455
サービス	△483	△421	226	△1,582
合計	△22,984	△24,800	△27,805	△28,304

資料：1980-2000 年は高原一隆『ネットワークの地域経済学』，
39 頁．2011 年は北海道開発局「平成 23 年度延長北海道産
業関連表について」による．

ム」「印刷・出版」など多くの製造業種が該当する．製造業の赤字額が全産業の赤字額の 8 割近くを占めており，製造業が赤字の主要因であることを意味している．特に「機械製品」の赤字はずっと赤字要因産業のトップであり，金額も 1 兆円を大きく超えている．「化学製品」もずっと 5 千億円以上の赤字が続き，「繊維製品」と「その他製造業」が 3〜4 千億円の水準で続いている．第 III 類型はそのいずれでもなく，交互に赤字や黒字になる産業である．製造業では「鉄鋼製品」「木製品・家具」がそれにあたり，第 3 次産業では「商業」や「サービス業」である．交互と書いたが，「鉄鋼製品」「木製品・家具」は高度成長期からずっと北海道の移出部門だったのである．したがってそれらの産業は成長から衰退に向かっている産業と理解する必要があろう．いずれにせよ，域際収支表から，こうした産業の構造が北海道の域際収支の大きな赤字の要因であることが読み取れる．

国民経済における地域経済は開放性が高く流動性も高いことが特徴であり，域際収支を黒字にしなければ地域経済が成り立たないわけではない．事実，金額による表示では，東京以外のほとんどの地域が域際収支赤字となっている．地域経済は国民経済の分業体系によって成り立っており，効率的な分業は経済成長の要因にもなる．国際収支の大きな赤字は国家破産に帰結することもあるが，国民経済における地域経済はそうはならない．また域際収支表はあくまで貨幣を媒介とする物的財貨の取引の表であり，建設業は物的財貨の不動性のために域際収支は ±0 であり，また，現在は資本収支が算定されていないなどの不十分性はある．しかし，地域経済の自給と自立を計る指標であることも間違いない．その意味では，域際収支は当該地域の産業戦略を打ち立てる基礎資料となりうるものである．

　安定した国民経済においては，域際収支の赤字が人々の生活水準の低下に直結するわけではない．しかし域際収支の大幅赤字が継続することは，当該地域の移出産業（基盤産業）が成長していないことを表している．もちろん，2 兆円台の域際収支が 30 年以上継続していることは政策的努力を含め産業構造が全く変化しなかったことを意味するわけではない．例えば，域際収支の赤字額が最も大きいのは機械産業であるが，その赤字額は 1990 年の 1.5 兆円→2000 年の 1.3 兆円→209 年の 1.1 兆円へと徐々に減少していることに注目しておこう．

　こうしたマクロ経済の地域的差異の平準化を進めなければ統一した国民経済の安定性を保つのが難しくなり，そのために中央政府による経済力補填＝地域格差是正策が求められることになった．その経済理論的基礎が需要サイドの経済政策であった．国による地域格差是正策の始まりから数十年経た今日，そうした諸政策の結果が，「依存」経済体質から抜け出せていないとの評価もある．北海道で新しい産業を切り開いていくためには，理論的にも政策論的にも地域に埋め込まれた供給サイド重視の地域経済振興策がとりわけ重要になっていると言える．

（3） 道外との地域間格差

こうしたマクロ経済指標は全国と比較した北海道の経済水準を規定しており，全国と比較して格差は開いたままなのである．高度成長期における地域開発政策の理念の１つは地域格差の是正にあり，ある程度の是正が進められたことも事実である．しかしポスト高度成長期になると，地域格差是正の政策にも限界が見えるようになり，格差是正は内発性に基づく地域政策とその実践に強く求められるようになった．したがって現在の地域政策は数字上の格差を解消することにだけ求められるわけではないが，数字上の格差の現実をも見据えておくことも必要である．

2015 年の北海道の GDP 19 兆円という数字は世界の国々の中でも比較的上位を占め，EU への後発加盟諸国より高い GDP を誇る．この北海道の GDP は世界の中で 50〜60 位，ヨーロッパ東部のハンガリーに並ぶ規模である．１人当たりの GDP も世界の 40〜50 位程度にランクされポルトガルやチェコに匹敵する水準なのである．したがって，日本国内では北海道は経済力が「劣る」と言われるが，世界の中では上位に位置づけられるという認識をまずもっておきたい．

しかし，国内の地域別経済力に目を転ずると弱さが目立つ指標が多い．全国に占める北海道の人口比は 4.2% であるが，2015 年の GDP では 3.6% となる．2016 年の１人当たり道民所得は 2,617 千円であるが，これは 47 都道府県中 34 位である．また，１人当たりの個人所得（住民税の対象となる所得金額）は 2017 年に 128.5 万円で全国の 81.6% である．県民所得のうち，全国に占める県民雇用者報酬のそれは 3.7% であり，勤労者の現金給与額は全国平均の 8 割台，家計消費支出も 9 割程度にとどまっている．このように，マクロレベルの経済水準は国内においては決して高くないのである．次にこうした経済力を支えている産業について概説しよう．

（4） 就業構造及び売上金額

高度成長の初期には農業就業者はまだ 2 割を超えており，林業や漁業を合

わせると3割が第1次産業就業者であった。しかし，1980年代には1割を切り，90年代には第1次産業全体の比率も1割を下回るようになった。2015年国勢調査による就業構造を見ると，農林業5.7%など第1次産業就業者は7.0%にとどまっている。第1次産業はこの10年間で更に4%近く減少した。全国平均は，第1次産業が3.4%で北海道の方が高い割合を示しているが，生産性などの問題を別にすれば，農林業の比率は全国より特に高いわけではない。

　第2次産業就業者は16.8%（製造業8.4%，建設業8.4%）である。建設業の減少は続き，10年間で約7万人近く減少した。製造業も減少しているが，建設業従業員数がわずかに上回るもののほぼ同数になっている。1960年代までは製造業就業者が建設業のそれを上回っていたが，70年代に入ると両者は逆転し，その差は開いていたが公共事業の縮小とともに，両者の差は縮小している。全国平均の製造業就業者は16.2%，建設業は7.4%であり，北海道の建設業就業者の多さと製造業の少なさという構造は変わっていない。ただここで考慮すべきことがある。それは60年代までは鉱業の比率があったことである。第1次エネルギー源の割合が石炭から石油に逆転する60年代初めまでは鉱業就業者は5%程度あった。1965年に鉱業は3.3%に低下するが，それに対応するかのように，建設業は1960年より2.6%増加している。もちろん，炭鉱労働者がそのまま建設労働者になったと見るほど現実は単純ではないが，少なくとも90年代まで，数字上は鉱業と建設業の合計が13〜14%の割合を保ってきたのである。

　製造業は，戦時体制期には15%近くあり，高度成長期には12%台を保っていたが，ポスト高度成長期には徐々に減少し，1990年代に入ると1割を下回るようになった。確かに，経済のサービス化などの現象を反映して，製造業就業者割合が減少するのは先進国共通の現象である。しかしそれは，重化学工業の成熟というフィルターを通しての減少であり，ソフト系産業への移行と密接に結びついている。それに対して，北海道のそれは，一部の地域では新しい産業の集積が見られるものの，製造業及びそれと密接に連関する

新しい型の産業構造を生み出さないまま推移している．

　全国の第3次産業就業者割合は 67.2% に対して，北海道のそれは 70.6%（卸・小売業 15.5%，運輸・郵便業 5.4%，情報・通信業 1.7%，金融・保険 2.0%，不動産・物品賃貸業 1.9%，宿泊飲食サービス業 6.0%，医療・福祉 13.4%，教育学習支援業 4.3%，学術・専門・技術サービス 2.6%，生活関連サービス業 3.6%，複合サービス業 1.3%，他に分類されないサービス業 7.0%，公務 5.2% など：分類不能を除く）であり，北海道のそれが少し高い．特に運輸・通信業，サービス業のうち宿泊・飲食サービス業など観光や地理的広域性に基づく業種や公務が高く，情報・通信業や学術・専門・技術サービス業などは伸びているが全国より低い．就業者総数は 2005〜2015 年にかけて約 17 万人減少しているが，このうち第1次産業はさらに減少し，第2次産業は 8 万人以上（建設業 △6.9，製造業 △1.4 など）減少した．戦後一貫して増加してきた第3次産業であるが，1990 年代の 188 万人余りを最高に以後は減少傾向に入り，2015 年は 171.8 万人となっている．中でも伝統的な第3次産業である卸・小売業の減少が顕著で 10 年間で 10 万人以上減少し，金融業，生活関連業，飲食業も労働力不足もあって減少傾向となっている．数字上はこの分野の就業者の減少は医療・福祉が受け皿（2000 年の 21.8 万人 → 2015 年の 32.6 万人）となっている[4]．

　次に産出額の多い産業を中心に数字を確認しておこう．図 2-7 は 2016 年の産業別売上金額を見たものである．北海道の産業の売上額は約 50.7 兆円である．売上の最大の産業は「卸・小売業」であるが，流通構造の変化などで大きく減少している．続いて「医療・福祉」である．第 2 章 12. で詳しく述べるが，特に高齢者福祉事業の活動が大きく伸びている．製造業は一時 6 兆円を下回ったが，ここ数年は 6 兆円強で推移している．建設業は 4 兆円台であるが，縮小傾向は否めない．それ以外のサービス系の産業は，一部を除けば横這い傾向で推移している[5]．

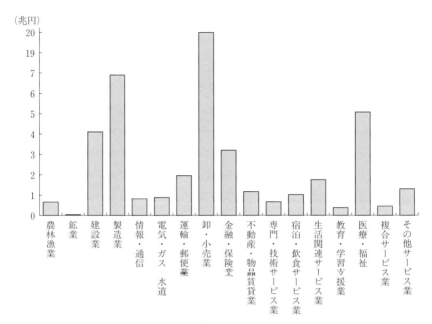

資料：『平成 28 年経済センサス』.

図 2-7　北海道の産業別売上金額（試算値，2016 年）

2.　農　　業

　北海道は全体として気候は亜寒帯，土壌はポドゾル[6]に属するが，面積は全国の 2 割を有し，これらと密接に関係する産業である農業は多様である．道央地帯（胆振，石狩，空知，上川，留萌，日高）は米作や野菜の生産，道東（オホーツク，十勝）は酪農や畑作，道東（釧路，根室）は酪農，道南（渡島半島）は多様な農業が集約的に行われている．

　北海道経済を支えている重要産業の 1 つは言うまでもなく農業である．農業産出額（粗生産額）は 1980 年にはまだ 1 兆円以下であったが，80 年代に1 兆円台となり，その後 20 年間は 1〜1.1 兆円台で推移してきたが，2016 年

に 1.2 兆円を上回った．この産出額は全国の 1 割強にあたっており，2017 年の全国に占めるシェアは 13.8% である．人口比を大きく上回るこのシェアは，極めて低い日本の食糧自給率に大きく貢献しており，全国の自給率の 2 割を占めている．北海道の 2016 年の食糧自給率はカロリーベースで 185%（全国のそれは 38%），生産額ベースでは 207%（同 66%）であるが，カロリーベースで 200% の自給率になった年は 9 年もある[7]．

産出額の内訳は 2017 年に耕種（米 1,279 億円，穀類，野菜，果実，いも類，花きなど 4,204 億円）と畜産（7,279 億）となっており，耕種 43.0% に対して畜産が大きく上回っている．国内では酪農王国と言われるように，畜産の約 7 割は牛乳である．近年北海道産の米の評価が高くなってきたが，量的にも新潟県と肩を並べるようになっている．道外では稲作を中心に農業が進められてきたが，北海道の農産物は多様性に富むとともに，特に地域特性を反映する農産物が少なくない．野菜については北海道のみで生産される甜菜や北海道で大半が生産されている小豆，馬鈴薯，小麦，いんげん，タマネギなどの大量生産が行われている．北海道農業は飼肥料用作物や原料用農産物を大量生産する大型・低付加価値農業として進められてきた構造的特徴をもっている．

農家戸数は高度成長期以来減少傾向が続き，1990 年に 9.5 万戸（販売農家）あった農家は 2018 年に 1/3 近くの 3.6 万戸となった．そして，65 歳以上の基幹的従事者就業人口は 41.2%（2018 年）を占めており，道外の担い手よりも相対的に若いが，機械化がすすんだとはいえ広大な農地の経営はかなり困難になりつつある．新規就農者もここ 10 年は 500〜700 人程度/年にとどまっているためさらなる減少が進んでいる．

耕地面積も漸減が続いている．ピークの 1990 年の耕地面積約 121 万 ha が 2017 年には 114.5 万 ha に減少している．しかし 2018 年の 1 戸当たりの経営耕地面積は 24.9ha となっており規模の拡大は進んでいる．1960 年からの 55 年間に 7 倍近くになっており，道外に比べて大規模化が大きく進んでいる．現在は道外 1 戸当たりの経営耕地に比べて 14.6 倍という経営規模と

表 2-2　北海道と道外の農家の比較

区分	北海道	都府県	北海道／都府県
1 戸当たり経営耕地面積（ha）	24.9	1.7	14.6 倍
1 戸当たり乳用牛飼養頭数（頭）	128.8	56.3	2.3 倍
基幹的農業従事者 65 歳未満割合（%）	58.9	30.2	2.0 倍
主業農家数／販売農家数（%）	72.9	20.0	3.6 倍
農業依存度（農業所得／農家所得）（%）	94.5	52.8	1.8 倍（2017 年）

（2018 年）が 14.6 倍〜3.6 倍の行にまたがる

資料：『北海道経済要覧』2018.

なっている[8]．耕種農業のうちでも稲作の 1 戸当たり経営耕地面積は 11.4ha
（道外は 1.6ha），畑は 22.5ha（同 1.4ha），酪農では 1 戸当たり乳牛飼養頭数
は 128.8 頭（同 56.3 頭），肉用牛飼養頭数 204.1 頭（同 52.0 頭）となってお
り，北海道農業の規模の大きさがわかる．ただ，販売農家のうち 3ha 未満
の小規模経営農家の減少が目立っている．

　販売農家のうち農業を主業とする農家の割合は 72.9%（2018 年）を占めて
おり，農業を主要な生活基盤とする農家が多く（道外はわずか 20.0%），そ
れだけに農業経営のあり方が強く問われることになる．農家の所得も農業所
得がほとんどを占めて，2017 年の農家所得に対する農業所得の割合は 94.5
% となっており，道外の 5 割程度に比べて農業依存度は極めて高い．農家
の総所得は 1,251.0 万円であるが，そのうち農業所得が 1,118.7 万円（水田
761.5 万円，畑作 1,363.9 万円，酪農 2,502.5 万円）となっており，道外の農
家の 100 万円強の農業所得（水田 69.6 万円，畑作 347.8 万円，酪農 1,601.7
万円）に比べてかなり高いのである．

　こうした農業経営状況に対応して，経営主体も多様化している．2018 年 2
月現在の農業経営体数は 38,400，そのうち 2017 年 3 月末の認定農業者数は
30,497 経営体で，そのうち法人となっているのは 3,576 経営体であるが，認
定農業者制度が始まった 1995 年の 295 法人から大きく増加している[9]．そ
のうち 1 戸 1 法人が 1,459，複数戸で法人となっているのが 2,117 となって
いる．法人のうち 8 割は会社組織であり，特例有限会社[10]が 6 割強を占め
ているが，株式会社組織が急増し，3 割を占めるほどになっている．そして

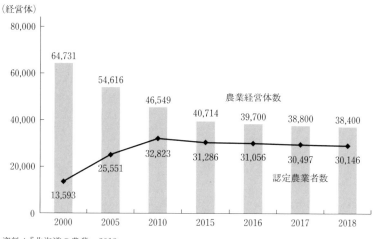

図 2-8　農業経営体数と認定農業者数の推移

これら法人の中には離農者の農地や農作業の引き受け先を見つけたり，新規就農者の受け入れや支援を行うことを専門に行う法人も設立されている．その他，農業者自ら「道の駅」に自分が生産した農産物の直販，農産物の加工，販売，レストラン経営（ファームレストラン），観光農園の開設，農家民宿などの関連事業に進出する事例も見られるようになった．こうした法人は農業のビジネス化をすすめる事業体として，非法人を含め 3,390（2016 年）を数え，年間販売額も 1,517 億円に達している．従業者数も 27,400 人である（北海道農政事務所）．また農業以外の企業が農業に参入し，新たに法人を設立するケースも見受けられるようになった．例えば中小の建設業者が公共事業の減少による経営改善の一環として農業法人を設立するケースなどである[11]．企業等が設立・出資した法人と企業による農地賃借は 302 を数える（2018 年）．

　生産システムの合理化のために，経営の一部協同化も行われている．酪農においては，経営者の突発的事故や病気あるいは旅行などのために酪農地帯中心にヘルパー利用組合（全国 295 のうち道内は 86 組織：2017/8）があり，

酪農ヘルパー利用全国協会によると道内の9割を超える酪農家が加入している．また，1990年代からコントラクター組織が生まれ，2016年3月末に326の組織がある．コントラクターは農家から農作業や飼料生産を請け負う組織として期待されている．ただ，酪農家の減少のため利用数が大きく伸びているわけではない．

　TMR（Total Mixed Ration）センターは10戸程度の酪農家が協同で粗飼料と栄養価の高い飼料を混合させたエサを提供する施設であるが，道内には2017年に77のセンターがあり，1割を超える713戸の酪農家が参加しており，酪農生産の効率化に成果を上げている．

　北海道において農協（JA）のもつ意味は極めて大きい．北海道の農協数は，以前は市町村数を上回っていたが（237農協），ここ10数年間の農協合併により2017年3月の北海道の農協数は108となっている．農協には信用，共済，購買，販売，その地の5事業があるが，道外の農協が信用事業に偏っているのに対して（4割強），北海道では概ねそれぞれ2割前後となっており，販売，購買事業の占める割合が高い．農協には正組合員と同時に準組合員制度がある[12]．2017年の正組合員戸数は約4.6万戸で，正組合員は64,400人である．しかしこれに加えて準組合員が約29.2万人おり，組合員のうち準組合員数は8割以上である．道外も準組合員が正組合員を上回っているが，その差はわずかであり，北海道の準組合員の多さが際立っている．JAの組合員組織は農業生産に直接関わる組織であると同時に集落組織であり，共済友の会や年金友の会などの交流組織でもある．したがって，北海道のように広大で人口密度の低い地域ではJAの果たす役割は生産面だけでなく，地域のサステイナビリティにとっても重要な意義がある．

　農業・農村には食糧の安定的供給という基本的役割に加え，様々な多面的機能が注目を浴びている．北海道農政部「農業・農村の多面的機能の評価調査」（2010年3月）によれば，国土保全機能（洪水防止，土壌浸食防止，水源涵養，大気浄化）の貨幣価値は7,405億円，アメニティ機能（景観保全，保健休養，生態系保全）は4,149億円，教育・文化機能（自然教育，農業実

務研修）は 1,027 億円で公益的機能の貨幣的評価額は合計 1 兆 2,581 億円との試算がされており，農業産出額を上回る金額となっている．しかも成熟社会においてこうした機能の重要性はますます高まっていくものと思われる．年度や評価方法等が全く同一ではないが，日本学術会議答申における全国の多面的機能評価額が 8 兆 2,226 億円とされており，北海道のそれは 15% 余りを占めており，全国の農業産出額の割合以上となっている[13]．

　農業のビジネス化とこうした多面的機能を結びつける活動も様々に展開されている．農村と都市住民を結びつけるふれあいファーム登録運動，農業団体・経済団体，消費者団体などによる「農業・農村ふれあいネットワーク」や「農業・農村パートナーシップ促進事業」などの試みは農業・農村を総合的に捉えていく上で重要な活動となろう．

　国際的な自由貿易の流れそしてそれに対抗する政治的動きなど，北海道の農業には厳しくしかも流動的な外的環境が存在している．貿易問題は何も農産物だけに限定されるものではないが，農業関連産業が重要な産業基盤の 1 つとなっている北海道にあって，外的環境変化は極めて大きな影響を受けざるをえない．

　2000 年から始まった WTO 農業交渉は，決裂や部分合意を経ながらも現在も交渉が続けられている．2010 年から始まった TPP（環太平洋パートナーシップ）協定交渉は，後に日本も参加し 2016 年に承認した．しかし，アメリカの離脱表明により，2018 年に 11 カ国による新協定を承認した．北海道は，それにより農畜産物の生産額が 293〜470 億円減少するという試算結果を公表している．また，特定の国との間で関税撤廃等を行う FTA（自由貿易協定）や EPA（経済連携協定）の交渉も進められ，18 の国々との EPA，EU との EPA 交渉が署名，発効されている．後者について，北海道は農畜産物の生産額が 198〜299 億円減少するとの試算を公表している[14]．

　こうした農業をめぐる環境が激変する中で，農業生産構造をどのように対応させ，関連産業との折り合いをどのようにつけ，多面的機能を生かしながら北海道農業を地域に埋め込み，サステイナビリティを確保していくか難し

い局面に立たされている.

3. 林業・林産業

　歴史の項目で触れたが,北海道への資本流入の目的は資源の獲得である.
その資源のうち2番目の目的と言えるのが森林資源であった.北海道の森林
は約554万haで全国の森林面積の22.1%であり,総面積の割合とほぼ同じ
である.しかし,総面積の71%が森林で占められており,道民1人当たり
の森林面積は約1haであるから,全国の5倍であることが森林王国・北海
道と言われるゆえんでもある.ただ,森林蓄積量は全国の16%にとどまっ
ている.そして歴史的経過からして道外に比べて国有林(森林面積の55.3%,
全国は30.6%)をはじめ公有林が多く,民有林が少ないのが特徴である.民
有林は全国の57.8%に比べて27.8%なのである.人工林に比べて天然林が
多いのも北海道の森林の特徴である.

　森林の多い日本であるが,木材の自給率は1955年から減少してきた.
2000年には自給率は35%(全国は2002年に18.2%)にまで落ち込んだが,
それ以降は上昇傾向にある.北海道の自給率はずっと全国のそれより高く,
北海道の木材自給率は道外の2倍近くにのぼる.2018年(見込)の北海道
木材需要は7,866千m³,大型のパルプ工場が多くあり,需要の45.3%はパ

表2-3　北海道の木材需給及び自給率

(単位:千m³)

年度	需要				供給		道産材自給率(%)
	総数	製材用	パルプ用	合板等用	道産材	輸入材	
2002	8,688	3,224	4,902	562	3,293	5,059	39.4
2007	8,224	2,847	4,696	681	4,333	3,891	52.7
2012	6,984	2,479	3,467	1,038	3,883	3,101	55.6
2018	7,866	2,533	3,565	1,768	4,633	3,233	58.9

資料:北海道水産林務部「北海道木材自給実績」.
注:1)　背板(製材工場で派生した木材チップなど)は外数としている.
　　2)　輸入材は丸太換算値.
　　3)　道産材自給率は,総供給量に占める道産材の割合.

ルプ用である．木材供給は道産材 4,633 千 m³，輸入材 3,233 千 m³ という比率であり，道産材割合が 58.9%（全国は 36.6%）と 6 割近くを占めており，一時 3 割台にまで落ち込んだ自給率であったが，ここ 10 年間で道産材が再び半数以上を占めるようになった．

また近年，再生可能エネルギーの生産と活用が注目されるようになってきたことと関連して，林地未利用材など木質バイオマスの利用が急増している．森林組合連合会が認定している木質バイオマス認定業者は 371（2019 年 10 月）へと急増している．2017 年には 1,181 千 m³ が利用されたが，その半数以上は大規模発電である．

林業の主体は森林組合である．森林組合は森林所有者の組合で，植林，下刈・除伐・間伐，木材の販売や加工，森林経営指導，森林保護などの事業を行う組織であり，山村地域における雇用の場として重要な役割を果たしてきたが，組合員の減少や経営意欲の減退など大きな問題に直面している．組合数も 2000 年代まで 144 あったものが 2018 年には合併により 79 となっている．森林組合の中には組合を森林資源活用の拠点と位置づけ，人材を積極的に雇用することによって，自治体とも連携して本来の生産活動から新しい森林保護システムと地域づくりとを結びつけて環境都市の実現にチャレンジしている事例（下川町など）も生まれており注目される．

林業産出額は 2017 年に 476 億円（うち木材生産 354 億円，栽培きのこ類 112 億円など）であり，北海道木材産業協同組合の統計によると，製材生産企業は現在 123（休止を含む）あり，組合に加盟している素材生産，各種加工，流通など関連企業は 500 以上ある[15]．

木材関連産業はこれまで北海道においては重要な産業であり，移出産業であった．木材関連産業とは，製造業のうち木材・木製品製造業，パルプ・紙・紙加工品製造業，家具・装備品製造業のことをさすが，これら 3 業種の製造品出荷額は 2000 年以前の 7 千億円から大きく減少し，2016 年に 6,106 億円となり，製造業に占めるこの 3 分野の出荷額は 1 割前後にまで低下した．木材・木製品製造業は 2000 年の 2,210 億円から 1,698 億円余りへと減少，パ

ルプ・紙・紙加工品製造業は 4,810 億円から 4,043 億円へ減少した．北海道の紙・紙加工品の主要製品は新聞紙が約半分を占めてきた．家具・装備品製造業は 752 億円から 425 億円へと減少した．資源立地型工場として発展を遂げてきた道東地域の製材工場などは工場数の調整や中国への進出などの経営方向を選択し，旭川など木工産地では高級家具生産に特化する戦略をとるなど木材・木製品製造業と家具・装備品製造業は海外製品との価格競争で大きく企業戦略を変化させている．

　パルプ工場は 8 工場があるが，大昭和製紙や山陽国策パルプを吸収合併した日本製紙は，この 2 工場に勇払工場を加えた 3 工場を 1 つの事業所とするなどの集約化をすすめ，王子製紙も海外展開等新しい事業戦略を進めており，地域経済にも大きな影響を与えつつある．

　豊富な森林資源に恵まれた北海道は，かつては森林資源の伐採（林業）－移出，加工（地元の木材工業）により木材関連産業が地域の基盤産業を形成していた．現在は，一方では木材資源の限界・枯渇に直面し，他方では生産拠点が地域外に移りつつある．

　森林資源は自然的条件に根ざした循環利用をすれば半永久的に活用することが可能なのであり，高度成長期の森林伐採を基本とした成長路線の反省からそうした方向でこの産業を地域の基盤産業として持続させようとしている地域の試みも存在する．下川町は 60 年伐期で毎年 50ha 造林することを基本に循環型森林経営を行っており，中川町は人工林の活用と森林（木材）のブランド化（旭川家具業界との連携）を基本に持続可能な森林経営と木材関連産業の基盤産業化をすすめている．

　森林には伐採して加工・流通させる基本的機能と同時に，水源涵養機能，土砂流出防止機能を中心に土砂崩壊防止機能，保健林育成機能や大気保全機能など多面的機能をもっている．北海道水産林務部調べによると，森林機能を貨幣換算すると，11 兆 1,300 億円の公益的機能があるとの試算も行われている．

4. 水 産 業

　敗戦によって壊滅的打撃を受けた北海道の漁業生産は 1952 年頃から再開された．一方では母船式サケ・マス漁業など大資本に担われた大規模漁業が開始され，他方，小規模漁業も近代化政策によって動力化（ディーゼル化，レーダー，魚探機器，漁網，揚網機など）と大型化（30㌧以上の経営体の増加など）が進み，漁業のインフラ整備の充実と相俟って生産力は飛躍的に伸びた．1960 年代の 120 万㌧強の漁獲量は 1970 には 2 倍の 240 万㌧となった．

　しかし，「沿岸から沖合へ」「沖合から遠洋へ」という言葉に示される生産力の上昇は自然賦存の海洋生物資源との矛盾に直面することになった．当時，漁獲の半分を占めていたスケトウダラの魚体が小型化するなどその影響が徐々に現れつつあった．これに加えて，1973 年から始まった第 3 次海洋法会議の議題であった 200 カイリ漁業水域の設定（1977 年）によって高度成長型の漁業が大きく見直されることになった．遠洋漁業（他国の 200 カイリ海

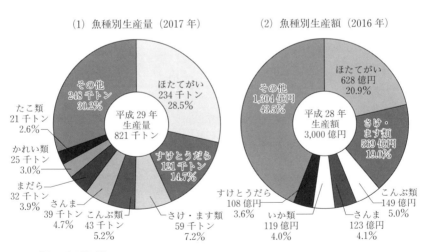

(1) 魚種別生産量（2017 年）　　　　(2) 魚種別生産額（2016 年）

資料：『北海道経済要覧』2018.

図 2-9　北海道の魚種別生産状況（2017 年）

域）や沖合漁業が困難となり，遡河性魚種（サケ・マスなど）の公海上での漁獲は禁止となり，国同士の漁業協定に基づいてのみ漁業が可能となる状況となった．

　現在の漁業は，こうした国際協定や資源の再生産可能な規制の範囲で行われている．2017年の漁業生産量は82.1万㌧（全国の20.0％），生産額は3,000億円（全国の18.9％）となっている．1990年の生産額は4千億円近くあったが，ここ20年で大きく減少させた．2000年代以降，2008-10年は130万㌧台，2011-13年は120万㌧台，2014年と15年は100万㌧台で推移してきたが，2016年に100万㌧を大きく割り込んだ．生産金額も3,000億円となった．2017年の生産量は多い順にホタテ貝（234千㌧），スケトウダラ（121千㌧），サケ・マス類（59千㌧）そしてイカ，サンマ，ホッケなどと続いている．上位3魚種の漁獲量は大半が北海道の基幹漁業となっているが，いずれもサケ・マスのふ化放流，ホタテの養殖や地まき放流，コンブの養殖の取り組みの成果であり，生産額もサケ・マス，ホタテ，コンブの3水産物で44.9％を占めている．

　北海道の漁獲量は全国の1/4を占めるにもかかわらず，生産額が2割しか占めていないことに示されるように，道内で水産物の付加価値を高める力が弱いのが特徴である．2000年には92.8万㌧だった北海道の水産加工品は，2016年には45.8万㌧（全国に占める比率は28.1％）になっている．最近の統計には生産額が記されていないが，1990年頃は7千億円弱，2000年頃には4千億円台であった．2016年の数字に戻るが，低次加工と言われる生鮮冷凍水産物が27.7万㌧で，その全国シェアは約2割である．つまり全国シェアで見ると，低次加工水産物の割合が多いのである．高次加工品を見ると，一部の製品で道内加工が非常に高い加工品（サンマの塩蔵品，くん製品，素干し品など）があるが，練り製品，冷凍食品など高次加工水産物の生産量が少ないのである[16]．地域経済の効果とは素材に付加価値を高めたり，本来の価値以上のブランド価値を高めることによって得られることもできる．付加価値を高めるための食産業のネットワークが求められるゆえんである．

漁業経営も大きく変わってきた．1990年には2万経営体を超えていたが，2016年には11,800経営体にまで減少した．しかも，大型漁船をもつ経営体は大きく減少してきた．例えば，1990年に10㌧以上の動力船をもつ経営体（沖合・遠洋）は1,487であったが2013年には756になり，1～10㌧，1㌧未満の経営体も大きく減少している．漁船隻数も減少している．平成以前には4万隻を超えていたが，2013年は2.2万隻余りとなった．それに対応して漁業就業者も大きく減少している．平成以前には5万人近くいた就業者は2016年には28,560人となった[17]．

　個人の経営体の経営主の平均年齢は太平洋側では70代半ば，日本海側では60代後半であり，生産の継続には後継ぎが欠かせない．一部には「漁師をやってみたい」若年層もいるが，持続的な漁業生産には大きく不足するのが現実である．

　漁業を取りまく環境は非常に厳しい．基本的な生産原料となる魚類等の生産量の変動・減少が激しくなっている．スルメイカの不漁，コンブの減産，ホタテの減産，秋サケやサンマの不漁があり，突如イワシが豊漁になるなど，生産は不安定さが続いている．地球温暖化の影響と言われているが，その検証は簡単ではない．また，水産物の個体の維持と漁獲可能量との関係も漁業においては重要なポイントである．こうした諸点を踏まえて持続的な漁業生産をすすめていくことが望まれる．

5．工　　業

(1)　工業概観

　北海道の工業は全国の2％の力と言われてきた．事実，高度成長期には製造品出荷額において全国の2％台で推移してきた．しかし平成に入って全国比1.9～2.0％で推移してきている．高度成長期には工業化を達成することが目標とされ，苫小牧東部開発をはじめ様々な工業化政策をすすめようとしてきた．しかし平成に入り，バブル経済崩壊とともに日本は脱工業化社会に入

った．そして今後の明確な産業が見通せないままで北海道の工業は全国シェアを下げている．高度成長期に出荷額の全国比が 2％ 台半ばであったものが平成に入って 2％ を下回る年も多くなった．

　4 人以上の従業員をもつ事業所数は 1980 年には 1 万以上があったが，2016 年には 5,154 となり半数近くに減少した．従業員数も 23 万人を超えていたが，2016 年には 16.5 万人余りとなった．製造品出荷額は 1990 年代には 6 兆円を上回った年もあったが，1998 年以降は 5〜6 兆円台が続き，2016 年はほぼ 6 兆円となっている．

　製造品出荷額から北海道の製造業の業種を見ると，次のような特徴を指摘することができる．統計書では，製造業を基礎素材型，生活関連型，加工組立型の 3 類型に分類してその構成比が示されている[18]．北海道の素材型製造業のそれは 2016 年に 30.8％（全国は 23.5％），生活関連型製造業は 46.2％（同 17.1％），加工組立型製造業が 18.1％（同 50.8％）という割合になっており，基礎素材型の割合がやや高く，生活関連型の割合が非常に高く，加工組立型が非常に低いという状況である．この構造は高度成長期から余り変化していない．

　基礎素材型は 1992-2004 年に 40％ を下回る割合になったこともあるが，現在に至るまで 40％ 台のままであり，2016 年には再び 4 割を下回った．生活関連型の大半は食料品製造業であるが，豊富な原料資源を生かした生産活動が行われ，製造品出荷額の 1/3 を占めるなど，ほぼ一貫して高い割合を維持している．残りが加工組立型であるが，平成初期までは 1 割以下にとどまっていた．全国的には高度成長期の花形産業であった重化学工業（3 類型ではほぼ素材型）が，ポスト高度成長期には高度加工組立工業が花形産業となった．全国の加工組立工業の割合が 40％ を超えたのは 1986 年であり，それ以来ずっと 40％ 以上の割合を占めてきた．それに対して北海道の組立型工業は 1986 年にわずか 7.1％ にとどまっていた．その後 1993 年に 1 割を超え，2000 年代に入って 12〜14％ で推移して 2016 年は 11.9％ となっている．

　製造業の産業中分類別に見てみよう．食料品製造業がほぼ 1/3 以上を占め，

全国平均は製造業の中で1割を下回っているが，北海道では出荷額のトップであることは戦後一貫して変わっていない．2016年の出荷額は約2.2兆円で，飲料・たばこ・飼料製造業を併せると2.5兆円で北海道製造業の37.8%を占める．食料品製造業の全国に占める割合は7.6%で全国の製造業に占める割合を大きく上回るが，全国に占める農業産出額13%，漁業生産額20%に比べて低い．農産物や海産物という食品加工の資源を多く産出する地域であるから，それを生かし，食品加工及び関連産業の集積力と結びつけた産業としてこれからの北海道の基盤産業の1つにしていくことが強く求められる所以である．続く石油・石炭製品製造業は1兆円を超えているが，製油所で行われるガソリンや灯油への加工分野である．鉄鋼（4,824億円）やパルプ・紙・紙加工品（4,501億円）が続く．前者は新日本製鐵室蘭工場（現日本製鉄）を中心に室蘭地区で自動車用部品を中心に，道内生産の5割を占めた時期もあったが発展途上国の追い上げなどにより生産額は大きく減少し，移出への貢献度も大きく下がっている[19]．後者は北海道の数少ない移出製造業となっており，現在は大手2社（新王子製紙，日本製紙）の工場生産が中心である．1990年代以降，両工場はずっと減少傾向が続いている．

　北海道の加工組立工業は7,800億円にすぎない（電子部品・デバイス1,899億円，情報通信機械器具276億円，輸送用機械器具3,680億円など）．輸送用機械器具は全国的には製造業の中で21.6%を占め第1位の出荷額を誇るが，北海道ではその割合が低い．しかし後述するように，大手自動車メーカー系の工場立地やそれに伴う自動車部品メーカーの立地などにより漸増傾向にはある．しかし，移出製造業と異なり，部品工業の不足，技術・ノウハウの集積の不足などのため，安定した産業として持続するには課題も多い．また，全国では27.1兆円を超える出荷額をもつ化学工業は1,948億円にすぎない．肥料と農薬が中心で付加価値の高い医薬品の割合が低いことなどが指摘される．しかし，後述するがバイオ産業では高付加価値の医薬品系の出荷額が増加傾向にある．

　出荷額など量的な指標における製造業の弱さと同時に，低次加工にとどま

る製造業が多く，出荷額に占める付加価値額の割合が低いことも特徴である．『経済センサス』（製造業：従業員4人以上）から付加価値率を見ると，2015年の全国の全業種の付加価値率は31.3％であるが，北海道のそれは26.8％にとどまっている．またそれを食料品製造業で見ると，全国は33.8％に対して北海道のそれは27.5％にとどまっている．機械組立工業は比較的付加価値率の高い工業であり，北海道の機械組立製造業では36.9％で高く，付加価値率を高める工業なのであるが，製造業出荷額では11.9％しか占めていないため，付加価値率を上昇させる要因とはなっていない．

　北海道の伝統的な域際収支の構造は，食品加工や木材加工工業及び鉄鋼における黒字で機械組立製造や化学における大幅赤字を埋め合わせない構造であったが，現在も基本的にはこうした構造が変わっていない．高度成長期には建設機械，農業機械，鉱山機械，船舶（漁船）機械に限定されていた機械組立工業は自動車や一部電気・電子工場の立地により漸増傾向にあるが，次々に生まれる需要に対応した移入の増加により域際収支赤字の解消に貢献するにはほど遠い現状である．医療用機械など高度加工組立工業の創出も実現に至っていない．木材加工工業や鉄鋼は黒字額が狭まったり赤字になる年もあり，移出産業としては弱化している．この産業は道東などで資源立地型工業として展開され，製材・合板工場の製品の2/3は道外に移出されていたが，最近は道産材の割合は高くなってはいるものの外材などに押され工場も激減している．窯業・土石は道内外の建設業への原料供給を行い，金属製品は土木・建設関連資材として供給されてきたが，これらの分野も公共事業削減の影響を受け減少している．

　高度成長期にはこうした構造の転換のために，苫小牧東部開発に示されるように，工業化政策を進めようとした．しかしそうした政策は失敗に終わり，産業のスクラップビルドは進んでいないが，食品加工部門だけで基盤産業を形成することも困難である．そこで21世紀の北海道の基盤産業として期待されるのは農とそれに関連する産業の複合化である．従来は別個の産業として位置づけられており，行政の対応も異なっていた農－工－商－サービスの

連携に基づく産業集積が求められる．現在，政策的にも進められている農商工連携や６次産業化とも重なるが，筆者が注目したいのは，同業種内の連携，例えば農家及び農業法人間の連携と異業種間の連携という複合的な産業ネットワークである．

　北海道における工業立地の特徴の第１は自然資源立地型工業であることである．農村地域で生産される農畜産物（生乳，肉，甜菜，馬鈴薯など）の加工，漁業地域に水揚げされる水産物の加工，山村で伐採される原木の加工工場（合板，単板，木工製品工場など）が立地展開してきた[20]．そしてその生産主体は①大手食品加工会社や大手水産会社及び子会社，②農協やホクレンなど農業団体の工場，③地域に拠点をもつ中小の加工工場である．

　第２は消費地立地型工業の展開である．高度成長期を彩る大量生産・大量消費は「どこで生産するか」「どこで売るか」がポイントになるが，札幌圏への工場とりわけ出荷額の集中は全国総合開発計画以来の工場立地政策と結びついて，北海道の産業地域を大きく変えた．

　第３は誘致型企業である．高度成長期の日本軽金属㈱や旭化成の分工場，大手電機・電子機器メーカーの関連分工場，大手自動車メーカー（トヨタ自動車）の子会社・自動車部品大手（デンソーやアイシン精機）の子会社などがそれに該当する．上記第２の工業もこの誘致型工場と重なる工場が少なくない．

　2016年経済センサスから工業生産の地域的分布を見ると，製造品出荷額では道央圏（札幌，苫小牧，室蘭を含む）に62.0％，従業員数は57.9％，事業所数も50.6％が集中している．近年では札幌圏からの分散傾向が見られるが，それでも札幌の通勤圏に入る千歳，恵庭，北広島では誘致企業も含めて比較的生産活動が活発な地域となっている．都市別に出荷額の分布を見たものが図2-10である．第１位が苫小牧市１兆4,761億円，２位が室蘭市7,739億円，３位が札幌市5,578億円，続いて釧路市，千歳市という現状で，室蘭，苫小牧を含めた道央圏の諸都市が上位に並んでいる．

　都市内にも製造工場も多く存在しているが，近年は住工分離を進め，産業

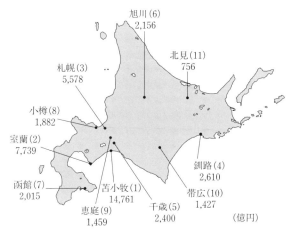

図 2-10　都市別出荷額の分布

インフラとして工業団地を造成する政策が進められているが，北海道でも同様である．道内には 2018 年現在 75 の工業団地（合計約 2 万 ha－工場等用地面積は約半数）があるが，うち 47 団地が道央圏に立地しており，道南（4 団地），道北（6 団地），道東（18 団地）の立地は少ない．ただ，工業団地を工場の分譲面積で見ると約半数は未分譲となっている．

(2)　自動車部品工業の集積

ここで，日本の成長産業であるが，北海道では産業展開が弱い自動車工業について少し触れておくことにしよう．

苫小牧東部開発地域（苫東と略記）は新全総（二全総）で大規模工業開発の 1 つとして開発が始まった地域で，道内工業団地面積の半数を占めるが，工場の分譲率は低く（用地面積に対する分譲済み面積は約 2 割），様々な活用案が考えられてきたが，未だ有効な活用が見いだされているわけではない．しかし 2000 年代に入って自動車産業集積の動きが見られるようになった．

苫東には主要自動車関連企業が 2 社立地している．1980 年代に操業を開

表 2-4　道央地域の主要自動車部品工場

企業名	立地した年	立地地域	資本金	売上高	従業員数
いすゞエンジン製造北海道㈱	1984 年	苫小牧東部地域	4.6 億円	192.4 億円, 2018/10	530 名, 2018/3
アイシン北海道㈱	2006 年	苫小牧東部地域	4.9 億円	93.2 億円, 2017 年度	443 名, 2018/3
トヨタ自動車北海道㈱	1991 年	苫小牧西部地域	275 億円	1611 億円, 2018/3	3,163 名, 2018/12
㈱デンソー北海道	2007 年	千歳臨空工業団地	26 億円	463 億円, 2017 年度	1,066 名, 2018
㈱ダイナックス（本社）	1973 年	千歳臨空工業団地	5 億円	613 億円, 2019/3	1,419 名, 2019/3

資料：各社の HP による（2019 年 3 月）.

始したいすゞ自動車㈱北海道工場（2002 年からいすゞエンジン製造北海道㈱）がトラック等のエンジンの製造を行っていた．もう 1 社は 2006 年 2 月にアイシン精機の 100％ 出資子会社としてアイシン北海道㈱が苫東に設立された．資本金 4.9 億円，売上高 93.2 億円，2018 年の従業員数は 443 人で，自動車用のアルミ鋳造品，エンジン冷却・潤滑部品の生産を行っている．アルミホイールの一貫工場をもつ愛知県の企業も苫東への新工場立地を決めた．苫東への立地はまだ多くはないが，周辺地域への自動車関連工場の設立と併せて，千歳－苫小牧の自動車関連産業集積地域の可能性が期待されている．

　1991 年には苫小牧西港地域（苫西）にトヨタ自動車の 100％ 出資のトヨタ自動車北海道㈱が設立され，これが自動車関連産業集積可能性のエポックとなった．第 1～第 5 工場でオートマチックトランスミッション，アルミホイール（2010 年より生産停止），トランスファー，ハイブリッドトランスアクスル（エンジンとモーターの力をタイヤに伝えるユニット：2012 年より生産），CVT（無段変速機），Direct Shift-CVT（新型の無段変速機）などの生産が行われ，売上高約 1,611 億円（2018 年 3 月期．金融恐慌以前の最高は 3 千億円超），従業員 3,163 名（2018 年 12 月）である．同じ敷地内には CVT の金属ベルトを製造するシーヴィテック北海道も操業している．

　2007 年 4 月に自動車部品メーカー大手のデンソー 100％ 出資のデンソーエレクトロニクスの設立が発表され，千歳臨空工場団地内で 2009 年から車載用半導体製品の生産を開始した．2017 年度の売上高は 463 億円，従業員は 1,079 名，社名も㈱デンソー北海道となっている．この団地内では，各種

クラッチ製造の老舗ともいえるダイナックスも操業しており，連結売上げ625億円，従業員1,419名（2019年3月）を擁している．

その他，エンジン部品工場，金型メーカー，バネメーカー，アルミ自動車部品メーカー，線材加工メーカー，自動車用鋼材メーカーなどの新規立地や工場拡大などが続いている．その波及効果は日本製鉄室蘭工場などにも及んでいる．

自動車関連メーカーの立地は，何よりもまず，有効求人倍率が全国平均の半分程度にとどまっている雇用にとって大きな改善要素である．立地した企業との取引が増加していくと，こうした企業からの技術指導が技術水準への刺激となり，技術水準は上昇する可能性をもつ．また，部品の域内取引が活発化すれば，域内経済循環も円滑になり，産業連関の相乗効果が一層高まってくる．自動車産業は基盤技術，中間技術，組立技術を総合化した産業であり，技術の汎用性も高く，長期的には産業転換にも対応できる技術的基盤を提供する可能性もある．また，広大な土地の広がりを生かしたテストコースも30カ所以上ある．

このように，以前から懸案であった苫東への一部の自動車関連工業の立地は，苫小牧にとどまらず，北海道にあっては比較的順調に工場立地が進んだ隣接する千歳の工場団地とともに，北海道製造業のアキレス腱であった機械組立工業の集積地域の可能性を見せており，北海道経済にとっては望ましいことであろう．

しかし同時に，自動車産業は先進国では成熟段階の産業であり，海外立地との激しい競争にある産業であり，北海道で上述のような効果を発揮するにはクリアすべき課題も多い．第1に，自動車・同関連産業の北海道進出の要因の1つとして労働力確保が容易なことが挙げられる．したがって，労働力供給力が安定しなくなったり過剰に転ずると，北海道への立地の優位性は失われてしまう．この産業は国民市場を基盤としているわけではなく，グローバルレベルの最適地点で活動しているからである．第2に，トヨタグループの国内生産体制に限ってみても，労働力確保や震災リスク，北米，東アジア，

ロシアへの輸出拠点として整備することを軸として，その戦略は中部，九州，東北の国内三極体制にあり，北海道はその戦略拠点とは考えられていない．第3に，将来的に完成車まで一貫した生産体制を見通した地域対応をするにしても，それに見合う高度技術者を確保する可能性は現段階では困難と言わざるを得ない．第4に，部品等の複合的な取引関係を深化させるには長期的なスパンが求められるが，その間に取引可能な関連企業をどれだけ育成することができるか，さらに，行政の持続的な支援体制も問われることになる[21]．九州北部には完成車メーカーが3社あり，九州レベルでは800社以上の関連工場の裾野の拡がりが見られるが，それでも部品の地元調達率は65%（2016年）にとどまっており，現地主義を標榜するトヨタに対して調達率をより高めることが求められているのが現実である．北海道の地元調達率は2005年頃の1割以下に比べれば2017年に19.9%まで高くはなってきたが[22]，九州並みの調達率を目指すにも道は遠い．第5に，これらと重なることであるが，これまで機械組立工業のビジネス環境や成熟した都市環境が十分でなく，地域に埋め込まれた（embeddedness）産業として成長していくには地域の側の課題も多い．関係者の中には，地域産業の1つとして定着させる戦略を考えるには遅い，との意見もある．

6. 建 設 業

　北海道の産業構造の特徴とされてきたものの1つが，道内GDPにおいて製造業を上回る建設業の存在である．北海道の建設業投資額は1993年には4.8兆円を超える金額であり，GDPに占める割合も1996年には15.5%であった．しかしその後生産額は急減し，2015年には2兆6,209億円となり，GDPに占める割合も7.0%となった．北海道の建設許可業者（以下，建設業者と略記）は2017年に19,478社，就業者は22万人で製造業の就業者と同じである．建設業者数のピークは1999年の2.6万社余りであり，16年で7千社あまりも減少した．就業者数は2000年に約33万人で同年の製造業就業者

表 2-5　北海道と全国の建設業比較

		北海道	全国
建設業総生産（GDP）2017 年		7.0%	5.7%
建設業投資額　　　　2017 年		3.0 兆円	54.7 兆円
建設業許可業者　　　2017 年		1.9 万社	46.5 万社
建設業就業者　　　　2017 年		8.5%（22 万人）	7.6%（498 万人）
完成工事高		2.2 兆円	66.2 兆円
（建設業専業会社	資本金 5 千万円以上	37.2%	53.4%
の下請け含めた	資本金 5 千万円未満	62.8%	46.6%
元請）2016 年	1 社平均	3.4 億円	4.6 億円
類型別建設投資額	民間	1.1 兆円（2015）	33.0 兆円（2017）
	公共	1.6 兆円（2015）	23.0 兆円（2017）
	民間：公共	4：6	6：4
売上原価比率（2013-17）		1.3〜4.1%	2.4〜4.2%

資料：平成 28〜30 年「北海道における建設業の概況」.

約 21.8 万人をかなり上回る就業者であった．この就業者数は全就業者の 12.1% を占めるほどの高い割合であったが，2017 年には 7.6% にまで構成比を下げてきた．

　建設業も「モノづくり」産業ではあるが，本来の製造業と異なり次のような特殊性をもった産業である．第 1 は，土地への固定性が強く，土地なしには生産は完結しないことである．したがって，大量生産可能で物理的に流通可能な製造品とは異なり輸移出入が不可能で，建設業の域際収支は常にゼロである．第 2 は，受注生産が一般的な生産形態となっている．したがって，生産計画は受け身で変動が激しく不安定な生産に甘んじている．第 3 は，建設業は建築業と土木業という異なった業態を含んでいる．前者は個人住宅やマンション建設などを含むため民間の工事も多いが，後者のうち大規模なものは公共工事が多い．第 4 に，上記の性格から，現代社会では有効需要政策の柱として行われてきた．つまり，民間工事は好況の時には増加するのが一般的であるが，公共工事は不況の時にこそ増加するという工事なのである．

　北海道の建設業はこれに加えて次のような特殊性をもっている．第 1 は公共工事が民間工事より工事金額が格段に多いことである．これは公共工事に

土木が多いことと関係している．2016年度の建設投資実績によると，民間：公共は全国平均が59.5：40.5に対して北海道は42.1：57.9となっており，全国平均と逆転した公共工事割合となっている．公共工事の多さは，発注元が国（自治体）の財政であり，政治（政治家）の動向に左右される傾向が多いことを示している．

　第2は小規模な資本が多く，ゼネコンの下請け工事を行っている業者が多いことである．資本金規模によって完成工事高に大きな違いが見られ，1社当たりの工事高にも違いが見られる．道外では資本金5千万円以上の会社が完成工事高の5〜6割以上を占めているが，北海道のそれは3〜4割である．1社当たりの完成工事高も全国平均よりも低い．こうしたことを反映して売上原価比率も道外平均は2.4〜4.2%に対して，道内は1.3〜4.1%（2013-17年平均）でかなり低く，経営的にも困難を抱えていることが窺われる．

　第3は，ほぼ60年以上にわたって北海道開発局という国の機関が北海道内のハードの公共事業を仕切ってきたことである．開発局が設置された経過についてはすでに第1章で述べた．その特徴は第1に北海道事業費の一括計上である．当時の農林省，建設省，運輸省の北海道関連予算を開発局が一括して予算要求し開発事業を遂行していた．2001年の省庁再編によって建設省，運輸省は廃止となり，北海道開発局は国土交通省北海道局の地方支分局となったが，この仕組みは変わらず，国土交通省が一括して概算要求する仕組みは継続している．第2は国直轄事業の拡大と北海道特例である．後者は国庫補助負担率の特例かさ上げ措置であるが，道外地域より高い補助負担率を設定することである．これも道内の経済団体の意向を受けて継続している．北海道開発局についてはその存亡も含めて，公共事業のあり方と密接に関連しながら議論されているところである[23]．1997年には1兆円を超える過去最高の北海道開発予算であったが，2018年度予算は5,551億円となっている．

　第4は，地域経済への依存度が非常に高いことである．建設業は地域経済に限らず，社会的分業の一環を構成する産業である．しかしながら北海道では経済を発展させる産業としてではなく，第1次産業や石炭産業の衰退に代

わりうる産業が見いだせない諸地域において，財政支出によって地域経済の崩壊を防ぐ防波堤になる産業として継続されてきた側面が強い[24]．北海道全体でも従業員数，建設投資，生産額の全国比率は高いが，市町村レベルで見ると，産業の中で建設業従業者の占める割合が現在でも1割を超える自治体は少なくない．

　現在の建設業は3K（きつい，きたない，きけん）事業と言われ，政治がらみの不透明な事業部分があるなど，マイナスイメージも払拭し切れていないのも事実であるが，「モノづくり産業」であり，社会的にも不可欠な産業分野である．道内各地では，小規模ながらも地域に貢献するための活動を行なっている事業者も決して少なくない．そうした努力を地域経済に正当に位置づけ持続させていくことも大事である[25]．

7．エネルギー産業と電力

　エネルギー関連産業は，日本では統計上第3次産業に位置づけられ，「電気・ガス・熱供給・水道業」として分類されている[26]．多くの産業分析において，この産業の扱いは少ない．北海道ではこの産業の売上額は9,107億円（全産業の1.8%）と試算され（2016年），従業員数も13,201名（全従業者の0.5%：2015年）で産業の中で量的な比率は決して高くないからである．

　しかし2011年東日本大震災による原子力発電所事故を契機に産業の基盤をなす電力供給のあり方が問われ，頻発する各種災害によるブラックアウト（停電），ガス供給の停止，水道の停止などによる産業や市民生活への大きな影響が人々の問題意識に上るようになり，北海道経済を考える上でもこの産業に注目しておくことが不可欠になってきた．北海道ではさらに2018年の胆振東部地震によるかなり長期間の全道ブラックアウトを経験したことがあったためなおさらである．

〈北海道のエネルギー需給構造〉
　国内の一次エネルギー供給は，1973年には94%を化石燃料（石炭系と石

油系）に依存していた．2010年にその割合が81.2%に減少し，替わって原子力が11.2%を占めるようになった．しかし，2011年の原子力発電所事故とその後の相次ぐ原発停止により2016年にその割合は0.7%となり，水力と新エネルギーの合計が1割へと微増したのに対して，化石燃料（石炭，石油，天然ガス）が89.0%へと増加した．現状では日本の一次エネルギー供給*はほとんどが化石燃料依存となっている．

エネルギー供給がエネルギーのもとの形（石油や石炭など）であるのに対して，最終エネルギー消費は工場，家庭，交通機関で使用されるものであって，石油製品，電力，都市ガス，熱などとして消費されるものである．また，発電や輸送の際のロスや自家消費があるため供給とは一致しないのが特徴である．2016年のロスは32.8%となっている．

同年の化石燃料に基づくエネルギー消費は67.0%である．そのうち石炭は主に製鉄工場でのコークス原料として，石油は電力への転換は比較的少なくガソリン，軽油，重油，灯油などに転換されて主に交通機関や工場や家庭で消費される．天然ガスは電力や都市ガスに転換されて消費される．そして，原子力や新エネルギーの多くは電力に転換して消費されている．

2016年度に電力は最終エネルギー消費の25.7%を占めているが，そのうち36.4%は産業部門（工場など）で消費され，続いて業務部門（商業，飲食，宿泊業などが多くを占める）が33.6%，家庭部門が28.8%となっている．

表2-6は北海道における一次エネルギー供給と最終エネルギー消費の需給構造を示したものである．一次エネルギー供給では石油系が59.6%で6割を占め，石油系の利用率が非常に高い．石炭系との合計比率は82.8%に達している．逆に天然ガス・都市ガスは5%に留まっている．道内唯一の原子力発電所の停止により原子力はゼロ，新エネルギーも全国並みの7.0%である．震災前の2010年に一次エネルギー供給のうち原子力が16%を占めていたと推定されており，結果的にこの部分が石油・石炭による一次エネルギー供給の増加に帰着している．

表 2-6　北海道のエネルギー需給実績（2016 年）

（単位：TJ）

	石炭系	石油系	天然ガス都市ガス	水力	原子力	新エネルギー	電力	熱	合計
第一次エネルギー供給	221,947	569,034	47,397	47,476	0	67,130	2,369	0	977,504
構成比(%)	23.2	59.6	5	5	0	7	0.2	0	100
最終エネルギー消費(注)	72,953	432,684	39,810	0	0	5,199	149,988	70,508	771,142
構成比(%)	9.5	56.1	5.2	0	0	0.7	19.5	9.1	100
(内訳)　産業部門	71,615	56,127	11,153	0	0	4,878	52,085	68,267	264,125
業務部門	1,338	37,304	17,686	0	0	0	50,549	1,676	108,553
家庭部門	0	97,584	10,811	0	0	0	46,075	565	155,035
運輸部門	0	193,795	160	0	0	0	1,280	0	195,235

注：1)　非エネルギーを含む.
　　2)　TJ とは，テラ＝1 兆，J は熱量の単位でジュール，つまり 1 兆ジュールの略語である.
資料：北海道経済部「北海道エネルギー関連データ集」2019 年 4 月．この資料は総合エネルギー
　　　統計に基づき，北海道が作成したものである.

　最終エネルギー消費については，石油系のエネルギー消費が半数以上の56.1% を占めている．その内訳は運輸が 44.7% で全国平均の割合であり，ガソリンや軽油としてクルマなど交通機関で多くが消費されている．産業部門は 13.0% で全国の 36.0% に比べて非常に低く，北海道の工業活動の弱さを反映している．石炭系は 9.5% であるが，大半は日本製鉄室蘭など鉄鋼会社による消費と考えられる．家庭部門は 22.6% で全国よりかなり高い．天然ガスによる暖房も普及してはいるが，現段階では灯油などによる暖房が多いことの反映である．

　最終エネルギー消費のうち電力としての消費は全国よりやや少ない 19.5%である．そのうち産業部門と業務部門がそれぞれ 1/3 ずつ占め，家庭部門は約 3 割である．省エネと関連して廃熱利用や蒸気熱利用も試みられているが，最終エネルギー消費の 9.1% を占めるに過ぎない．

〈北海道の電源構成〉

　2011 年の東日本大震災による原子力発電所事故は日本社会に大きな衝撃を与えた．北海道にも北海道電力泊原子力発電所 1〜3 号機があるが，事故以来原発はずっと停止したままである．事故を踏まえて 2013 年 7 月に国

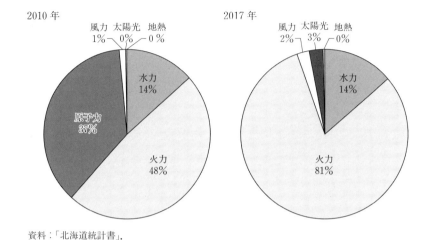

資料：「北海道統計書」.

図 2-11 原発事故前と後の発電電力量の構成

（原子力規制委員会）に安全審査の申請を行ったが，2019 年末になっても発電所の再稼働の見通しが立っていない．ここでは北海道における発電構成の変化から見えてくる点について述べることにする．

図 2-11 は東日本大震災による原発事故の前と後の発電電力構成の変化を見たものである．まず，発電量が 2010 年の約 440 億 kWh から 2017 年の約 360 億 kWh へと 2 割近く減少している．水力の発電量は減少しているが発電構成割合は余り変化していない．それに対して，火力は 2010 年には半数以下であったが，震災後は 8 割を超えている．この図では火力発電が石油か石炭かは明示されていないが，2010 年北電資料の発電量構成において石油 8％，石炭 31％ であったものが 2016 年にはそれぞれ 25％，49％ へと構成比を大きく高めている．北海道の電力供給の原料に占める石炭割合の多いことが特徴である．原子力は 2010 年の 36.9％ から 0 となった．それ以外の再生可能エネルギーについては，どれも構成割合を増やしているが，構成割合は僅かにとどまっている．

2010 年の需要電力量の約 1/3 は主に家庭での利用，産業用は 27％ であるが，北海道ではパルプ工場，鉄鋼工場，石油製品（ガソリンなど）での利用

が半数を占める．この割合は現在も大きく変わっていない．

〈原発事故と電力システム改革と北海道の電気事業者〉

東日本大震災による原発事故は日本のエネルギー政策を大きく転換させた．2011 年 8 月に「電気事業者＊による再生可能エネルギー電気の調達に関する特別措置法」（再生可能エネルギー特措法）が成立し，この中で再生可能エネルギーの普及を目的として固定価格買取制度（FIT：Free-in-Tariff）＊が始まった．戦後日本の電力供給システムの基本は，9 地域の電力供給－販売を大手 9 電力会社（後に 10 地域・10 電力会社）が一手に担う地域独占方式であった．ポスト高度成長期に，電力の地域独占から生ずる様々な課題を解決するために徐々に電力システム改革は進められていたが，必ずしも十分な効果は上がっていなかった．悲しいことに，それを一挙にすすめる契機が原発事故だったのである．FIT は再生可能エネルギーで発電された電気を，国が定めた価格（固定価格）で一定期間電力会社が買い取ることを義務づけた制度だったのである．

2013 年 2 月，電力システム改革専門委員会による「電力システムに関する改革方針」が出され，2013 年 4 月閣議決定されたが，それがその後数年間にわたって 3 段階の電気事業システム改革を規定した[27]．

第 1 段階の改革は 2013 年 11 月に成立した「広域的運営推進機関」の設立である．地域間の電力過不足を融通し合うことを可能にすることによって地域独占的な電力体制を緩和し，地域の電力会社と大手電力会社（一般電気事業者）との電力取引が可能となった．

第 2 段階の改革は 2014 年 6 月に成立した電気の小売参入の全面自由化である．地域の電力会社が発電した電力を地域内の事業者や家庭に販売することが可能となったのである．また，消費者は地域の大手電力会社のみでなくどの電力会社からも買うことが出来るようになったのである．

第 3 段階の改革は発電と送配電を分離する改革である．この改革の実施は 2020 年 4 月である．送配電網は膨大な初期投資を必要とするために，これまでは発電設備も送配電施設も大手電力会社が保持していたが，両者を法的

に分離して中立性を保ち，どの発電会社からも送配電できるようにするものである．また，小売料金の規制撤廃もこの改革に含まれている．

これらの改革により，電力をめぐる競争関係は変わりつつある．電力の小売事業者も急増している．全国に614社（2019年10月1日）の電力小売業者が生まれたが，北海道でも22社が営業開始している．この中には道内を市場にするだけでなく，道外でも市場を展開する事業者もある．

一般電気事業者と呼称されていた10電力会社は一般送配電事業者となり，北電は子会社の北海道電力ネットワークとなった．発電業者は一気に増加し805事業者（2019年9月15日）となり，そのうち再生エネルギー発電を中心にした33社は北海道に本拠をもっている．北電エコエナジー㈱，札幌市，北海道企業局の発電所，道北や胆振地域に展開する風力発電の㈱ユーラス・エナジー，住友林業と住友共同電力による紋別バイオマス発電㈱や道北・下川町の三井物産と日本製紙の共同出資による北海道バイオマスエネルギー㈱，全道各地で太陽光発電を展開する諸企業などが営業を開始している．

ただ，これら新電力がすすめている再生可能エネルギーの発電量は徐々に伸びてはいるが，順調というわけではない．再生エネルギー発電量は2012年から2016年にかけて太陽光（非住宅）こそ大幅に伸びているが，合計発電量は5,866万kWが7,693万kWへの伸びにとどまっている．バイオマス，地熱，廃棄物など熱利用分野においても同様である（『126回北海道統計書』2019年）．その理由は，大手と中小の価格をめぐる競争がうまく作動していないことなどにあると思われるが，この面からの研究は今後の課題であろう[28]．

8. 商　　業

大量生産・大量消費の経済システム下で商業（卸売，小売）の商店数，従業員数，販売額は伸びていった．卸売商店数・従業員数は1991年にそれぞれ最高（約1万9千・約19万人強）を記録し，小売商店数は1982年に最高

（約 6 万 6 千），従業員数は 1999 年に最高（約 37.7 万人）を記録した．卸売年間販売額は 1991 年に最高額（約 17.8 兆円）となり，小売販売額は 21 世紀に入る前までは 7 兆円台が続いた．

しかしこれらの時期以降，卸売・小売は商店数，従業員数，販売額いずれも減少している．2016 年に，卸売商店数は 1.5 万店あまり，従業員数は約 13 万人，販売額は 12.3 兆円強となり，小売商店数は約 4 万店，従業員数は 33 万人強，販売額は 6.6 兆円弱となった．

〈小売業〉

小売業は市民の消費財購入を基本とする業態であり，したがって人口の動向に概ね比例するはずである．しかし，小売販売額が最高となった 1997 年の札幌市の販売額約 2.5 兆円は人口増加が続いている中で 2016 年には 2.3 兆円弱へと減少した．他の道内主要都市の販売額は人口減の要因も加わり大きく減少している．小売業態の減少は流通システムの大きな変化による販売形態の多様化と密接に関連している．しかし，主要都市の全道あるいは広域圏における販売額割合はあまり変化していない．札幌市の全道の販売額割合は 1997 年の 33.2% が 2016 年に 36.3% へとわずかの増加にとどまり，道北 3 振興局における旭川の小売販売額はここ 10 年間で 5 割台の比率のままなのである．また，小売業販売額の全国に占める割合も減少している．

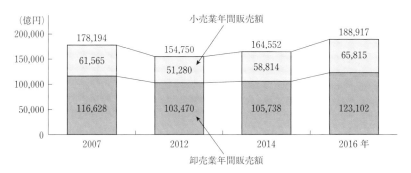

資料：『北海道経済要覧』2018.

図 2-12　卸売業・小売業年間販売額の推移

小売業の業態も大きく変動している．高級品揃えをうたい文句にしていた百貨店の販売額は急減し，1999年に5千億円近い販売額を誇っていたが，2018年には半分以下の2,006億円となった．そのことは札幌をはじめ主要都市の百貨店の再編成の動きにつながっている．スーパーは，個人商店を中心とした地域の中心商店街から消費需要を獲得し，小売の中心的業態の地位を得た感があるが，流通再編成の中で整理・淘汰も進んでいる．21世紀に入って以来，7千億円台の販売額で推移している．コンビニも小売の新たな業態としてその地位を確立し成熟途上にある．店舗数は2018年に3千店を突破し，販売額は5,710億円に達している．コンビニは人口密度の高い都市では競争も激しいが，人口数千人の町村にまで出店しており，後継者の見通しの立たない個人商店に代わって地域の不可欠なインフラ施設にもなっている．

〈卸売業〉

　卸売業は道内隅々にまで消費財を販売する拠点たる業態であり，高度成長期を代表する都市型産業であったが，21世紀に入って大きな変貌を遂げつつある．卸売業は大量生産・大量消費の時代にあって，流通の段階ごとにメーカーと小売・消費者を結びつける役割を果たしてきた．そして札幌には元卸，中間卸など高次卸売機能が集中し，道内の卸売の中核機能を担い，それぞれの広域地域の中心都市は圏域の需要に応える最終卸など低次卸売機能を担うという北海道の販売における都市間ヒエラルヒーシステムが形成されてきた．しかし，20世紀の終盤から情報・通信手段の革新によって卸売機能が大きな変化の過程にある．「中抜き」と呼ばれるメーカーと消費者を直接結びつける流通形態，直販システムやインターネット販売の普及など高度成長期には見られなかった多様な流通・販売形態が生まれている．その結果が卸売業の商店数，従業員数の減少であり，販売額の急速な減少である．特に本社が多く所在する大都市から遠隔の北海道にあっては，金額の減少のみならずその全国比率も2%台へと減少した．

9. 情報・通信業

情報・通信業は電話などの通信手段により情報を伝達する事業所，公共・民間のテレビ・ラジオなど放送業，新聞社，出版（ただし印刷は除く）を含む映像・音声・文字情報制作及び情報サービスとインターネット付随サービスを提供する業態を指す．「道民経済計算年報」によると，2015 年度の生産額は 6,995 億円で，道内生産比は 3.7% となっている．1980 年代頃から急成長を遂げてきたが，生産額はここ 10 年間あまり変化はない．

「経済センサス」によると，2016 年の情報・通信業売上額（試算値）は 8,555 億円で，非農林業売上総額の 1.7% を占める．情報・通信業の総従業員数は約 3.7 万人であるが，そのうち通信業（携帯電話やスマホなど）3,492 人，放送業 2,272 人，映像制作や配給 1,206 人，新聞 2,785 人，出版 1,140 人，ソフトウェア業など情報サービス業が 23,048 人という現状である．この産業は売上額も従業員数も都市集中が顕著で，売上額の 87.4% は札幌であり，主要な 8 都市で 97.8% の売上金額となっている．

〈通信業〉[29]

2000 年代に入って以降，通信のあり方は大きく進化し，伝統的な通信手段は新たな通信手段に交代しつつある．固定式電話の加入件数はずっと減少が続いている．2001 年の 223 万件から 2012 年には 127 万件にまで減少した．それに対して移動式通信手段は急増している．携帯電話の契約数は 2001 年の 278 万件から 2018 年までに 2 倍以上の 580 万件となっている．ただし，移動式でも PHS の契約は減少し，携帯電話の増加も鈍化傾向にある．

それに対してブロードバンドサービスの普及は急速である（図 2-13）．光ファイバーの契約数は 122 万世帯（2018 年 9 月）となっているが，それも古いとさえ言われる時代になった．スマートフォンや携帯情報端末が急速に伸びつつある．モバイルデータ通信（BWA）[30] は 2009 年にはなかったが，2019 年には 220 万件にまで増加した．スマートフォンの急速な普及に規定

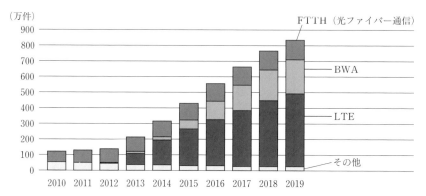

資料：北海道総合通信局「北海道のブロードバンドサービスの普及状況」.

図 2-13　主なブロードバンドサービスの契約数の推移（各年3月）

されて，それに利用される次世代移動通信システム（LTE）[31]は2013年には70万契約数であったが，2019年には465万にまで増加した．

　他方，狭域レベルの地域情報を発信したり，そのためのインフラを整備する事業も少しずつ生まれている．2018年に公衆無線LANを整備している自治体は142，全道にある120の道の駅ではすべてWi-Fi整備されており，ICTを活用して地域活性化に取り組んでいる自治体は160にのぼっている．また，ケーブルテレビ[32]もブロードバンド通信の1つであるが，2017年10月現在11の地域においてCATVサービスを提供している．

　1992年に市町村を単位としたコミュニティ放送[33]が制度化され，道内のコミュニティ放送局は同年の函館の「FMいるか」の開局以来28局が開局されてきた．スポーツ・レクレーション，福祉医療，地域産業など地域情報を発信するコミュニティ媒体として期待された．しかし発信媒体の多様化の中で独自性を見いだすのが難しく経営も厳しいが，災害多発時代にあってこうした面での役割は決して失われたわけではない．コミュニティビジネスなどとも関わりながら新たな展開が求められている．

10. 運 輸 業

　北海道は，最も産業の発展が進み市場としても重要性の高い東京圏や道外大都市圏との輸送関係が経済の発展や人々の暮らしに大きく影響を受ける地域である．高度成長期以降の貨物輸送は，鉄道輸送（国鉄）の衰退と自動車輸送が一般化したこと，道外との貨物輸送は海運で行われるのが特徴である．この時期には石炭，木材，農産物の移出が移入を上回っていた．高度成長期後半から運輸業にも大量生産・大量消費の波が押し寄せ，貨物輸送において移入が移出貨物輸送を上回るようになった．鉄道輸送はあらゆる面において衰退し，自動車輸送（自家用貨物輸送を含む）が圧倒的優位に立った．そして航空輸送が離陸段階から成熟段階に達してきた．港湾は小樽や函館の衰退が進み，代わって苫小牧港への港湾の一極集中が顕著になっている．航空輸送が成熟段階に達してきたが，航空における貨物輸送は量的にはわずかである．

〈貨物輸送〉

　北海道内外の貨物輸送量は 1990 年以降 4〜5 億㌧で推移している．2016年度は 4 億 2,610 万㌧（3 億 4,472 万㌧）[34] であるが，そのうち 86.2％ は道内輸送で，人口密度稀薄だが広大な面積をもつ地域内輸送量は全国一となっている．

　輸送機関は，道内輸送についてはほとんどすべてが自動車輸送であるのに対して，道外との輸送については，鉄道輸送は移出 8.6％，移入 7.0％，自動車輸送も移出 12.8％，移入 9.0％ にとどまっている．海運が発着ともにそれぞれ 8 割前後を占めており，道外への移出・移入には海運（フェリー，コンテナ船，トレーラを載せて運ぶ RORO 船）が大きな役割を果たしている．道外輸送については，京浜・京葉など関東地域向けが 4 割以上を占め，移入も関東発北海道向けが半数以上を占めている．

　道内輸送量は総輸送量 4.3 億㌧のうち約 3.7 億㌧で品目も多種にわたって

いる．道外との輸送では，移出品は鉱産物（砂利，砂など），紙（新聞巻取紙など），化学工業品（セメント，重油，石油製品），農産品（馬鈴薯や酪農品），移入は自動車，衣類，家電など消費財が中心である．

貿易はほとんど海運である．北海道港湾統計年報によれば，2017 年の輸出量は約 430 万㌧，輸入が 3,591 万㌧で輸出は輸入の 1 割程度である．輸入品は原油，石炭，鉄鉱石が 7 割程度で，他は木材チップ，肥飼料，原料麦など我が国の産業の原料資源を輸送する役割を果たしている．

図 2-14 は主要な交通インフラを示したものであるが，北海道内には合計41 の港湾があるが，国際拠点港湾である苫小牧港と室蘭港に貨物取扱の63.1% が集中している．中でも苫小牧港への集中傾向が続き，全道の輸移出入貨物量の 51.9%（2017 年）が集中するなど港湾輸送においては苫小牧一極集中が顕著である．

〈旅客輸送〉

既に高度成長期からマイカー利用が一般化していたが，その後地下鉄開業－3 路線化や航空輸送の急速な発展などにより，旅客輸送システムも大きく変化した．その対極にローカル旅客輸送の問題がある．

旅客については，札幌地下鉄や JR の通勤・通学の交通機関利用などを含むため，当然のことながら道内間旅客輸送が圧倒的に多く，輸送量は 6.8 億人である．2017 年に道内間旅客輸送は鉄道 55.4%，自動車は 44.3% でこれらの交通機関で道内間旅客輸送のほとんどすべてである．ちなみに，札幌市の地下鉄は約 2.3 億人，バスなど自動車利用者は 2.3 億人であるが，主流の乗り合いバス利用者は漸減傾向である．

生活路線としての鉄道という点では，北海道のローカル線は現在大きな転換点にさしかかっている．1980 年の「日本国有鉄道再建促進特別措置法」によって鉄道路線は幹線と地方交通線に分けられ，後者については一定の基準（4,000 人未満／1 日乗客数）によりバス転換などを含む第 1 次〜第 3 次の廃止対象路線が設定され，廃止・転換が進められた．北海道にはそれに該当する路線が最も多く，既に第 1 次廃止対象路線 8 路線が廃止，第 2 次廃止

対象路線として 14 路線が廃止され，そのほとんどがバスに転換した．第 3 次廃止対象路線（9 路線）は長大路線等の理由で廃止になっていない路線が多い．JR 北海道が「単独維持困難線区」（2016 年）として公表した 13 線区のうち，5 線（留萌本線，札沼線の北海道医療大学－新十津川，石勝線の新夕張－夕張，根室線の富良野－新得，日高線の鵡川－様似）は沿線自治体と廃止で合意したり，災害で不通状態が続いていたりするなどの状況となっている．JR 北海道が国などの支援を受けられれば存続するとしているのは，宗谷本線，石北本線，富良野線の旭川－富良野，釧網線，室蘭線の岩見沢－沼ノ端，根室線の釧路－根室及び滝川－富良野，日高線の苫小牧－鵡川となっている．JR 北海道は 2014 年度から路線別収支を公表しているが，それからずっと 24 区間すべてで営業赤字となっている．現状で推移すれば，北海道の鉄道路線は札幌を軸とした通勤・通学を含む路線と札幌と旭川，釧路，帯広，函館（新幹線を前提）の主要都市間路線だけとなる方向に向かっている．ここでは詳述を控えるが，「国策」や人々の権利の 1 つである移動の権利にも関わる問題であるだけに付記しておきたいと思う．

　北海道と沖縄はその地理的状況から地域間旅客輸送は航空機・空港利用が大半を占める．2017 年の道内－道外間旅客輸送量は 25,633 千人であるが，うち航空機利用者が 22,183 千人（86.5％）を占めている．

　道内には 14 の空港があるが（図 2-14），空港利用で北海道を発着する旅客数は 2,121 万人，中でも新千歳空港は突出している．日本国内にある新千歳空港を含めた 7 つの基幹空港の 1 つであり，羽田に次いで 2 位の国内の旅客数を誇る．また新千歳－羽田路線は単一路線としては世界でもトップクラスの旅客数である．道外から新千歳発着便の旅客数は 17,865 千人，国際便は 3,493 千人，これに新千歳発着の道内便旅客が 865 千人で合計 2,200 万人以上が利用しており，旅客数の集中率は 8 割を超え，一極集中の様相である．

　道外と結ぶ複数のフェリー航路などもあり，道内－道外の船舶利用は 7％を占めている．あとは観光を含めた離島航路などである．

　道内－道外の鉄道旅客は，北海道新幹線の一部開通を受けて 2016 年には

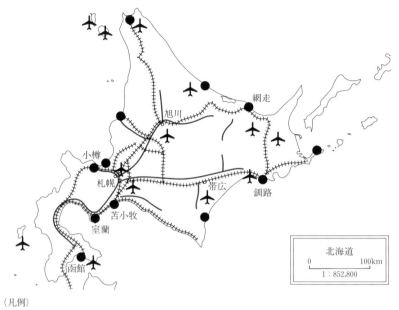

図 2-14　北海道の主要な交通インフラ

8.5% に上昇したが，2017 年には 6.5% へと減少した．これについては観光の項で述べる．

11．金融業

「2016 年経済センサス」によると，金融業の事業所数は 1,673 であり，合併の進行などにより事業所数は減少の傾向にある．同じくその従業者数は 25,324 人となっている．

金融業の中で重要な役割を果たしているのは銀行業及び協同組織金融業である．後者は信用金庫，信用組合，労働金庫，商工組合中央金庫，農協，漁

協がそれに当たる．北海道では信用金庫や農協などの数も特に多い．銀行業は 434 事業所，従業員 11,387 人，協同組織金融業は 819 事業所，従業員8,803 人となっている．残りの金融業は消費者金融，カード会社，金融商品取引業などである．

　外国法人と法人でない団体を除いた 2016 年の金融・保険業の売上（収入）金額（試算値）は 3 兆 2 千億円余りで，非農林業の売上の 6.5% を占める．

　北海道にはかつて北海道拓殖銀行（都市銀行）があり，1900 年の設立以来道外からの長期資金供給の窓口として，北海道開発や産業振興に一定の役割を果たしてきた．しかし，バブル経済崩壊後の金融機関再編成の過程で1997 年 11 月に破綻し，北洋銀行に営業譲渡することとなった．ここでは詳細は述べないが，この事態は戦後北海道経済の大きな転換の 1 つとなった．いずれにせよ，道内に本社をもつ都市銀行が北海道から消滅したのである．

　現在（2018 年 3 月）北海道に本社をもつ主要金融機関として，地方銀行2（北海道銀行：預金額 4.7 兆円，142 店舗，北洋銀行：預金額 8.5 兆円，171 店舗），信用金庫 20（平均預金額 3,617 億円弱，508 店舗），信用組合8（うち 1 組合は東京本店の札幌支店，平均預金額 916 億円，137 店舗），北海道労働金庫（預金残高 9,833 億円，37 店舗）がある．加えて，みずほ銀行，三菱 UFJ 銀行，三井住友銀行など都市銀行や信託銀行などの北海道支店（札幌支店）や道外（特に東北や北陸）の地方銀行の支店が立地している．商工組合中央金庫の 5 支店も立地している．

　企業がメーンバンクとして認識している金融機関のトップは北洋銀行で，企業数は約 2.5 万社で道内シェアは約 35% に達し，北海道拓殖銀行破綻後の北海道で最大の金融機関となっている（帝国データバンク調べ，2017 年）．東京都に次いで数の多い信用金庫は一時 50 を超えたこともあるが，金融を取りまく変化の中で合併を余儀なくされ，2019 年現在 20 に減少しているが，さらなる合併もあるとの情報もある．

　また，日本銀行の札幌支店など 3 支店と 2 事務所があり，札幌支店の預金額は 16.1 兆円，国内銀行への貸出金は 10.2 兆円（2018 年）となっている．

財務省の持ち株会社である㈱日本政策金融公庫（国民生活金融公庫，農林漁業金融公庫，中小企業金融公庫が合併して 2008 年に設立）は創業支援などを主な事業としており，道内に 9 支店ある．

　政府系の金融機関として設立された日本政策投資銀行（略称：DBJ）は地域のインフラ整備，産業クラスター，新規事業などへの金融支援を行う機関であるが，その前身は 1956 年に設立された北海道開発公庫（1957 年に北海道・東北開発公庫に改組）である．1999 年に解散し，日本開発銀行と統合して政府 100% 出資の特殊法人日本政策投資銀行に承継された金融機関である．2008 年に㈱日本政策投資銀行となり，全国主要都市に 10 支店があるが，道内では北海道支店（札幌市）として食産業，観光産業，インフラ整備などへの金融支援事業を展開している．

　道内に多数あるゆうちょ銀行は，前身の郵便局時代からとりわけ農山村部では多様な役割を果たしてきたが，2007 年の日本郵政グループとして発足以来，現在もそうした役割が求められている．旧本局格のゆうちょ銀行は札幌に 12，主要都市などに約 20 行があり，窓口のある事業体は道内で約 1,500 行に達している．2014 年末の道内の預金額は 6 兆 7,537 億円，他の金融機関の預金額は 3% であるが，ゆうちょ銀行は 4.1% でやや高い．他の金融機関と合計した預金額の 14〜15% を占めている．

　北海道の金融において JA バンクの存在は大きい．JA バンクは農林漁業関係者の協同組織で，市町村段階の各 JA の信用事業−都道府県段階の JA 信用農業協同組合連合会・JF 信用漁業協同組合連合会−全国段階の農林中央金庫という 3 つの段階のグループであり，北海道の農業・JA の経済的重要性と密接に関連した金融機関である．道内には 110 の JA と 80 の JF，3 の JA 信用農業協同組合連合会および 7 の JF 信用漁業協同組合連合会が道内各地で金融機関としての活動を行っている．

　金融機関の預貯金・貸出金残高は 2018 年末で預貯金は約 42.7 兆円（全国の 3.6%），貸出金残高は約 16.7 兆円（全国の 2.6%）である．

　預貸率は全国の 54.3% に対して 39.2% となっておりかなり低い．つまり，

貸出残高が預貯金を大きく下回っており，北海道における企業活動力の弱さ
という特徴を指摘することができる．使途別の貸出金残高を見ても，貸出金
のうち設備投資金が 48.2％，運転資金 32.3％ となっており，自治体などへ
の貸出金（約 2 割）が相対的に多いのが特徴なのである[35]．

　北海道の金融のもう 1 つの特徴は信用金庫や農協・漁協の占める割合が高
いことである．貸出金残高のうち銀行の占める割合は 62.8％（全国は 78.2
％），信用金庫は 18.8％（同 10.9％），農協・漁協は 9.8％（同 4.9％）となっ
ており，いわば銀行 6 ：信金 2 ：農協・漁協 1 という構造である[36]．しかし，
最近の農業等の環境変化により協同組合金融の割合は減少傾向にある．

12.　急成長する高齢者福祉事業

〈高齢者福祉事業の急速な伸び〉

　産業分類のうち，統計上の大分類は全部で 20（A～T）あるが，このうち
L（学術研究，専門・技術サービス業），M（宿泊・飲食サービス業），N
（生活関連サービス業，娯楽業），O（教育・学習支援業），P（医療・福祉），
Q（複合サービス事業），R サービス業（他に分類されないもの）を狭義の
サービス産業としよう（以下，アルファベット表記で叙述）．これらサービ
ス業は都市化とともに成長し，ポスト高度成長期にも成長していた．しかし，
20 世紀末からサービス業の中でも成長分野と成熟分野に分かれつつあるよ
うに思われる．

　2009-16 年に上記 L～R のサービス業の事業所は減少し，従業員は微増の
傾向である．このうち，M，N，Q，R は事業所，従業員数ともに減少して
おり，L，O の事業所数は減少，従業員数は横這い傾向にある．

　それに対して P（医療・福祉）事業所数，従業員数ともに大きく増加して
いる．事業所数は 7 年間に 1.3 倍（14,739 → 18,506），従業員数も 1.3 倍
（255,732 → 323,580 名）に増加しており，就業という点だけで見ると，就業
の受け皿という面もある．この従業員規模は 20 の産業大分類のうち卸・小

売業 34.0 万人に次ぐ従業員規模となっており，この従業員数は全産業の従業員に占める 14.9% を占める．流通構造の激変や販売形態の多様化などの現状を考慮するならば，卸・小売業の伸びが期待できない反面，高齢化の波はさらに進み，医療・福祉（介護）の需要は高まるのは確実である．

　2019 年の全道人口のうち 65 歳以上が 31.1%，75 歳以上の後期高齢者が 15.7%（約 82.5 万人）を占め，とりわけ 2025 年には団塊の世代が 75 歳を迎え，65 歳以上人口がピークを迎えるのが確実であり，高齢者世帯も全国（35.2%）を上回る 36.5% に達する．こうした背景を考慮するならば，医療・福祉は最大の従業員を抱える産業になるかも知れない現状にある．

　売上金額を見ても同様の傾向を見てとれる．全産業のうち売上金額の最も大きいのは卸・小売業（約 19.8 兆円－全産業の 39.0%），次いで製造業（6.9 兆円－同 13.6%）であるが，それに次いで医療・福祉が約 5.1 兆円（同 10.6%）と試算され，サービス系事業の売上金額の 21.6% を占めている[37]．

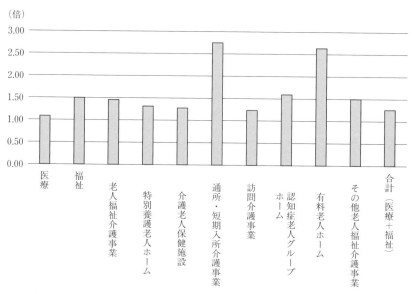

資料：「経済センサス」．

図 2-15　北海道の医療・福祉事業の従事者の伸び率 2009 → 2016（民営事業）

医療・福祉のうち医療も伸びているが，福祉（経済センサスでは「社会保険・社会福祉・介護事業」）の伸びの方が顕著である．図2-15は2009年と2016年の老人福祉介護事業の事業所と従業者数を比較したものである．老人福祉介護事業の事業所はわずか7年間で2,811から4,836へと1.7倍以上に増え，従業者数は6.7万人から9.8万人へと約1.5倍に増加した．特に通所介護事業（デイサービス）及び短期入所介護事業（ショートステイ）は事業所で3倍以上，従業者数で2.8倍へと増加し，有料老人ホームも7年間に3.7倍，その従業者数も2.6倍へと急増している．特別養護老人ホーム（特養と略記）は中～重度の介護を必要とする施設であるが，この事業所も増加し，2016年には老人介護・福祉施設に8.6万人，うち特養では1.9万人以上が従事していた．

〈介護保険制度に基づく高齢者福祉事業〉

　老人福祉介護事業は2000年に成立した介護保険制度※に基づいて各都道府県が計画を作成し事業を進めている．道は現在「第7期北海道高齢者保険福祉計画・介護保険事業支援計画」（2018/4－2021/3）を実施している．それによれば，介護保険制度に基づく2016年の第1号被保険者数（65歳以上）は159.7万人であるが，そのうち2017年の要介護者（要介護・要支援）は約32万人で，2025年には40万人弱に達すると推計している．要介護の要因は認知症，脳血管疾患，高齢による衰弱でほぼ半数を占めるが，超高齢化に伴ってさらに増加するとされる道内の認知症高齢者は，高齢者人口の約2割にあたる34.1万人にのぼると推計している．

　介護保険が適用されるサービスの被介護者負担は原則1割（2018年8月から一部2～3割負担）となっており，そのサービス内容も多様であるが，3種類のサービスに大別される．1つは居宅サービスで，訪問介護，訪問看護，訪問リハビリ，訪問入浴介護など利用者の自宅を訪問して行なうサービスや施設に通う利用者にサービスを提供する通所介護（デイサービス），利用者が施設に短期間宿泊して受ける短期入所サービス（ショートステイ）などがあり，全道で約18.2万人（2016年）が利用している．

表 2-7　北海道の高齢者施設の現状

施設名称	施設数	定員	備考
特別養護老人ホーム	491	28,118	1/3 の施設は 2010 年以後設立
養護老人ホーム	58	4,647	
介護老人保健施設	199	—	
軽費老人ホーム（A 型，B 型，ケアハウス）	125	6,210	
有料老人ホーム	1,027	32,196	左記の他に未届施設 36
サービス付高齢者住宅（サ・高・住）	478	19,604	うち札幌は 221

注：いずれも 2019 年.
資料：北海道保健福祉部 HP，一般社団法人高齢者住宅協会，北海道介護老人保健施設 HP.

　2 つ目は地域密着型サービスで，文字通り事業所のある自治体の要介護者に提供されるサービスである．デイサービスなどの地域密着型訪問・通所サービスや認知症対応型通所介護や共同生活介護（グループホーム）などのサービスがあり，全道で約 4.8 万人が利用している．

　3 つ目は施設サービスであり，介護老人福祉施設，介護老人保健施設，介護療養型医療施設があり約 4.2 万人が利用している．中でも介護保険による施設利用の中心は要介護 3 以上の高齢者を対象に長期間の入所を前提とする特養である．北海道保健福祉部調べによると 2019 年 8 月に特養施設は 491施設，定員は 28,118 人という現状である．

　街や住宅地を歩くと，一方で空き家らしき住宅が見られると同時に，あちこちで高齢者施設が建設されているのを実感されていると思われる．現実に 2015 年から 2019 年にかけて高齢者施設建設は急ピッチで進んできた．しかしそれでもなお，急速な高齢化に施設整備が追いつかず入所申込をしても待機せざるを得ないのが実態である．例えば，特に問題が深刻な札幌市の特養の待機者は，札幌市保健福祉局調べによると，札幌市の特養の定員 6,250 人（入所者 6,083 人）に対して，札幌在住の入所申込者（待機者）は 2018 年 12月に 4,199 人で，重複申込者を除いても 2,769 人という現状である．定員 70～80 人に対して待機者が 200 人を超える特養も少なくないなど問題は大きい[38]．

　〈介護保険以外の高齢者福祉事業〉

介護老人へのサービスは以上の介護保険適用サービス以外にもある．養護
老人ホームは特養よりも軽度の高齢者を主に対象にし，経済的理由により居
宅で養護出来ない高齢者のための施設であるが，2019 年に全道 58 ヶ所・定
員 4,647 人の現状である．軽費老人ホームは所得の低い高齢者を対象にした
施設でケアハウスなど 3 タイプ（A 型，B 型，ケアハウス）あるが，最も
定員が多いケアハウスは，車いす生活になっても自立した生活が送れる施設
とされているが，全道に 125 施設・定員 6,210 人（2019 年 8 月）となってい
る．

　介護保険適用外の高齢者施設で大きく増加しているのが有料老人ホームと
サービス付高齢者向け住宅（サ・高・住と略記）である．21 世紀に入って
急増してきた有料老人ホームには介護付，住宅型，健康型の 3 類型があり，
道保険福祉部調べによると 2019 年 8 月時点で道内に 1,027（うち未届 36）
ある．介護付有料老人ホームは介護保険上の「特定施設入居者生活介護」の
指定を受けた高齢者施設なので事実上の介護給付サービスを受けている施設
である．北海道の有料老人ホームのほとんどはこの介護付または住宅型であ
る．有料老人ホームは生活支援サービスの提供と同時に看護スタッフも常駐
し終身利用権をもつが，それ故に入居時にはかなり多額の一時金を要する．

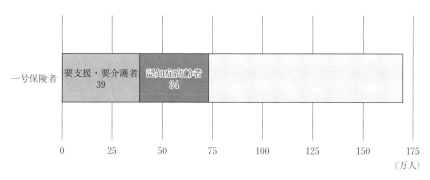

資料：北海道「第 7 期北海道高齢者保健福祉計画・介護保険事業支援計画 2018 年 3 月～2021 年 3
　　　月」2018 年 3 月．

図 2-16　北海道の要介護者の将来推計（2025 年）

また住宅型，健康型の有料老人ホームには介護保険の適用はされない．

　特養が介護保険の適用を受ける公的施設であるのに対して，有料老人ホームもサ・高・住も民間施設であり，他の産業分野の成長が進まない中で福祉の事業体として成長可能性をもっている．しかし事業体としての初期段階にあるからこそ課題も多い．サービスの提供内容が大きく異なり過ぎていたり，利用者（高齢者）とサービス提供側に十分な理解がなく，それによるトラブルが引き起こされたり，事業への需要が増加している中での事業者の倒産も少なくなく……ビジネスとしてまだ成熟していない成長途上にある．

〈介護職員の現状〉

　ビジネスとして成長していくための要因の1つが人材である．高齢化に伴って短期間に多くの介護職員が必要になったために成熟した職業としての基盤が弱く，また業務内容が激務なために入職・離職率が高く，介護福祉士の資格を持っていても介護に従事していない潜在的な人材に留まっているケースが少なくない．有効求人倍率が低い時は人材も集まるが，上昇すれば人材確保が困難になる状況は続いている．公益財団法人・介護労働安定センターが毎年介護労働の実態調査を行なっているが，そこから質の高い人材確保が困難な実態が見えてくる．「平成29年度介護実態調査結果について」（2016/10-2017/9に道内445事業所の訪問看護員と介護職員を対象）からその実態をピックアップしておこう．

　採用率は18.8%，離職率は17.8%でほぼ拮抗している．従業員の過不足については，7割近くが「大いに不足」「不足」「やや不足」と答え，働く上での悩みとして「人手が足りない」が52.8%であった．不足の理由として月給制の従業員の平均賃金は22.7万円に留まるなど賃金の低さや職員不足の中での不規則な勤務形態が指摘されている．

　「働きがいがある」「仕事に満足している」回答が半数ある反面，85%は採用が困難と回答している．同時に他産業より労働条件がよくないとの回答が6割に達している．また，良質な人材の確保が難しいとの回答も半数以上ある．

介護職の有効求人倍率は2以上を示し，介護福祉士登録者のうち従事者は57.8％に過ぎない．先の第7期計画では2017年の介護職員が9.2万人と推計されているが，2025年には11.7万人の職員が必要になると推計している．

労働需要が一層必要とされる現状及び将来を背景に，給与面や労働条件の面はたまた有能な外国人労働者の雇用の可能性が高まるなど徐々に改善の兆しはあるが，急速な高齢化社会を目前に，施設整備の充実やサービス内容の改善とともに良質な人材の確保と育成環境づくりが強く望まれる．

〈高齢者福祉事業と地域経済〉

高齢化がさらに進む日本そして北海道で，今後高齢者福祉事業が一層の重要性を増すことは確実である．高齢者福祉事業は，高齢者へのサービス・施設提供であるためサービス業に分類されるが，他のサービス業と大きく異なる点がある．

それは，この数年間で民間としての事業が増えてきたとはいえ，介護保険制度，老人福祉法，高齢者住まい法などに依拠した公的性格が大きいことである．この事業ではサービス需要者がそれに見合うすべての支払いを行っているわけではない．例えば，介護保険制度に基づく事業は一部2〜3割負担があるが，原則1割負担である．したがって，需要者が支払う料金は資金として業界内外で循環しているが，本人負担以外は公的資金に依ってその資金が業界内外の成長ひいては地域経済の成長に貢献していることになる．そこに着目し，積極的に高齢者施設を誘致しようとする自治体もある．つまり，公的資金を高齢者福祉に活用し，併せて地域の雇用や経済の成長に貢献しようとするわけである．筆者はそうした動きを地域経済の成長事業として位置づけていくことも重要であると考えている．

13. 複数分野にまたがる産業：①農業関連産業とバイオ産業

〈北海道の農産関連産業〉

周知のように，北海道の農業生産額は全国の13.8％を占め，食糧自給率

も 200% 近くに達するなど他の産業を圧倒する生産力を誇る．そうした中で，食品の安全に対する関心，北海道農産物のブランドイメージ，地産地消意識の向上，広義の観光産業との連携の必要，バイオ資源の活用，食糧自給率低下への危機感などに対応して，やはり北海道は農業・農産関連業を基盤産業にすべきだ，との声が次第に高くなっている．各種の分析によると，食産業（食用耕種農業，林産物，水産物，食品加工）と関連産業（飼肥料，農薬，農業機械，食品加工機械，食品関連商業・運輸業，飲食店やホテルの飲食部門など）の生産額は，北海道の全産業の 2 割程度の比重を占めると推定されている．そして農業地域や漁業地域では 3〜4 割を超えていると思われる．食品加工は製造業出荷額の 1/3 以上であり，農産物・海産物の域際収支はずっと黒字で，これらの全移輸出に占める割合は 2 割以上を占める．製造品のうち化学製品出荷額の割合は決して高くはないが，その約 4 割は飼肥料，農薬等農業に関連するものである．また，雇用においては，生産部門のみならず，農産物・海産物関連の流通やサービス部門（試験研究機関，技術サービス，JA など）も質・量ともに厚い層を形成している．

〈北海道のバイオマス産業〉

"バイオマス"（生物由来の有機性資源）という言葉は 21 世紀に入って誰もが耳にする言葉となっているが，古代からあった発酵技術はバイオテクノロジー（生物工学，以下，バイテクと略記）の代表的なものである．1970年代に遺伝子工学の飛躍的進歩で発展の契機を与えられ，最近では健康長寿のための食品や医療などを追求するために，全く新しい技術や未利用生物資源の開発技術として技術的にも産業的にも注目されるようになった．（一財）バイオインダストリー協会はバイテクを「生物のもつ能力や性質を上手に利用し，生きる（健康・医療），食べる（食料・農林水産），くらす（環境・エネルギー）といった人々の生活や環境保全に役立たせるために人類に欠かせない技術」（協会の HP）と定義している．こうした技術をビジネスとして活用している業態をバイオ産業と呼んでいる．

OECD は 2030 年にバイオビジネスは世界の GDP の 2.7%，200 兆円（1.6

兆ドル）の市場規模に達するとの予測をしている．また，日経『バイオ年鑑2019』は 2018 年の国内のバイオ市場は 3 兆 6,725 億円に達したと推定している．バイオは医療・健康，工業，エネルギー，農林水産業など既存の産業分野を網羅した産業であるだけに重要な経済基盤を形成する可能性を秘めている．バイオビジネスの資源は動植物由来の有機性資源（トウモロコシやサトウキビなどの資源作物，家畜排泄物，食品残渣，林地残材など）であり，北海道にはそれら豊富な資源がある．それが北海道での有力な産業になり得る基盤である．さらに農林漁業分野は大学（北大リサーチ＆ビジネスパークなど）や産業総合研究所北海道センターなど公設の試験研究機関，人材，ビジネス基盤も層の厚さを誇っている．バイオ産業は北海道の基盤産業の 1 つとして地域の強みを生かしリーディング産業としての成長が求められている．

　バイテクが産業化できる分野は，①健康食品など機能性食品の開発，②化粧品素材の開発，③医薬品分野の研究開発の 3 つであるが，北海道には①②に関わる農林水産資源の豊富さを基盤に，バイオ産業が全国よりやや高い水準にある．国及び北海道は 2001 年度から産業クラスターの形成をめざした政策をすすめているが，その柱が IT 産業とバイオ産業である．全国レベルの産業クラスター政策*の着地点が見通せない中で，北海道では IT 産業とともにバイオ産業は着実に歩みを続けてきた．バイオ産業事業化への各種助成，中小が多いが故に求められる企業間ネットワークづくりへの支援，ビジネスマッチング支援などが進められてきた．北海道経済産業局はバイオ企業を対象にした調査を行い，『北海道バイオレポート』を毎年発表している．2017 年のレポートによると，道内バイオ企業の 2016 年売上高（見込み）は600 億円を上回り，2000 年の 125 億円強と比べると 5 倍以上に伸びた．2000年に 510 名ほどだった従業員も 2,276 人を超えている（うち，研究開発従業員 623 名）（図 2-17）．バイオで最も付加価値の高い分野は医療・医薬分野であるが，伝統的にこの分野に弱点をもっていた．しかし 2007 年からこの分野も成長を始め，現在は売上で 2 割を占めるようになり，分野別のバランスがとれるようになった．また機能性・化粧品分野で黒字企業が増加してい

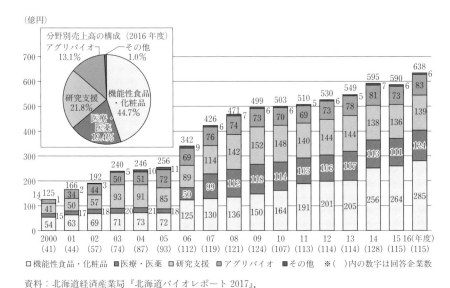

資料：北海道経済産業局『北海道バイオレポート 2017』.

図 2-17　バイオ産業の分野別売上高の推移

る．一時的にビジネスとして展開するのではなく，バイオ事業の継続を考慮した企業も徐々に増加している．

　読者はトクホ（特定保健用食品）[39] という言葉を聞いたことがあると思うが，これは認可にかなり厳しい条件があるのに対して，機能性表示食品は，身体疲労，精神的ストレス，関節，記憶力，体温維持などに関して，事業者の責任で科学的根拠に基づいた機能性を表示した食品であり，消費者庁に届ける必要はあるが，許可を得た食品ではないというやや緩やかな規制による食品である．

　2013 年に北海道はバイオ産業を含む広義の食関連産業の一層の発展を進める支援措置として，自治体版機能表示制度として独自の「北海道食品機能表示制度」を創設した[40]．条件は全国のものと同様であるが，一定の科学的根拠に基づき，北海道ブランドがつけられる健康食品で，先行した研究の成果を活用することによって北海道の企業が参入しやすい制度である．特に北海道の企業が参入しやすいシステムにすることによってバイオ産業や食関連

産業の基盤づくりを目的としていた．道庁に認定された証として図に示した「ヘルシーDo」マークを表示することが出来る．具体的にはチョコレート，あんパン，コーヒー，ドレッシング，スープなどの食品について61社113商品（2019年3月）が認可されている．

図2-18　北海道の機能性食品認定マーク

〈北海道のバイオマスビジネス〉

北海道においてはバイオ製品のうち機能性食品や化粧品の売上額が半数近くを占めているが，この表示制度で認定された事例及びそうしたビジネス活動の代表的企業を紹介しておこう．いずれも効果や副作用などについては認定の際に確かめられている．

納豆菌の一種で熱に強いライラック乳酸菌*がある．この乳酸菌がおからに固着して大腸全体をPH抑制する効果があることを発見し，それを便通改善のサプリメントとして発売し，相談を受けた豆腐会社のおから処理費用の削減につなげ，現在それがその企業の看板商品になっている事例がある．

古くからキノコとして担子菌の菌糸体を大型タンクで培養して得られるAHCC*という抽出物がある．体の免疫力を調整する食品として抽出されたエキスを液状や固形にしてサプリメントとして販売している事例もある．特にAHCCの中でもAHCC®はの後述する企業が原料を生産している．

ETAS*は，本来は捨ててしまうアスパラガス出荷後の茎の部分を酵素処理して抽出した食品素材である．この抽出物にはあるタンパク質を増加させる効果があり，それが自律神経のバランス調節や睡眠の質改善に効果があることが確かめられた．そしてこの素材入りのスープ，野菜カレー，コーヒーなどが商品化されている．

ポリフェノール*という抗酸化物質がある．植物が外界の様々なストレスから身を守るための物質と言われている．ポリフェノールは通常分子が大き

表 2-8　バイオ企業

	株式会社アミノアップ	㈱北海道バイオインダストリー
資本金	3 億 6,900 万円	3,060 万円
設立年	1984 年	1997 年
従業員	91 名（パート等含む）	12 名
所在地	札幌市	札幌市（夕張に工場）
主製品	AHCC, ETAS, オリゴノール	タマネギドレッシング，パンプキンプラス，行者ニンニク卵黄油など

くて吸収しにくい性質があるのだが，ライチから抽出したポリフェノールを低分子化したものがオリゴノール*という素材である．血流の改善，紫外線によるシミ・シワの抑制，抗疲労効果などがあるとされている．このオリゴノール入りの食品としてサプリメント，トマトスープ，コーヒー，チョコ，ドレッシング，カレー，あんパンなど多様な食品が商品化されている．

　函館周辺で採れるガゴメコンブには優良な食物繊維があることが実証され，函館ガゴメこんぶやガゴメのフコイダンとして商品化されている．そしてこれら商品は函館地域経済に一定の力を発揮している．

　紹介した事例は北海道機能性食品表示制度で認定された一部の事例だが，実に多様な素材（甜菜糖，ナナカマド，エイの軟骨，秋鮭鼻軟骨，亜麻，秋鮭の皮，玄米，海藻，エミューの皮下脂肪……）が高付加価値化を目指して開発されつつある．そこで以下，そうした開発に社を上げてすすめ，多く商品化も実現している企業の事例を紹介しておこう（表 2-8）．

　株式会社アミノアップは北海道でバイオ企業の老舗と言える企業で，機能性食品などのリーダー企業である．前出の AHCC，オリゴノール，ETAS などの抽出物に加えて，シソエキス（青シソ葉由来抗アレルギー物質），GCP（ゲニステイン高含有大豆由来抽出物）さらには農植物の成長を促進する物質の研究などに事業の幅を拡げようとしている．

　株式会社北海道バイオインダストリーは道内初の大学発ベンチャー企業で，タマネギから健康素材を抽出する独自技術をもち，タマネギ関連の事業では道内第一人者としての地位を構築している．また，道内のカボチャの種から

オイルを抽出し行者ニンニクを素材として活用して，血流改善，冷え性改善に効果的な機能性食品を次々生み出している．2006 年の「中小企業白書」にも優れた事例として紹介されたこともある．

〈バイオビジネスの成長をめざして〉

北海道にはバイオ資源が豊富で，それを活用する産業が農林漁業などと結びついて厚い層をなしていた．したがって，上述した機能性食品については全国をリードする役割さえ果たしているが，他方，付加価値は極めて高いが莫大な設備投資を要しビジネス化にはリスクも大きい医療・医薬品分野については，その歴史的・産業的基盤が弱いためビジネスとして実践していくには課題が多い．しかし，北海道のバイオ産業ひいては基盤産業構築においてはこの分野の成長が重要となる．

北海道のバイオ産業売上高のうち医療・医薬分野のそれは 2005 年までは数％を占める水準であったが，2006 年から大きく伸び始め，現在は 2 割前後を占めるようになった．2003 年に北大遺伝子病研究所の高田賢蔵教授の技術を事業化する目的で，株式会社イーベックがこの分野初の北海道発医療・医薬バイオ企業として発足した．その後最初の目的であった医薬素材としての「人の抗体」の開発に成功し，国内外の大手製薬会社とライセンス契約を結ぶなど医薬品，診断薬，研究用試薬のメーカーとして成長を続けている．

また，診断用医薬品，バイオ医薬品の原料開発，遠隔画像診断サービスなど道外企業も徐々に進出し始めるようになった．バイオ産業の広がりは微生物検査や臨床検査，各種の分析・試験受託などの研究支援のビジネスの層を広げることにつながり，それがまた，北海道のバイオ産業の飛躍的な成長につながることが期待される．

既に現在高い生産力水準にある食関連産業を北海道，北海道内の各地域の基盤産業にしていく現実性は高い．産業クラスターは歴史と伝統，豊富な地域資源，地域技術，地域人材や地域的関係資本に基づいて深化をとげていくからである．今，「基盤産業にしていく現実性が高い」と述べたが，既に基

盤産業になりつつあることも事実である．

　しかし今後，成熟した食関連産業時代の基盤産業として競争力を強化していくには構造的にも意識的にも変革が求められる．第1に，食産業は自然的生産物に基づいていることを前提にしているため，持続性を維持することが不可欠である．無機化学や機械系産業などと異なり，自然の営みの範囲内で成長・持続するため，自然と効率性のバランスを失わないことが重要なのである．これは同時に，食産業のブランド確立と密接に結びついている．

　第2に，天然素材だけに依存せず，他地域と差別化されたノウハウ，技術，デザインを積極的に活かすことである．酢コンブや辛明太子の例がたとえ話としてよく出されるが，豊富で良質の農林水産品に安住せず，それらに多様な付加価値をつける地域力と組織力が求められる．そのためにも知的財産権の積極的利用も重要な課題である．かつてとは違い，北海道の農林水産品の高付加価値化が進められているのも事実であるが，農産関連の生産額では19.0％であるのに対して，付加価値の全産業比は14.9％にとどまっており，当面，これを生産額比と同水準まで引き上げることが求められる．

　第3に，地域内の市場基盤を確立することである．地域内といっても，北海道レベル，支庁レベル，より狭域の範囲，市町村など多様であるが，それは当該商品のイメージするマーケットに応じて設定すればよい．地域内で安定した顧客の確保なしには地域外市場の確保は持続性をもたないからである．

　第4に，出来る限り，同一空間に関連産業を集積させ，産地形成を戦略的に進めていくことである．一言で農産品と言っても関連産業は多様である．農産物と各農産品の1次加工－2次加工…最終加工，各加工段階に関わる衛生技術，発酵技術，保存技術，包装やデザイン，調理器具製造，加工のための加工機械とその補修，運送やマーケッティング，ホテル・旅館，レストラン，土産物店など観光との結びつき，農業試験場など研究機関との結びつき……．少なくとも農産品と直接的な結びつきが強い関連産業については，出来るだけ同一空間が望ましい．また，ファッションと同様に，現在は「食」も多様化し，機能や嗜好も絶えず変化する時代である．一方では「永く顧客

を惹きつける」=売れ続ける製品が求められ，他方では短期間で新たな顧客をつかむ必要も生じる．こうした市場動向を絶えず更新しておくためには，供給側が市場情報を共有しておくことが求められ，そのためは同一空間で活動して社会的関係資本の優位性を保つことが重要になる．

第5に，同業種・異業種のネットワーキングとそれらをコーディネートする人材である．農産品の場合，素材を提供するのは農家（最近では農業法人のケースも少なくない）であるが，こうした直接生産者間，直接生産者とメーカーなどの企業との結びつきはまだ弱い．しかし，食関連産業の集積にはこうした結びつきが極めて重要となる．

14. 複数分野にまたがる産業：②観光産業

〈内外の観光客の動向〉

高度成長期までは人々の生活も安定せず，時間的ゆとりもない時代にあっては，ある意味では北海道への観光は特殊な非日常であった．1961年の来道観光客数は約36万人，交通手段は青函航路を経由する鉄道がほとんどであった．旅行時間が長いため道外からの客はほとんど宿泊を伴うものであった．高度成長が進む中で観光インフラストラクチャー（空港や航空路線の拡充，国定公園の拡大，ホテルラッシュなど）の整備が進み，観光客も飛躍的に増加した．前年比20〜30％の伸びを示し，オイルショックの年には200万人を超えた．1980年代後半のバブル経済期に300〜400万人，さらに2000年代に入ると，600万人を上回った[41]．2011年東日本大震災，2016年胆振東部地震による減少はあったが，事故後は再び増加となるなど，長期的には増加傾向にあると考えてよい．

来道観光者の交通手段は1980年代には航空機が半数を上回る程度だったが，1977年に航空機がシェア1位となり，現在は低価格の航空運賃と相俟って航空機利用が主流となっている．1988年に青函連絡船が廃止となり，津軽海峡線が在来線として旅客輸送が行われていたが，道外からの輸送手段

としては大きな役割を果たせなかった．2016 年 3 月の北海道新幹線開通（新青森－新函館北斗）と同時に海峡線も定期旅客としての役割を終えた．しかし，開通時には利用客も増加したが，その後は減少傾向となっており，現在，利用客のほとんどが（87.1％：2018 年）航空機利用である．

　2018 年の入込み客数は 5,520 万人，そのうち道内客が 4,601 万人，道外客が 919 万人（国内客 607 万人，外国人客 312 万人）であるが，東日本大震災以降，入込み客数は安定的に推移している．その中で注目されるのは外国人観光客の著しい増加である．2000 年代に入って 60～70 万人であったものが 2013 年には 100 万人を超え，2018 年には 312 万人を記録した．後述するが，外国人客は宿泊日数・1 人当たりの観光消費額も格段に多く，経済効果が極めて大きいため地域経済にとっても非常に重要なのである．

　北海道の観光の特徴の 1 つは，季節変動が激しいことである．かつては冬期はスキー客，夏季は「涼」と自然が定番であったが，現在はスキーブームも去り，夏季は本州にはない独特の農村景観，カヌーやラフティングなどの川遊び，気球体験，サイクリング，乗馬など多様なメニューの工夫などによって季節変動は少し縮小したが，それでも 8 月がピーク，4 月と 11 月がオフピークという偏差は存在している．

　旅行形態も大きく変化した．高度成長期は会社の慰安旅行などの団体旅行が主流であったが，ポスト高度成長期には団体旅行そのものが減少し，世紀が変わるとともに最近はそうした旅行形態は 1 割程度にまで減少した．旅行社に申し込むタイプのパッケージツアーの利用は多いが（道外客・外国人ともに 48％ 台：2016 年），そのうちルートの決まった団体旅行は道外客 16.6％，外国人 38.9％ に対して，フリープランなどの利用者はそれぞれ 30.2，7.8％ となっており，フルパッケージ利用者は少ない．そうした旅行形態の対極にあるのは家族旅行の急増である．夫婦・子供・親戚を含めた家族旅行の割合は 6 割近くである（「2018 年度観光客動態・満足度調査」）．

　旅行目的は道内外客ともに「都市見物（観光名所めぐり）」「自然観賞」「買物・飲食」「温泉・保養」など多様な目的となっている．また，北海道旅

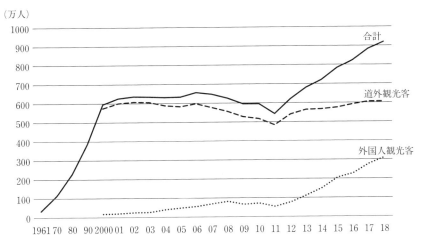

（万人）

資料：北海道経済部観光局「北海道観光の現況 2018」.

図 2-19　来道観光客数の推移

行への期待度は高くリピート意識も高く，一部にあった接客への不満は影を
潜め，満足度が期待を上回るなど接客も上向いている．

　道内の圏域別観光入込み数を見ると，道央（札幌）への集中が顕著である．
観光客の多い圏域は札幌など道央が 55.4％，道北 15.7％，道南 9.0％，十勝
7.1％，オホーツク 6.1％，釧路・根室 6.7％（「北海道観光入込客数調査報告書
2018 年度」）となっている．地域別に見ると，観光資源に恵まれ都市規模が
大きいほど観光入込み客数，宿泊客延べ数が多い傾向がある．札幌市以外で
はレトロな街並みの小樽市，函館市，旭山動物園の旭川市，世界遺産の湿原
のある釧路市，以前から著名な温泉のある登別市，洞爺湖，美しい農村風景
の帯広市，富良野市，美瑛町，スキーリゾートとして国際的にも名を知られ
た倶知安町・ニセコ町（ニセコスキーリゾート），占冠村（トマムスキーリ
ゾート），留寿都村（ルスツリゾート）などが目立っている．

　北海道に外国人観光客が顕著に目立ち始めたのは 2007 年頃からである．
2007 年の外国人観光客が 71 万人であったが，東日本大震災により一時的に
減少するが，翌々年の 2013 年には 100 万人を突破し，2018 年には 312 万人

と過去最大となった．訪日客を国別に見るとアジアからが圧倒的に多く，「北海道観光入込み客数調査報告書」（2018年度）によると，2018年度はアジアからの観光客が86.2%を占めるほどまでになっている．中でも韓国（73万人），中国（71万人），台湾（59万人）3カ国で外国人観光客の2/3を占めている．宿泊延べ数においてもこの3カ国で61.1%を占めている．来日観光客の1割が北海道を訪れるなど外国人観光客に北海道観光への人気が高まっている．

〈観光による経済効果〉

　後述するが，観光産業は多様な産業が複合化した産業であり，現在もそして将来も北海道の主要産業であることは間違いない．その経済効果を中心に概説しておこう[42]．総観光消費額は1兆4,298億円という結果である．道民の道外・海外旅行の道内支出分を含む道民の総観光消費額は6,374億円，道外からの旅行者が4,220億円，訪日外国人が3,705億円である．第1回目調査（1988年）の総消費額は8,608億円であったが，20年間で大きく伸びていることがわかる．ただ，圏域別の消費額は道央圏がほぼ2/3を占めており，この面では札幌への経済効果が特に強いことが言える．

　調査はこの消費額から経済波及効果を導き出しているが，その金額は直接効果，間接効果を合わせて2兆897億円と推計しており，直接効果，原材料やサービスの拡大，雇用や所得の増加を含めた金額は産業全体の6.3%を占める．また，観光GDP（Tourism Gross Domestic Products）は，観光客が購入した財・サービスの付加価値での概念であり，観光消費による直接効果1兆2,163億円がそれに当たる．そこから北海道の観光GDPは6,320億円と推計されているが，報告書ではこの金額は2013年の金融・保険業，食料品製造業，農業の総生産より上回っていると述べている．上述の2兆円強の経済波及効果による雇用効果は189,979人（道内就業者の8.1%）と推計されており，第1回目調査の約12万人，第2回目調査の12.7万人，第3回目の13.9万人，第4回目の15.9万人と調査ごとにその雇用効果を高めている．このことはまた，観光に関わる労働力としての人材や専門的人材の層を厚く

表 2-9　観光消費による経済効果

	道内客	道外客	外国人客	合計
1人当たり消費単価	12,865円	73,132円	178,102円	
消費項目(%)				
交通費	29.0	22.9	34.9	
宿泊費	19.6	32.4	14.8	
飲食費	13.7	17.0	9.7	
土産・買物代	28.7	18.9	34.5	
入場料等	6.8	5.3	2.3	
その他	2.2	3.5	3.7	
合計	100	100	100	
観光消費額	6,374億円	4,220億円	3,705億円	1兆4,298億円
構成比	44.6%	29.5%	25.9%	100%
生産誘発効果	8,817億円	6,742億円	5,338億円	2兆0897億円
構成比	42.2%	32.3%	25.5%	100%

注：調査日時は 2016-17 年にかけて 4 回実施.
資料：『第 6 回北海道観光経済効果調査報告書』(2017 年 5 月).

することと密接に関係している.

　報告書は，総観光消費額のうち直接効果を 1 兆 451 億円と推計している. その差額 5,356 億円は新たに生み出された観光 GDP なのであるが，これは食品製造業の付加価値額 4,739 億円，農業の付加価値額 4,695 億円を上回る規模であるとしている.

　確かに観光産業は売上等の浮沈が大きく絶えず新規参入と退出を繰り返し，安定性を欠く産業でもある. 現実に，高度成長とともに観光需要が急上昇している時期にもホテル業界はお互いの市場獲得の厳しい競争にさらされていたし，バブル経済崩壊によって観光業界は大きな打撃を受けた. 観光需要も 21 世紀に入って団体旅行から個人・小グループ旅行にシフトし，観光目的・観光資源も急速に多様化し，海外観光客（特にアジア客）への対応が求められるなど，絶えずイノベーションが求められている. しかし，多様な観光資源の存在もさることながら，上述したように，その経済波及効果は食関連産業をも上回る規模と推計されており，北海道経済の基盤産業の一翼を構成する産業なのである.

〈観光業への規制緩和と民泊〉

　国内の観光入込み客が高位安定的に推移しているのに対して，外国人観光客は急増の一途である．そうした中で航空便の増便や空港の整備，旅行業界の対応などが進んでいる．函館など観光都市ではホテル新設ラッシュとなり，それが既存ホテルの設備投資や関連業界への波及効果が引き起こされている．それでも不足しているのが現状であって，急増する観光客（特に外国人）への対応として宿泊条件の規制緩和も進み始めている[43]．2018年6月に旅館業法改正が行われ，これまで営業は客室数5室以上と定められていた制限が撤廃され1室でも宿泊可能となった．また，客室最低面積の規制も撤廃された．

　これと併せて個人住宅を貸し出すビジネスとして民泊*が解禁された．住宅宿泊事業法の施行である．これは増加している空き室の活用を促すことを目的としていた．施行されてから余り時間が経っていないため評価は控えたいが，施行以降の1年余りの利用者数を示しておこう．道が発表した2018年6/15〜2019年5/31の1年間の宿泊者数は21.8万人（延べ宿泊数は56.9万人），営業届出済み件数は2,348件となっている．宿泊地域は札幌が8割以上で，日本人利用者も17.3%だが中国と韓国が4割以上を占めている（「日経新聞2019年9月11日付」）．

〈北海道観光の持続に向けた課題〉

　これまで北海道観光の課題と言えば豊かな自然や新鮮な素材があるのにそれを生かし切れていない，季節ごとの変動が大きすぎるためビジネスとしての効率が悪い，客へのサービスなどのソフトに欠ける，交通機関の未整備などの点が指摘されてきた．しかし現在そうした課題はかなり克服されつつあるように感じられる．自然を生かした観光資源の整備も進み，レベルの高いシェフなどによる素材を生かした多様な料理も提供されるようになった．7・8月に観光客が集中するのは変わらないが，外国人観光客により季節ごとの入込み数の変動は少しずつ平準化されつつある．一部の新幹線の開通や航空便の増開設により移動手段も多様化している．

ただ持続性ある観光業を展望するには課題はある．例えば外的環境変化が業態を大きく損なうようなケースである．2018 年からの日韓の政治的対立による影響などが指摘される．特に韓国からの入込み数が中国と並んで多数を形成しているだけになおさらである[44]．

　大きな災害が起こる度に一時的にせよ観光客が減少した経験をどのように教訓とするかである．観光地ではホテルなど災害対策（停電対策を含む）に力を入れ始めているが，観光客に安心感をもってもらうためにはさらなる努力が求められる．

　観光では初来日という外国人観光客が多く，旅行社への申込を通したフルパッケージの観光客が現段階では多いが，リピーターが多くなってくるとFIT[45]がさらに増加する．それへの対応も課題である．

　アジアからの観光客が多数になるにつれ，英語での対応はもちろんのこと，主要にアジアの言語対応など多言語対応も進めていく必要がある．

15.　自立とネットワークによる北海道の産業振興

　以上，北海道の主要産業を概観しながら，21 世紀への基盤産業について統計数字から追ってみた．さらに，農産関連産業，自動車関連産業，観光産業の最近の 10 数年の動きを追いながら，北海道のこれからの基盤産業の可能性について探ってきた．

　いずれにせよ，他地域からの基盤産業への投資を期待し，それを基礎として北海道経済の振興を考えるという発想を大きく転換させることがまず求められると思うのである．供給サイド重視の地域振興を地域内（北海道内）の資源，人材，社会的関係資本に求めるためのコーディネート力が今ほど問われているときはないのではないだろうか．

　構造的に厚みのある地域経済の場合，外需による刺激が供給サイドに次々に伝播することによって，あらたな供給が生みだされ，それがまた地域内外の需要を呼び起こし，このようにして経済構造をさらにハイブリッド化する

という循環の中で発展をとげていく．しかし経済的に厚みの薄い地域経済の場合，こうした即興的相乗効果を生む循環が円滑に進まず，地域の外部からの力で押し上げられるにとどまり，成長はするけれども地域経済としてのハイブリッド化は進まないままに次の景気循環の波に呑み込まれてしまう「発展なき成長」サイクルが続く．そして 21 世紀に入っての構造改革とグローバル競争に投げ出されていると言っても過言ではない．

　したがって，そこからより質の高い地域経済を創出するためには従来型と異なった発想による経済的な「自立」が求められる．その発想が地域内から産業おこしを進める供給サイドの経済学である．ここで筆者が言う経済的な「自立」とは域際収支の赤字解消を指しているわけではない．地域経済の「自立」とは，地域の側で自立した意志を持って地域と地域間の複合的経済循環をマネジメントすることである．そしてそのためには，何らかの基盤産業（移出産業）が必要なことは論を俟たない．問題はそうした産業のイメージと産業形成の方法である．経済学及び経済地理学における地域経済成長理論は，供給サイドでは地域外からの資本の供給，需要サイドも基盤産業の立地と市場拡大による地域所得還流効果を前提にしている．それは，大都市に本拠を構える寡占資本による大量生産品の市場確保という現実の反映であろう．しかし基盤産業は他地域からの導入以外に考えられないのであろうか．また，量産品を生産する大企業だけが基盤産業たる資格を持つのであろうか．

　基盤産業による地域経済成長論で考えてみよう．何らかの基盤（移出）産業がある場合，その産業（企業）の移出増及びそれに伴う雇用増は当該地域に企業や従業員の所得増をもたらす．その産業（企業）の旺盛な設備投資は，当該地域に関連する産業がある場合には非基盤産業（地元市場産業）の成長を促すことになる．非基盤産業群は基盤産業への供給によって成長すると同時に，その資材等の需要を地域外の産業（企業）に求めるか，地域内にそうした需要を満たす非基盤産業がある場合には地域内での取引を活発化させる．地域内にこうした産業があり，地域内での取引が多ければ多いほど地域内の非基盤産業の成長は促進される．ポイントは，こうした取引関係がハイブリ

ッドしていく中で，第2の基盤産業（企業）が生まれるかどうかである．第2，第3の基盤産業が生まれていけば，当該地域の基盤産業は複合的になり，企業城下町のリスクを受けにくくなる．あるいは，当該地域に基盤産業（企業）と言えるような経済ではなくても，上述のような地域内取引を活発化させることによって，非基盤産業から基盤産業が生まれてくる可能性がある．その場合には他地域の産業（企業）との取引によって当該地域の非基盤産業に与える刺激が重要となろう．この刺激が起業にもつながっていくことが重要なのである．

　基盤産業を手っ取り早く獲得するには量産品の移輸出市場を内外にもつ大企業を誘致することである．しかもその産業が幅広い関連産業を必要とする機械組立工業であればより一層効果があるし，現実に高度成長期以来，大都市からの工場移転や量産品の市場拡大にともなって，その移転や新規工場建設の対象地域として中小都市や一部の農村地域が選択され，そうした地域に「突如として」基盤産業が生まれ，地域経済活性化に大きく寄与した事例があるのも事実である．しかし国際的なプロダクトサイクルによる工場立地が進んだ1990年代以降は，国内での工場移転に期待をかけることは一層困難になっており，東北など幾つかの地域で生じたように，立地した産業・企業が海外への移転によって当該地域の工場の縮小・撤退につながる場合もある．また，「突如として」生まれた基盤産業であるが故に，関連する取引を行う企業が連鎖して技術やノウハウの幅広い産業連関を形成することなく，「砂漠の中のオアシス」として終わったことも少なからぬ地域が経験してきたことである．

　北海道の経済を概観して言えることは，第1にまず「他力本願」的な発想を捨ててみることであろう．第2に内発性に基づく基盤産業形成の可能性を追求してみることである．第3に地域内外の諸企業とのネットワーキングの可能性を追求してみることである．これまで地域経済の内発的発展といえば，地域に現にある産業の発展を軸に考える余り，外部の資本や資源との関わりがネガティブに捉えられる傾向があった．しかし，外部資本のブランチはと

もかく，自立した経済の形成という発想からすれば拒否ではなくネットワーキングによる発展可能性のほうがより現実的ではないだろうか．筆者は，地域に欠けているもの，蓄積の弱いものについては，企業誘致も含めて地域外や大手企業との連携を進めることが特に北海道の多くの地域では重要と考えている．

　とはいえ，基盤産業の形成そして成長は簡単に果たせる課題ではない．ある意味では世紀の大事業であると言えるし，どのような産業を戦略的産業とし，どのようなグランドデザインとそれを遂行する事業を必要とするか，そのために関係する企業家の意欲はもちろんのこと，産学官の協力と連携がどの程度あり得るか，しかも行政の計画書では 10 年は長期計画であるが，それ以上の長期間を要する等々課題は多い．筆者は基盤産業（移出産業）を創造する方法として，大企業，中小企業に限らず，地元に埋め込まれた内発性と地域の中堅企業と中小企業のネットワークあるいは地域外の経営資源豊富な大手企業との対等なネットワークの可能性を提起してみたい．しかも数多くの企業の存在ではなく，産業連関をつなげるコアコンピタンスをもった企業の集積とそれを企業間のネットワーキングによって進めることを念頭においている．

　注
1)　北海道未来総合研究所『北海道 2030 年の未来像』，2005 年によると，2030 年の北海道の人口は約 464 万人と推計し，国立社会保障・人口問題研究所編『日本の都道府県将来推計人口』（2007 年 5 月推計）によると，北海道の 2030 年の人口は約 468.4 万人と推計している．また，同研究所編『日本の地域別将来推計人口』（2018 年 3 月）によると，2045 年の北海道の人口は 400.5 万人，高齢化率も 42.8％（後期高齢者比率は 26.0%）との推計結果となっており，推計の度に推計人口は減少している．
2)　道東は 4 広域圏の中で最も面積が広く，また特徴ある中規模都市が幾つかあることから，3 圏域に分類されている．1 つは釧路市を中心都市とする釧路・根室圏域，2 つは北見市を中心都市とするオホーツク圏域，3 つは帯広市を中心都市とする十勝地域である．
3)　2016 年から統計の方法が変わったため，継続性を考慮して 2014 年の数字で叙

述した.

4) 最近の『国勢調査』では，産業別就業者数のうち分類不能がかなり増加しているため，余り細かい数字は控えた．ちなみに，2015 年の北海道における分類不能数は約 13.5 万人（5.5%）にも達している．

5) 平成 20 年代から，以前の「事業所統計」等が「経済センサス」に統一され，2012 年から産業大分類別の売上げ金額の試算値を公表している．あくまで試算値であることを念頭に置かれたい．

6) ポドゾルは，ロシア語でシベリアのタイガなどにみられる土壌のこと．一般には地味に乏しく，生産力が低く耕作に不向きだとされる．

7) 北海道内でも食糧の地域的自給率には大きな相違がある．例えば，十勝総合振興局の試算によると，北海道内において最大の農業地帯・十勝地域の食糧自給率は 1,093%（2010 年），養うことのできる人口は 391 万 8,502 人にも達する．

8) 国際的に見ると，アメリカ（平均耕地面積約 170ha：2010 年）やオーストラリア（同 2,970ha）とは比較にならないが，EU 27 カ国平均（14.1ha）より上回る．www.maff.go.jp/j/kokusai/kokusei/kaigai_nogyo/pdf/area.pdf

9) 認定農業者とは，農業経営基盤強化促進法（1993 年）にもとづき規模拡大，経営管理の合理化などを目的として農業者が立てた「農業経営改善計画」（概ね 5 年計画）を市町村が認定して農業サイドから地域経済活性化を進めるための制度．

10) 農業法人には農業協同組合法に基づく農事組合法人と会社法に基づく会社法人がある．特例有限会社は 2006 年会社法施行により有限会社の規定がなくなったため，特例として期限を決めずに規定された法人である．

11) 特に都市部以外の中小建設業者が新分野進出のために特殊な品種の農産物を生産する法人を設立するケースがある．それには，一定の基準を満たせば補助金が支出されるし，その事業が認められれば，公共工事の入札・契約の適正化を目的とした公開入札において加点ともなる．なお，こうした法人が 2011 年に 134 ある（ホクレン『北海道の農業』）．

12) 農協の正組合員の要件は農業者であることにある．それに対して，生活協同組合にはない制度が準組合員制度である．一定の出資をすれば準組合員となり JA の事業を利用できるが，議決権や役員の選挙権はない（JA 全中の公式サイト）．

13) 年度や評価方法等が全く同一ではないが，日本学術会議答申における全国の多面的機能評価額が 8 兆 2,226 億円とされており，北海道のそれは 15% 余りを占めており，全国の農業産出額の割合以上となっている．日本学術会議答申「地球環境・人間生活に関わる農業及び森林の多面的機能の評価について」2001 年 11 月．これに加えて，教育効果，医療や福祉への効果，癒やし，有機物の分解，暑さの緩和など貨幣的評価しにくいものも含めればさらに高い効果が考えられる．

14) 北海道農政部「北海道の農業・農村の現状と課題」2019 年 6 月．試算の数値は2018 年 2 月．

15) 統計数字は，合法木材認定団体である北海道木材協同組合連合会（略称：ウッ

ドプラザ北海道）による.

16) 高次加工と低次加工の区別について厳密な定義があるわけではない. 水産加工品の定義は, 水産動植物を主原料（50% 以上）として製造された食用加工品及び生鮮冷凍水産物とされる（全国水産加工業協同組合連合の HP）のに対して, 低次加工とは, エラや内臓の取り出しや皮剥, 冷凍などを指し, 高次加工とは, 水産調理品, すり身, くん製品, 練り製品, 缶詰など一定の設備投資を要する加工のことを言う. 前者を 1 次加工, 後者を 2 次加工とも言う.

17) 漁業センサスによれば, 2003 年より増加し, 2008 年の漁業就業者は 33,568 人となっているが, 2008 年から調査方法を変更したため増加している. 調査の対象を広げたためこういう結果になったのであり, 漁業現場で就業者が特に増加したわけではない.

18) 基礎素材型製造業は木材・木製品, パルプ・紙・紙加工品, 化学, 石油・石炭製品, プラスチック製品, ゴム, 窯業・土石製品, 鉄鋼, 非鉄金属, 金属. 生活関連型は食料品, 飲料・たばこ・飼料, 繊維, 家具・装備品, 印刷, 皮革. 加工組立型は各種機械器具（一般機械, 電気機械, 電子部品・デバイス, 情報通信機械器, 輸送用機械, 精密機械, その他）.

19) 戦前からある室蘭の新日鐵室蘭工場（現：日本製鉄）は誘致企業や消費立地型企業でもない. 明治期の噴火湾周辺で一時砂鉄が産出されており, そうした資源のために室蘭に立地したのが輪西製鉄所（輪西は室蘭市の町名）であるので, 歴史的には資源立地型であるが, 現在はすべて輸入鉄鉱石を原料にしているため資源立地型とも言えない.

20) パルプ工業もかつては資源立地型であったが, 外材による加工が一般化するにつれて移輸出入可能な港湾をもつ臨海部に生産の中心が移った.

21) 田中幹大氏は, 地元の中小企業が取引をするには, 1. 効率的経営の改善, 2. 採算, 3. 多額の設備投資が必要であり, 長期の見通しに経った経営が必要だという. 田中幹大「自動車産業と地域中小企業：北海道の場合」『中小企業季報』2009年 7 月, 18 頁.

22) この数字は, 帯広市にあるパナソニックスイッチングテクノロジーズ㈱を含め, 苫小牧－千歳に連旦する大手 6 社の部品調達額 1,758 億円に対して, 地元調達額は 349 億円という記事に基づく（日経新聞 2018 年 9 月 19 日付）.

23) 山崎幹根『国土開発の時代』東京大学出版会, 2006 年. 同『「領域」をめぐる分権と統合』岩波書店, 2011 年. 特に前者は, 行政学の立場から北海道開発局の役割とその変化の分析を通して, 開発局の意味を問うている.

24) 奥田仁「建設業」大沼盛男編『北海道産業史』北海道大学図書刊行会, 2002 年.

25) 小磯修二『地域と共に生きる建設業』中西出版, 2014, 同『地域と共に生きる建設業II』中西出版, 2015.

26) 日本ではこれまで第 3 次産業の位置づけであったが, 製造業に密接に関連しているため, 第 2 次産業に分類してきた国もある.

27) これについては，筆者もやや詳しく書いた論文を参照されたい．高原一隆「エネルギーの地産地消と地域」『熊本学園大学 経済論集』22 巻 1-4 号合併号，2017年 3 月．

28) 朝日新聞社と一橋大学の調査によれば，都道府県と政令指定都市本庁舎の電力調達先が新電力会社から大手電力会社に戻った自治体が半数以上あるとの結果を公表しており，自治体電力も大手寡占が進んでいるとの結果がある．札幌市は新電力からの調達を続けているが，北海道は北電への調達に戻っている．『朝日新聞』2019 年 11 月 5 日付．

29) 情報サービス業はソフト開発などを中心に 4,000 億円以上の売上額，約 2.5 万人が従事しており，札幌においては重要な産業であるが，都市部以外はほとんどその業態がない．第 3 章に札幌の重要産業の 1 つとして叙述しているのでそちらを参照されたい．

30) モバイルデータ通信とは，携帯電話会社の回線を使った通信のこと．携帯電話が主流の時はパケット通信と呼ばれていた．

31) 現在，第四世代までの次世代移動通信システムが実用化されているが，2020 年を目前に一層の高度化をめざした第五世代の通信システムの開発競争が過熱している．その内容は，一層の高速／大容量化，より一層多数の端末の接続数，現在の伝送遅延をさらに低遅延にする，さらなる信頼性の向上，低コスト化などである．

32) ケーブルテレビとは，コミュニティ放送などと並んで放送サービスの 1 つである．光ファイバーなどを敷設してテレビ局と各家庭をケーブルで結び，多様なサービスを提供する媒体である．1955 年に開始された当時は，地域ニュースなどの提供程度であったが，放送技術の発達などによりインターネット接続なども提供している．北海道では 26.5 ％の普及率である．

33) コミュニティ放送は FM による地域の話題，行政のお知らせ，緊急時連絡など地域密着型の情報を提供する放送局．1992 年に制度化された．

34) 両者とも貨物輸送量の数値であるが，両者の数値にはかなりの差がある．前者の数値の基になったのは「貨物地域流動調査」であり，（ ）内の後者の資料提供元は日本貨物鉄道㈱，自動車輸送統計年報，港湾荷役実績報告などである．なお，旅客数については両者にほとんど差がないため，「貨物地域流動調査」に基づく「目でみる北海道の運輸」（北海道陸運協会）の統計数値に基づいて叙述している．

35) 預貯金・貸出残高は 2008 年から調査対象先が増加したため，それ以前の数値とは接続しないが，全国の預貯率より低いという数値は変わらない．なお，ここで述べる数値は，『北海道経済要覧』（平成 30 年）による．預貯金・貸出金残高は道内に立地するほぼすべての金融機関の総計（ゆうちょ銀行は除く），貸出金の使途別金額は銀行，信用金庫，信用組合の総計．

36) 『北海道経済要覧』（平成 24 年）の数字と一致しないが，『金融ジャーナル』誌調べ（2012 年 3 月）では，大手銀行などの地元への貸出金比率が 6.4 ％，地方銀

行（北海道銀行と北洋銀行）が 54.6%，信用金庫 21.4% などとなっている．

37) 医療・福祉の売上金額（試算値）は 2012 年から 2016 年にかけて 2 倍以上に急増している．ただ，2012 年のそれは初めての試みでもあり，試算されていない他の産業もある，など留保付きと考えておきたい．

38) 私の身内も特養を希望していたが，どこも定員で満室で入所で待機という状態であった．介護度 5 になってやっと入所出来たという経験がある．

39) 特定保健用食品（略称トクホ）は 1991 年に法制化された．体脂肪・中性脂肪，血圧，血糖値，コレステロールなどのクレーム領域に効果があるとする食品について国の審査を受け，食品ごとに消費者庁長官が許可するというかなり厳しい条件がある．2019 年 1 月現在 1,061 の商品が認可されている．

40) 田村耕志「北海道食品機能性表示制度［ヘルシー Do］の敬意と展望について」『生物工学』2015 年 7 月

41) 参考にした観光客数は，その間何度かの調査方法の改正があったため数値としては連続しないが，傾向としては反映されていると考えられる．

42) 主に『第 6 回北海道観光産業経済効果調査』（北海道経済部観光局）に基づくデータを使用した．この調査は，北海道が民間コンサルタントに委託して 1988 年から概ね 5 年おきに行われているもので，この第 6 回は道民約 1,000 名，来道者 2,000 名，訪日外国人 1,200 名へのアンケートに基づいた調査である．第 6 回調査は，2014 年 10 月 1 日〜2015 年 9 月 30 日にかけて行われたものである．公表は 2017 年 5 月．

43) この規制緩和は建築基準法改正と関連している．建築基準法は何度かの改正を経ているが，2019 年 6 月施行の改正は，旅館業法改正や住宅宿泊事業法の施行に合わせて客室最低面積の規制を撤廃するなど新たな建築基準を設定したものである．

44) 本書執筆時点の 2019 年 9 月，韓国からの観光客が前年同時期より 58% 減少した．「日経新聞」2019 年 10 月 17 日付．また，2019 年末から 2020 年にかけてのコロナウイルスの流行は観光産業にとっても大打撃となろう．

45) FIT とは 'Foreign Independent Tour' の略語．個人で海外旅行をすること言う．欧米では 9 割，中国でも既に 5 割に達したと言われる．初回は旅行社に依頼するけれど，それ以降は自分の好みに合わせて旅行することが多いためリピーターの増加と密接に関連している．

第3章
北海道の地域システムと札幌[1]

　近代資本主義は資本の内包的発展と外延的拡大を特徴とする．そして20世紀の生産の大規模化，巨大株式会社化は資本のより外延的拡大を特徴とするようになった．特に20世紀後半の外延的拡大は，豊かさを求める人々の消費欲求と結びついた大量生産・大量消費のシステムの空間的拡大として展開され，それぞれの空間（広域地方圏）に核の形成（地方中枢都市）を伴った．それが地域間垂直ネットワークシステムであった．このシステムは大量生産・大量消費のために効率的な資源調達，流通，生産，販売を進める経済システムとして作用した．特に，日本のように国土が狭く，経済資源に乏しく，経済発展が立ち遅れた国にあっては，こうしたシステムを強固に形成することによって欧米へのキャッチアップを図る路線が求められたのである．

　東京を頂点とし，大阪・名古屋をそのサブシステム，広域地方圏の中心都市を地方中枢都市，県域の中心都市を地方中核都市と位置づけ，大都市部に集中していた工業機能を大都市周辺および外縁部に再配置し，それらを交通・通信でネットワークするという垂直的ヒエラルヒーシステムがそれであり，資本の外延的拡大を実現するシステムと徹底した地域的分業によって「豊かさ」を達成しようとする極めて効率的な地域システムであった．そしてそれを担ったのが大手資本の外延的拡大・地域戦略であり，それによる所得の上昇によってわずか30年間で世界トップクラスのGDPを実現したのである．他方，そうであるが故に，その成果を地域に取り入れながら北海道の持続しうる産業基盤の形成を進める創造性や内発力は育ってこなかった．

また，その過程が急進性であるが故に地域の持続性という点で少子・高齢化，人口縮小，集落の消滅，地域の伝統文化の自然消滅など地域の存亡を問うような課題を後に残すこととなった[2]．

　北海道は近代資本主義としてはゼロから出発し，しかも内国植民地として国主導型の空間的拡大として開発が進められた．戦後は中央政府直轄ではなくなったが，国の政策と密接に結びついた地域づくりを進めてきたことにより垂直的システムが典型的な形で形成されてきた．つまり，東京を頂点におき，道内では札幌を頂点として各圏域の中心都市（道南の函館，道北の旭川，道東の釧路，オホーツクの北見，十勝の帯広）が狭域の頂点に立つという垂直的都市システムを形成してきた．これには北海道という広域地方圏を1つの自治体とした戦後の地方自治制度などの要素も大きく影響している．

　戦後北海道のこうした都市システムは公共事業の地域配分や大量消費に向けた販売戦略等において効率性を発揮した．販売密度の薄い北海道にあって，このシステムがきめ細かい販売網確立の軸となった．しかし同時に，21世紀に入り，このシステムは第1次産業の衰退，グローバリゼーション，画一的な大量生産・大量消費の転換など経済環境の大きな変化の中で，必ずしも効率的な役割を果たさなくなってきている．各圏域の地域経済が自立性を失い，産業転換の中で新たな産業の芽を見いだせず，各圏域のほとんどの中心都市の人口は減少している．札幌が北海道の都市システムの頂点に位置する構図は変わらないが，20世紀後半のように札幌に様々な都市機能が集積・集中するポジティブな一極集中ではなく，札幌自体も2010年代後半には人口減少傾向に入ると推計されているが，他の地域がそれ以上に減少するために，結果として札幌の集中度が上昇するというネガティブな一極集中になる可能性が高い．

　こうした状況は現在国内の広域地方圏に共通してみられる現象である．高度成長－大量生産・大量消費に対応した都市システムの転換が問われ，転換の中からどのような地域経済および地域の姿を創造するかが問われている．

1. 戦前北海道の主要都市：3都市の機能分担システム

　現在の札幌の人口は全国第5位の1,965,940人（2018年2月1日：住民基本台帳）を擁し，北海道で第2位の都市・旭川市の人口339,858人（同）の人口をはるかに上回り，その差は開いてさえいる．札幌市は「札幌一極集中」と表現されるように，中央政府や東京圏経済に規定されながらも，北海道という広域地方圏の中で経済・社会・行政機能の圧倒的優位をもつ都市となってきた．

　しかし，札幌の開基以来150年余りで一極集中との表現がふさわしい期間は1/3あまりであり，戦前は道内の他都市と隔絶するような集中力を示していたわけではない．20世紀直前の1899年の北海道人口が92万人あまり，それに対して札幌の人口は4万人あまりにすぎなかった．第1回目の国勢調査（1920年：大正9年）における北海道内の人口10万人以上都市は3都市であるが，函館市（14.5万人），小樽市（10.8万人），札幌市（10.3万人）の順となっており，3市の人口にも余り差はなかったと同時に，3市の合計人口は全道の15.1％にすぎなかった．当時の北海道の市は6区（市）であるが，旭川，室蘭，釧路の3都市の人口はいずれも10万人以下であった．全国的に都市化がすすんだ1935年においても函館が20万人強，札幌が20万人弱，小樽が15万人強であり，3市の全道人口比は18.2％にすぎなかった．この時期においても上述の3市および帯広の人口はいずれも10万人以下であった．人口移動状況も，1933年の数字を見ると，函館への来住者が7,822戸で最も多く，札幌は5,771戸，小樽が3,905戸であり，戦後高度成長期に見られた札幌への圧倒的な転入超過とは大きく傾向を異にしていた．

　人口の差がないだけでなく，経済的にもそれぞれ特徴をもった都市として存在していた．函館は第4章で詳しく述べるが，幕末に開港し貿易港として北洋漁業とともに発展を遂げ，全国の漁業会社，漁網会社，造船会社など海洋関連産業都市であった．小樽は石炭積み出しと樺太（サハリン）との中継

貿易を行う港湾都市として発展し，また，北のウォール街と呼ばれた北海道最大の商業・金融都市として発展を遂げてきた．札幌は道都となり，北海道の政治・行政の中心都市＝「官」の都市として発展してきた．ちなみに，旭川は軍都として知られ，農業や関連する農産工業（醸造など）および道北の豊富な木材資源立地型パルプ工業の発展とともにあった．釧路は石炭業，パルプ業，漁業都市として，室蘭は噴火湾周辺の砂鉄を対象に資源立地型工業（製鉄所）を中心に発展してきた．帯広は当時の人口が約3.5万人で，農村から生まれた典型的な農村都市であった．

このように，高度成長期に広域圏の中心都市となる北海道の諸都市は，地域資源型工業の発展と密接に結びついた経済活動基盤をもって成長を遂げ，特徴のある都市を形成していたのである．

1930年の札幌，小樽，函館の産業別従業者割合を見ると，工業はそれぞれ29.0％，24.3％，21.7％となっており，工業都市の性格を有していた．同年の全道の職工数は2.7万人であるが，3市の職工数はそれぞれ4千人であり，3市で半数近くを占めていた．交通業はそれぞれ6.5％，17.9％，11.5％で小樽と函館には港湾従事者が多かった．公務・自由業はそれぞれ19.9％，11.6％，11.0％となっており，札幌の高い割合が特徴的である．また，函館の水産業従業者は12.2％，小樽は商業・金融従業者が3.5万人で札幌の2.5万人を上回っていた．

産業（農林水産，鉱業，工業，商業，運輸）全体の資本金と払込資本金の全道に占める割合は，札幌が33.0％，31.8％，小樽が18.5％，22.1％，函館が17.2％，17.5％であった．銀行年末現在高（預金＋有価証券）は小樽が全道比40％，函館が22.1％，札幌15.1％であり，貸出金残高も概ね同様である．手形交換高は小樽への集中率が極めて高く，全道の43.8％，函館は30.6％，札幌の16.4％という状況であった．

ここに見られるように，3市はそれぞれ特性に応じた経済活動を行っており，その関係は水平的関係である．しかし，3市への経済機能の集中度は高いが，それ以外の都市の経済機能の集中度はかなり下がる．したがって，北

海道の戦前の都市システムは，3市が地域的分業に基づく水平的関係を有し，その背後に旭川などの都市，成長する産炭都市や農漁村がそれぞれの経済基盤をもって存在するという地域間関係であった．

2. 広域中心都市としての札幌

(1) 高度成長への出発点

こうした3市がそれぞれに機能分担する都市システムは戦後の経済の高度成長の中で大きく変貌した．3市のうち札幌の人口は敗戦時に22万人（組替人口は30万人弱）であったが，現在は200万人近くにまで増加した．札幌市の面積は全国の都市の中でも広さは上位であるが，それでも北海道内で1.4%を占めるにすぎない．しかし人口は1/3以上を占め，後に詳しく述べるように，様々な経済機能の集積は人口比以上を示しており，社会的・行政的機能の集中は他の都市を圧倒している．現在の若者の親世代はまだ農山村の紐帯を保持していたが，札幌生まれ・札幌育ちが圧倒的に多くなり，農山村地域の存在に理解が及ばない世代が多数を占めるようになった．

札幌が北海道という広域圏の中心都市となったのは高度成長の基礎にあった大量生産・大量消費の経済システムであり，国土政策をすすめた諸政策と密接に関わっていた．第1節で述べたように，太平洋戦争直前（1941年4月）の札幌の面積は現在の札幌市の7%程度にすぎなかった．1950年代〜1960年代に周辺町村（現在の区と重なる白石村，琴似町，篠路村，豊平町，手稲町など）を合併し，1967年にはほぼ現在の札幌市の広さとなった．1967年以降は大きな市域変更なしに現在に至り，平成の大合併の際にも合併は行われていない．

経済機能としては，戦時の経済統制期に北海道拓殖銀行に道内の銀行が統合され，1943年には日本銀行北海道統括店が小樽から札幌に機能移転し，行政官庁も札幌に移転した．こうした小樽の経済活動の縮小は，戦後には太平洋岸中心の工業展開や港湾輸送の衰退によって加速され，昭和30年代

〜40 年代初めにかけて，小樽経済を支えてきた卸売業の撤退，商船会社の撤退，商社や鉱山会社の閉鎖，都市銀行の支店閉鎖や撤退，食品・建設・繊維会社も撤退を始め，道外の主要銀行支店は札幌へ移転し，1970 年代には札幌の銀行貸出残高は道内のそれの過半数を占めるに至った．こうして「北のウォール街」と言われ，北海道経済を動かしてきた小樽の経済機能が札幌に移転し，以後の札幌の大都市化への出発点となった[3]．

　1962 年の全国総合開発計画*（一全総）において札幌を中心に小樽－札幌－千歳－苫小牧－室蘭に至る地域が道央新産業都市*に指定され，工業機能も札幌を中心とした道央地域に集積していく政策がすすめられた．工業機能が札幌を中心とした道央圏に集中していく政策が札幌市一極集中を加速させる大きな契機となった．工業力が都市化の 1 つの指標であった 1969 年には，道内で第 1 位の室蘭を抜いて，製造業出荷額第 1 位となった．

(2)　札幌の人口増加とその特徴

　札幌の人口は敗戦時の 22 万人が海外からの引揚者などの社会的要因があり，1950 年にすでに 40 万人近い人口（組替人口）であった．1950 年代には小樽からの経済機能の移転や合併効果などにより人口増が続いた．

　1961 年の豊平町との合併時にはすでに人口 60 万人を超えていたが，高度成長による資本活動の活発化とりわけ道内外に本社をもつ企業の支店の開設などが相次いだ．さらに石炭鉱業の斜陽化，閉山による旧産炭地域や農山漁村地域からの人口流入などの要因により 1955-75 年の 20 年間は 5 年間で 20 ％以上の増加率であった．中でも 1960-65 年は 33.4 ％ もの人口増加となった．そしてそれら人口を受け入れる大規模な宅地開発が開始されることによって人口は加速度的に増加した．1971 年に札幌で最初（全国で 4 番目）の地下鉄（南北線）が開通し，国鉄（現 JR 北海道）やバス路線と並んで，郊外へと展開される住宅団地への交通基盤の整備がすすんだ．

　1970 年には太平洋ベルト地帯以外では初めて人口 100 万人を超えた．1972 年には札幌オリンピックが開催され，ビジネス，金融，公共事業の札

幌集中が加速した．1972年には政令指定都市に指定された．1972年から74年にかけて第2次ベビーブームによる自然増加の効果もあって増加率は再びピークを迎えた．1985年には北九州市，神戸市，京都市を抜いて全国第5位の都市となった．1950年から2000年までの人口の増加率は，北海道が1.32倍に対して札幌市の人口増加率は4.63倍であった．北海道の人口はすでに1990年から減少に入っているが，札幌については2019年現在も増加している．ただし，増加の内容は大きく変化しているが，それは後に述べよう．

　そうした経過の中で，北海道における札幌の人口の割合も大きく変化した．1960年から人口が最高に達した1995年に北海道の人口は約65万人増加したが，同期間に札幌の人口は114万人以上の増加であった．その結果，図3-1に見られるように，北海道に占める札幌市の人口割合は，同じ期間に12.2％から30.9％にまで上昇した．2015年「国勢調査」では36.3％へとさらに上昇した．全国的には1つの県で県都への人口集中率が3割を超える例は少なくないが，面積や人口規模から見て複数の県があっても不思議ではない広域レベルの地域にあって，この人口集中率は極めて高い．

　しかも，高度成長期には道内各地の転出人口は直接的に札幌に集中しただ

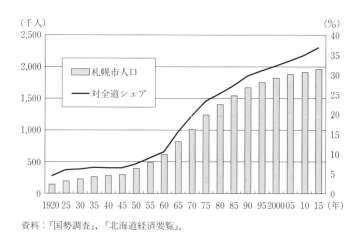

資料：『国勢調査』，『北海道経済要覧』．

図 3-1　札幌市の人口推移と対全道シェアの推移

けではない．各圏域の中心都市に人口が移動することと札幌への集中が並行して進んだのである．例えば，道北の中心都市・旭川市は高度成長以前の1955 年に 16 万人であったが，1983 年から 2005 年にいたる 23 年間は 36 万人を超えていた．他の圏域においても同様の傾向であった．後に述べることになるが，ポスト高度成長期にこれら圏域の中心都市の人口減と札幌の人口増加の鈍化とが現象的に並行していることに注意しておく必要がある．

　札幌市の人口増加は都市の外延的拡大をともなった．図 3-2 は札幌市域の拡大を示したものである．最も経済成長率が高かった 1960-70 年代に人口が都心部から外延部に向かっていることが読み取れる．そして，その後も都心部から外延部に人口が移動している．大都市としての札幌都市圏の特徴の 1 つは，札幌という空間自体が拡大した点にある．(1)で述べたように，昭和の合併において札幌自身が周辺地域を合併する形で巨大都市化をすすめたのである．

　その意味で札幌に比べて周辺の諸都市は余りにも小さい．しかし，高度成長期にはかつて農村であった地域にも住宅団地造成などを通じて都市化の波が押し寄せた．その代表的な都市が江別市，北広島市，石狩市である．北広島市は 1970 年には人口 1 万人以下であったが，道営北広島団地の造成により 1975 年には一挙に 2.2 万人に増加したのを皮切りに，2007 年には現在までの最高人口 61,174 人を記録した．江別市も高度成長が本格的に開始される 1955 年には 9 万人以下であったが，1970-75 年の道営大麻団地の造成などによって 11 万人を超えた．2010 年には 12.8 万人を記録した．石狩市も高度成長期までは 1 万人程度の人口であったが，花畔団地の造成により 1975-80 年に 1.6 万人から 3.4 万人へと倍加した．2006 年には 61,421 人を記録した．それ以外にも札幌から千歳空港に向かう沿線の恵庭市，千歳市，そして江別市北部から南幌町地域にも少し遅れて宅地開発が進行し，札幌への通勤圏を形成している．

　しかし後に述べるように，21 世紀を迎えると同時に，これら通勤圏にある諸都市の人口は減少の傾向を示し始めている[4]．これについては後述する．

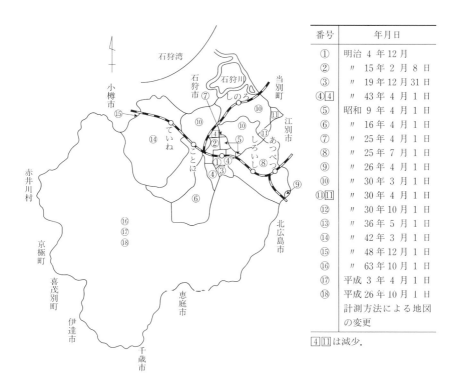

番号	年月日
①	明治 4 年 12 月
②	〃 15 年 2 月 8 日
③	〃 19 年 12 月 31 日
④4	〃 43 年 4 月 1 日
⑤	昭和 9 年 4 月 1 日
⑥	〃 16 年 4 月 1 日
⑦	〃 25 年 4 月 1 日
⑧	〃 25 年 7 月 1 日
⑨	〃 26 年 4 月 1 日
⑩	〃 30 年 3 月 1 日
⑪11	〃 30 年 4 月 1 日
⑫	〃 30 年 10 月 1 日
⑬	〃 36 年 5 月 1 日
⑭	〃 42 年 3 月 1 日
⑮	〃 48 年 12 月 1 日
⑯	〃 63 年 10 月 1 日
⑰	平成 3 年 4 月 1 日
⑱	平成 26 年 10 月 1 日 計測方法による地図の変更

4 11 は減少.

資料：『札幌市政概要』平成 25 年版.

図 3-2　札幌市域の拡大

(3)　地方中枢都市としての人口動態

　札幌市の人口増加の 1 つの要因は人口の自然増加である．人口の自然増減は出生数−死亡数で示されるが，札幌の人口増加数が最も多かった 1970 年から 75 年の 5 年間の増加数が約 23 万人であるが，そのうち自然増加数が約 9 万人であった．すでに一定の人口規模に達していた札幌の若年人口に加えて転入する若年人口が加わることによって出生数が非常な伸びを示した時期であり，人口増加の大きな要因である．

　札幌の人口移動者数（道内外の転入数＋転出数）は 1973 年の 18.5 万人がピークであるが，高度成長期から平成の初頭に至る時期は 16～17 万人台で

推移してきた．移動率も 16〜18% に達する非常に高い移動率であった．人口移動のうち，転入者はオイルショックまではほぼ 10 万人，転出数は 7 万人台であったから，社会増減では約 3 万人の転入超過（社会増加）であった．ポスト高度成長期には，転入者数は 1991 年までは 9 万人台，1997 年までは 8 万人台と漸減したのに対して，転出者数は余り大きく変動せず，転入超過数は減少している．

　図 3-3(a)(b) は，人口移動を道内と道外別に推移を見たものである．道内との人口移動は 1973 年に転入超過数が 3 万人を超えてピークに達するが，高度成長期には転入超過数がずっと 2 万人を超えていた．ポスト高度成長期には 2 万人以下となり，2000 年以降は 1 万人強となっている．2012-16 年にも 8〜9 千人台の増加が続いている．他方，道外との移動関係を見ると，図 3-3(b) に見られるように，高度成長期には道内からの転入超過とは逆に，数こそ多くないが，道外へはほぼずっと転出超過であった．オイルショック後の数年間は転入超過となるが，現在に至るまで道外との移動関係は転出超過（1994-96 年の 3 年間のみ転入超過）が続いている[5]．

　つまり札幌への人口集中は，一方は自然増加によるものであったが，もう一方の社会増加は，言うまでもなく，新卒者をはじめ都市での雇用拡大にともなう労働力のプル現象によるものである．しかし，札幌が北海道という広域地域の中心都市——地方中枢都市——たる所以は，中小都市や農山村部から人口を引き寄せるだけでなく，地方中核都市からも多くの人口を吸収した点にある．1970 年頃には道内から札幌への転出超過数の多い地域は郡部や旧産炭地域と並んで主要 8 都市[6]が 1/4 を占めていた．

　図 3-4 は札幌および地方中核 5 都市の人口移動を道内外に分けて見たものである．1960 年は地方中核 5 都市とも転入超過であり，それぞれの圏域から人口を引き寄せていた．その中で札幌は道内からの転入は札幌が圧倒しており，道内全域から人口を引き寄せていることが読みとれる．他方，道外との人口移動は転入超過都市と転出超過都市とが混在している．オイルショック直後の 1975 年を見ると，札幌は少し減少したとはいえ，道内から人口を

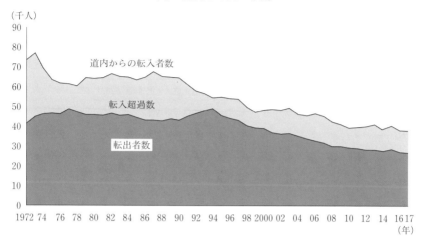

(a) 道内との人口移動

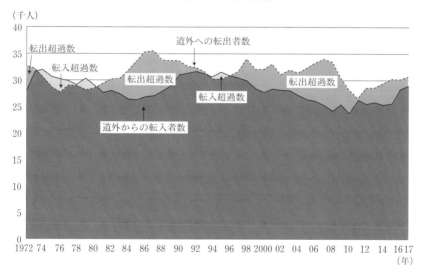

(b) 道外との人口移動

資料：『平成13年度　札幌市の人口移動』．2003年以降は筆者追加．

図3-3　札幌の人口移動の推移

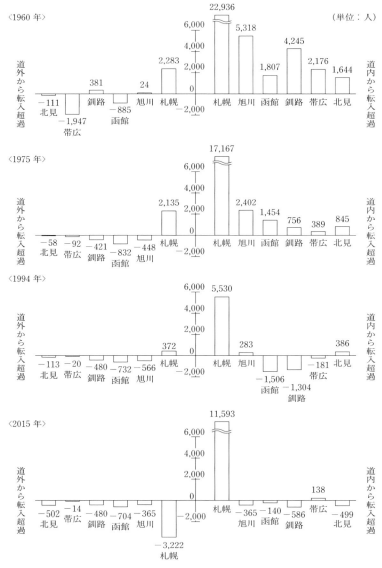

資料：各市の平成 29 年統計書．1960，1975，1994 年は拙稿『地域システムと産業ネットワーク』107 頁．

図 3-4　札幌・中核 5 都市の人口移動比較

引き寄せる動きは止まっていない．しかし地方中核都市の圏域からの人口吸収力は概ね半分以下に落ち込んでいる．そして，道外との移動関係では5都市とも転出超過となった．1994年になると，札幌の道内からの転入超過約5.5千人に対し，地方中核5都市のうち3都市は道内からも転出超過となり，2都市は転入超過数が大きく減少した．5都市から札幌への転出超過が加速したことが窺える．ちなみに，5都市の札幌への転出超過数は3,845人であった．さらに道外との移動関係では，札幌を含めて5都市は転出超過となった．

　例えば旭川市の人口移動を見よう．1965年から2000年に至る人口移動状況を見ると，石狩振興局（札幌市が所在）との移動ではずっと転出超過であり，数は多くないが道外との移動関係も転出超過であった．逆に周辺地域（道北・道東の振興局）との移動関係はずっと転入超過であり，自然増加とともに，この転入超過数の多さが高度成長期の旭川市の人口増加の要因であった．

　すなわち，道内の地方中核都市が札幌や道外へは人口転出，道東や道北といった圏域からは人口を引き寄せる移動構造をもっているのに対して，札幌はこうした地方中核都市を含む北海道という広域地方圏全域からから多数の人口を引き寄せるという人口移動構造なのである．そして移動者の多くが若年層であるために人口の自然増加が加わって大都市化への道を歩んできたのである．それが地方中枢都市たる札幌の人口からみた側面なのである．

（4）　高度成長期における札幌集中－その1：大量販売機能

①生産機能（モノづくり機能）

　19世紀の都市は1企業＝1工場を基本とした生産単位の成長によって発展するのが基本であった．それに対して20世紀は，生産単位の巨大化（寡占企業）と複数化に特徴づけられる．したがって，機能的には生産と管理を地域的に分離することが求められ，一方では企業等の管理機能と商業・金融・サービス機能が集中した都心部と，他方では人々の居住機能や農村部を含む

外周部に工場や物流機能が展開されていくという機能分担によって大都市化が進んだ．そして広域地方圏における中枢機能を集積した都市が地方中枢都市である．

したがって，地方中枢都市はメーカーと呼ばれる大手製造会社の現場生産機能が集積した都市ではない．とりわけ工業の諸指標を見るとそのことが明白になる．札幌は発展の当初からモノづくり機能はなかったが，高度成長期には道央新産都市の中核に位置づけられて工業出荷額の全道比は1955年に12.0％だったものが1975年には13.1％に上昇した．しかし2000年代に入ると10％強となり2017年には8.8％にまで比率が下がった．ただ，現代における大都市の生産機能を考える場合，工業という伝統的な物的財貨の生産だけに限定してしまうのではなく，生産機能をより広く捉えることも必要になろう．例えば全国的には実際のモノづくりと密接に関連したIT産業の売上高は食料品製造業出荷額を大きく上回っている．

②商業機能

卸売業の機能は大量生産・大量消費社会において，都市システムにおける都市の位置づけを確定する上で重要な指標を与えている．なぜなら，卸売業は社会的生産物をその手に総括し，大消費地である都市の市場と密接に関わり，需要サイドから都市空間が形成される時代にあっては，都市への消費財販売の拠点機能を果たしうる業態だからである．北海道における札幌への販売額の集中は20世紀都市システムを最も体現している高度成長期に急上昇した．1958年の卸売販売額における札幌への集中率は38.7％にすぎなかったが，1976年には56.7％になった．これ以降の集中率のペースは落ちたが，2016年には65.6％になるなど6割台の集中率が続いている．

札幌のこの集中率は全道比の数値であるが，旭川の販売額の道北比は76.6％（2016年）であるが全道比では7〜8％程度であり，他の地方中核都市のそれはさらに低い．つまり，札幌と中核都市との間には販売額という量的な格差にとどまらず，販売機能という点で明確な階層的差異があり，それが

20世紀の都市間ヒエラルヒーシステムの形成に密接に関連している．このように，札幌は北海道という広域地方圏において大量消費を実現する拠点都市として成長してきた．

大量消費が爛熟期に入った1980年代の卸売業から見てみよう．「商業統計表」では地域別に見た流通段階別販売額はデータとしてはないが，当時の研究機関が独自に行った資料を参考にする[7]．これらの実証からわかることは，第1に量産品の多くが大企業本社の所在する東京を仕入れ先にする傾向が強まり，東京が大量生産・大量消費の両側面において頂点に立った．第2に，都市別の販売機能が流通段階別に異なっていることである．高度成長期の卸売機能は元卸－中間卸－最終卸，一段階卸という流通段階に分類されるが，元卸などメーカーに近い方が高次機能，消費者に近い方が低次機能とされ，大都市ほど卸売の高次機能を担い，末端の地域になるほど低次機能を担う傾向であった．そして，高度成長期に札幌は道内の元卸機能の7割のシェア（最終卸は5割程度）であった．それに対して，広域地方圏の中心都市の卸売機能は元卸より中間卸さらに最終卸など低次機能になるほど販売割合が高くなっている．第3に，全国的な視点で見ると，東京を中心とした第1次市場圏，東京－札幌の流通経路に沿った第2次市場圏，札幌－道内主要都市という流通経路に沿った第3次市場圏という重層的な市場圏が見られる．

小売業の基本は市民の個人消費が大半を占めるが故に，札幌の販売額比率が特に高いわけではなく，その比率は人口比を数パーセント上回る程度である．しかし道内における人口比の上昇とともに販売比率は上昇しており，したがって，販売密度も高くなっており，サービス業などとともに北海道における効率的消費とそれを牽引する都市としての地位を確立してきた[8]．

③主要サービス業

大量生産・大量消費を軸とした資本の外延的拡大によって，それに関連する各種サービス業が成長した．1975年から1996年のサービス業の成長を見ると，事業所数は20年間に2倍以上に増加し，従業員数は3倍以上に増加

した．教育サービスの従業員数は5倍以上，物品賃貸業，専門サービス業，社会保険・社会福祉の従業員数は同期間に4倍以上に増加した．

とりわけ「都市型サービス業」の成長は著しく，こうしたサービス業は北海道内では機能，労働力，売上高などにおいてほぼ札幌のみで成長した．経済産業省の「特定サービス業実態調査」によると，21世紀初頭には広告業の事業所，従業員の7〜8割，デザイン業の6〜7割が札幌に集中して事業展開している．情報サービス業は，現在北海道のパルプ・紙・紙加工品に匹敵する売上高に成長してきたが，事業所数，従業員数，売上高いずれも全道比8割以上が札幌に集中している[9]．

21世紀に入り，札幌における伝統的な生産機能の相対的低下にもかかわらず北海道における札幌一極集中は続いている．以前からある金融業や不動産業のような都市立地型産業に加えて，新しいタイプの都市型サービス業が生成・拡大し，高齢化社会に対応した介護などの事業も次々に生まれている．

(5)　高度成長期における札幌集中－その2：支店経済

高度成長期に札幌，仙台，広島，福岡の4都市は支店経済都市と言われてきた．本章の冒頭で述べたように，大量生産・大量消費と結びついた道外の大手資本の地域戦略を最も明瞭に示しているのが支店の地域的展開である．支店経済の展開は上記4都市の経済の成長に大きな影響を及ぼした．

とはいえ，支店経済の実態について個別都市ごとのデータがあるわけではなかった．そのために筆者は1980年代から札幌支店企業を対象に，支店企業活動に関わるアンケート調査を行ってきた[10]．21世紀に入って，札幌における支店経済の様相は様変わりしているが，それは本章後半で述べることにし，高度成長期の札幌の経済基盤の1つを形成していた支店活動の実態について，支店数が最も高い数値を示した1996年事業所統計のデータを基に簡潔に触れておこう．

1996年の札幌の事業所数は82,794（従業者数933,502人），そのうち札幌本社企業は3,931，支店・支所数は19,081である．支店のうち札幌市内に本

社をもつ支店は 8,736，札幌以外の道内に本社をもつ支店は 1,669 で，5 割強は北海道内に本社をもつ企業（道内企業）である．それ以外の 8,673 支店（従業者 153,384 人）が「支店経済」という場合の典型的な支店であり 45.5％ を占める．そして，そのうち東京に本社をもつ支店が 65.4％（同 71.8％）を占めており，従業員約 11 万人は札幌の事業所従業者数の 11.8％ を占めるなど，東京本社のメーカーなど大企業の影響が強いことが窺われる．

1980-90 年代の支店企業の活動実態調査から浮かび上がってくる主要な結果は次の通りである．

①対象企業は資本金 50 億円以上企業が 1/4 を占め，大手企業の企業戦略を類推できる結果となっている．

②支店の開設年度は昭和 30 年代及び 40 年代がそれぞれ 3 割を占め，高度成長期に支店の開設が進んだことが窺われる．

③札幌の製造業事業所数は 1996 年に 4.2％ であるが，本社が製造業の支店は 3〜4 割を占め，これに卸売業を加えると約 6 割がこの 2 業種で占められていた．札幌支店の加工・制作機能が極めて少ないことを考慮すれば，札幌への支店展開の目的・戦略が大量生産に対応する大量販売の市場展開にあったことがわかる．

④③と密接に関連するが，札幌支店の主要な機能が営業・販売にあることは，メーカーと言われる大手製造業や大手卸売業による大量生産・大量消費の市場展開を具体的に証明している．3 回の調査のいずれも営業・販売が 9 割前後を占めていた．それに対して，本社機能と考えられる機能（資金調達，国際業務，大卒人事など）や現場製造機能はほとんど行われていない．

⑤札幌支店は総括的企業戦略に関わる権限はもっていないが，札幌以外の支店・営業所への指揮監督機能や取引先・特約店管理などの機能をある程度保持しており，札幌支店が本社から中継する拠点的支店に位置づけていることが窺われる．

⑥またそのことは，本社と支店の職階のランクの相違によって理解する

とができる．例えば，支店長を役員待遇としている企業は余りなく，支店長は本社では課長・次長・部長待遇となっている企業が多い．そのことは特に東京本社企業の場合顕著である．

⑦札幌支店の管轄区域は8割以上が道内一円，道外企業に限ると9割以上である．道外の大手企業は道内に下部機構にあたる支店・営業所を通じて北海道エリアを管轄している．

札幌支店の多くは大量生産・大量消費システムが開始した高度成長期に開設され，北海道におけるその位置は，機能面においては販売に特化して資本展開された．しかも資本金や従業員規模から見て量産型のメーカーや卸売業の販売実績が多くを占めており，多くは東京本社による地域的販売戦略に沿って展開されてきた．他方，札幌支店は道内主要都市の支店より1ランク上位にあってそれら支店を統括する役割をもっており，ここに企業内地域的分業が東京－札幌－主要地方都市という地域間ヒエラルヒーシステムとして展開されていることを見ることができる．札幌支店は本社と末端までの消費の中間にあって広域地域の販売拠点という位置にあり，それが支店都市たる内容であった．

3. 札幌一極集中とその論点

札幌への集中は現在も続いているが，経済成長の成果をポジティブに札幌に集中させ，そうした意味での札幌一極集中が成熟化を迎えたのはバブル経済期であろう．道内の金融機関がバブル経済の崩壊直前（つまりバブルが最高に達した時期）の1991年と1992年に相次いで札幌集中に関するレポートを発表している[11]．それによると，人口の札幌集中のみならず，既に述べた事業所や従業員のうち都市型産業や都市型サービス業は人口の集中率以上に札幌に集中していること，金融や国税徴収額は5割を超える集中率であることが述べられている．さらに，スポーツや各種イベントの全国大会や全道大会の半数が札幌開催であること，コンサートや演劇も5〜6割が札幌で行わ

れていることなどが指摘されている．そして，総合集中度指数は札幌市が36.0％，主要8都市が29.4％，その他地域が34.6％という数値を導き出している．

バブル経済の崩壊とともに札幌に加速度的に様々な機能が集中する状況は収まった．しかし1990年代は日本経済の「失われた10年」であり，とりわけ北海道にあっては北海道拓殖銀行の破綻に代表されるように，経済活動が大きく停滞した．バブル経済期に北海道においても乱立したリゾート構想や計画には，産業としての将来が見通せない農山漁村地域や地域衰退が顕著な旧産炭地域において新たな地域産業を形成しようとする考え方や要素がなかったわけではないが，結局は当時の経済環境の雰囲気，政府の政策，大手資本によるポスト高度成長への新たな投資戦略に乗ることによって進められたプロジェクトであったため，バブル経済の崩壊とともに計画・構想倒れに終わり，動き始めていた事業はほとんど破綻してしまった．地域の側も主体性を保持できず，ノウハウ，人材，マネジメントの展望をもたず，地域間連携もなく地域間競争だけが先行してしまった[12]．プロジェクトの破綻は北海道内各地域の経済力低下に結果し，地域に新たな産業の芽を形成するには至らなかった．そしてそうした経過の中で札幌への集中は続いたのである．

ここで，北海道における札幌のあり方——特に一極集中——にかかわるこれまでの議論を整理しておこう．1つは，北海道内で出来る限りの地域的均衡を図る考え方である．札幌一極集中は札幌以外の多くの地域の経済機能を札幌が吸収してしまうことにつながり，したがって，一極集中は他の地域の衰退を伴わざるを得ないため，北海道という広域地域の地域振興という観点からすれば，否定的な見方をすることになる．もう1つは，札幌に様々な機能を集積させることによってその効果を道内に拡散させるという考え方であり，いわば札幌波及効果論である．また，後者の考え方に分類されるが，「札幌ダム論」があった．これは，非都市的な道内地域からストレートに東京など大都市に移動するには抵抗が多すぎるため，いったんは札幌に居住し，雇用の面でも日常生活の面でも都市の暮らしに慣れた段階で東京などに移動

する，そういう意味で札幌はダムのような役割を果たしているというものである[13]．

　前者は，右上がりの成長時代には，いわば理念的なものにとどまった．道北や道東など圏域の中心都市人口が成長を続けており，また，大量消費を享受出来ていたため，多くの人々の意識も政策も地域的均衡に向かわなかったのである．こうした方向を進めるには需要サイドの経済学の転換，「地方の時代」やヨーロッパで一時見られたような de-urbanization（脱都市化）の環境が求められるのかも知れない．

　後者については様々な論点がある．例えば，「成長の極」理論＊に近い考え方を北海道に適用させようとする札幌論があり，札幌は技術集約型産業やサービス業に特化し，他方，札幌以外の地域では高い生産力をもった大規模農業に特化させるべきとする産業論を伴っていた．また，過度な札幌集中政策はとるべきではなく地方都市との適度なバランスを保ちながら札幌という都市の「厚み」を膨らませる，つまり新しいタイプのビジネス，ソフト化，サービス化に対応した産業を成長させ，それを非ビジネス分野における市民活動との融合を試みる札幌都市論もあり，21世紀の札幌はこうした様々な札幌論の中で経過してきたと言える[14]．

　札幌波及効果論に関わってもう1つ重要な論点がある．それは札幌への集積とその波及効果の拡散をどのような方法で行い，どのような主体が進めるのかという問題である．すなわち，北海道経済の活性化には札幌－主要地方中核都市－小都市－農山漁村のそれぞれの類型地域で内発性をどのように生かすかという問題である．21世紀はグローバリゼーションによってフルセット型産業構造が大きく変わり，1つの途上国の動きが先進国の都市のあり方に直ちに影響を及ぼす時代である．供給サイドの北海道経済と各地域間の競争を伴うが，協同と連携による札幌の都市づくりが求められている．次節で，21世紀に入って以降の札幌の動きについて述べよう．

4. 札幌の人口移動の新動向

(1) 札幌の人口をめぐる新動向

既に述べたように，札幌は開基以来一貫して人口を増加させてきた．そして現在も増加しているが，21世紀に入って増加のあり方は大きく変化しつつあり，近い将来人口の減少が予想されるようになった．

人口増加は続いているが，増加のペースは大きく落ちた．1963-73年の増加数は44.7万人であったが，2001-11年の増加数は8.8万人である．増加率について，2005-10年は1.7%，2010-15年は2.0%（国勢調査）となっており，1980-90年代の5～10%と比較して増加幅は大きく低下している．

表3-1は，2000年以降の札幌市の人口動態を見たものである．出生数は2000-05年の1.5万人から2005-10年は1.4万人台へと減少し，死亡数は同期間に1.1万人から2013年には1.6万人へと増加している．その結果，2008年までは辛うじて自然増であったが，2009年から札幌市も自然減都市となっている．

社会増減はその時々の経済状況によって大きく変わるが，表3-1にみられ

表3-1　札幌の人口増減

人口数		人口増加数	自然動態			社会動態		
			自然増	出生数	死亡数	社会増	道内	道外
2000年	1,822,368	9,754	4,361	15,182	10,821	5,393	9,544	△4,367
2002年	1,848,276	13,049	4,273	15,382	11,109	8,776	11,842	△2,968
2004年	1,872,703	8,748	2,236	14,750	12,414	6,412	10,836	△4,330
2006年	1,889,460	7,975	1,434	14,663	13,229	6,541	13,705	△7,282
2008年	1,900,815	3,782	522	14,739	14,217	3,260	12,412	△9,296
2010年	1,913,545	4,893	△699	14,748	15,447	5,592	9,892	△4,458
2012年	1,928,776	6,778	△1,713	14,542	16,255	8,491	11,583	△3,092
2014年	1,945,504	5,520	△3,060	14,622	17,692	6,934	11,717	△4,783
2016年	1,958,405	5,662	△4,408	14,189	18,597	9,899	11,864	△1,965
2018年	1,965,940	3,019	△5,965	13,403	19,368	9,316	11,511	△2,195

資料：『札幌市統計書』平成30年版より．

るように，転入－転出の社会移動数は変化している．道内一円から人口を吸収し，道外へはわずかであるが転出させるという札幌の人口移動構造は変わっていない．しかし転出入数は変わった．高度成長期には社会増加数は2〜3万人であったが，1997年以降はほぼ1万人以下である．道内と道外との移動に分けて社会動態を見よう．

　道内からの転入超過数はほとんどの年で1万人を超えている．2018年の数字によると，町村部（農山漁村地域）からの転入超過数は3,375人，地方中核5都市からの転入超過数は3,708人，それ以外の29市からの転入超過数が4,428人となっており，地方中核5都市からの転入超過の割合が高まっている．地方中核5都市自体が人口減少傾向にあり，これら都市による周辺地域からの人口吸収力に陰りが見られる現在，札幌へのストレートな移動が相対的に多くなっている．

　道外との人口移動はずっと転出超過である．北海道の社会動態と同様に，好景気の時には転出超過数が多くなり，景気が収縮すると転出超過数が少なくなっている．2005-09年の転出超過数の多さは，いざなみ景気（2002-09年）を反映していると考えられる．転出超過のポイントは関東圏とりわけ東京である．2018年に転出超過数（4,418人）に対する東京圏の割合は8割以上（3,594人）である．現在は企業や行政の組織内地域間移動は転入超過の大きな要因ではなく，景気上昇に伴い東京に希望の職種や企業に雇用先を決めた新卒者によるものが多い．

　年齢別人口も大きく変わった．図3-5を見て欲しい．少子・高齢化というタームが示すように，子供の割合が減少し，高齢者が激増してきた．ここから言えることは，1つは子供の割合の減少である．高度成長が終わった時期に子供の割合は約1/4であったが，2045年推計では9.2%にまで減少する．2つ目は高齢者割合の激増である．高度成長が終わった時期に5.3%であったが，2010年には2割を超え，2045年には4割に達する推計である．3つは15〜64歳人口割合の減少である．1975年の71.2%が2045年には51.1%にまで割合を下げることが推計されている．この世代の割合減少は労働力人

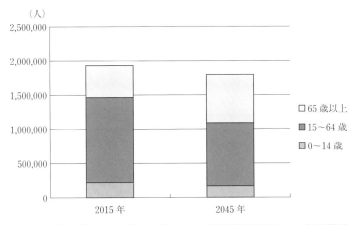

（人）

資料：国立社会保障・人口問題研究所『日本の地域別将来推計人口』厚生労働統
計協会，2018 年より作成.

図 3-5　札幌市の将来人口推計

口の減少につながり，労働力面から経済のあり方に大きな影響を与える可能
性が高い.

(2)　札幌の将来推計人口

開基以来 150 年近くにわたって人口が増加する一方の札幌において，人口
が減少するということがイメージできないのはある意味では当然かも知れな
い．しかし，各種の将来人口推計によると，札幌は 2015 年に 195.2 万人の
人口を記録するが，2025 年までは微増が続き，それ以降は人口減少となり，
2045 年には 180.5 万人（2015 年比 92.5）になると推計されている．子供の
数は 2015 年の 22.2 万人から 2045 年には 16.7 万人へと約 1/4 減少する.
15〜64 歳人口は現在より 1/4 以上減少し，65 歳以上人口が大幅に増加する.
しかも 75 歳以上人口は高齢者人口の 6 割を占めると推計されている[15].

市内の人口分布状況も大きく変わりつつある．20 世紀段階では中央区
（都心部）は業務地区に特化し，市民の生活空間は郊外部へと展開する特徴
があった．21 世紀に入る時期から中央区の人口増が突出するようになり，

高度成長期に宅地開発が進んで人口急増を経験した地域では人口停滞・減少が進んでいる．2010-18 年に 10 区のうち中央区は 2.3 万人と突出した増加だが，南区では 8 千人の減少，厚別区と清田区は微減となった．2045 年には中央区だけが増加し，9 区は減少という推計がなされている．

　札幌の将来人口減は地方中核 5 都市人口の大幅減と密接に関連している．この 5 都市の 2045 年の推計人口は，2015 年を基準にした指数で札幌が 92.5 に対して，帯広市 88.1，函館市 61.2 などと推計されており，これら 5 都市の人口減が顕著である．

　また，札幌の人口減が札幌への人口集中率を低下させるということにもならない．2015 年現在の北海道における札幌への人口集中率は 36.3％ であるが，2025 年には 39.4％，2040 年には 45.1％ と推計されており，集中率は 4 割を超え，現在の通勤圏内都市の人口を含めると，5 割以上の人々が札幌圏に集中するというのが推計結果である．

　以上，札幌の現在と将来の動向を人口面から見てきた．人口はまだ増加しているが，既に自然減都市になっており，社会増により辛うじて人口は増加している現状にとどまっている．しかも少子・高齢化が進んでおり，需要サイドの札幌経済の発展は望みにくいのが現状である．現状のままでは労働力人口は減少の一途をたどる．したがって，経済力の維持・向上には労働生産性の上昇が求められ，景気に左右されない雇用先の創出が求められる．つまり，内発性に基づいた供給サイドの地域経済振興が求められる．

5．札幌の新たな経済基盤

（1）札幌のマクロ経済

①産業別 GDP

　表 3-2 は 10 年間の札幌の GDP の変化を見たものである．2015 年の GDP は 6 兆 5,667 億円であるが，産業活動としては第 1 に，第 2 次産業が大きく減少し，第 2 次産業比率は 1 割以下に減少している．製造業は微増であるが，

表3-2 札幌市内 GDP（名目）及び1人当たり所得

(億円, %)

産業	2006 年 金額	割合	2015 年 金額	割合
卸・小売業	11,572	17.7	10,799	16.4
うち卸売業	7,301	11.2	6,522	9.9
不動産業	8,661	13.3	8,930	13.6
専門サービス業	6,107	9.3	7,425	11.3
社会事業等	5,016	7.7	6,957	10.6
建設業	5,461	8.4	4,460	6.8
情報通信業	3,883	5.9	3,856	5.9
公務	4,082	6.2	3,730	5.7
(参)製造業	2,324	3.8	2,565	3.9
合計	65,350		65,667	
1人当たり市民所得	2,690 千円		2,615 千円	

資料：『札幌市統計書』平成 29 年版.

注：1）1人当たり市民所得には企業所得を含む.

　　2）掲載した産業は構成費 5% 以上のみ.

特に建設業は 10 年間で 4 割近い減少である．第 2 に，第 3 次産業のうち，卸・小売業は大きく減少し，公務の割合も減少し，成長産業であった情報・通信業も横這いとなっている中で，専門サービス業や介護事業などを含む社会事業が大きく伸びている．マクロ的には，この 10 年間市内 GDP は減少し，企業所得を含めた市民 1 人あたり所得は 261.5 万円で，全国平均より低く，政令指定都市の中でも最下位クラスである．それでも道内 GDP がそれ以上にマイナス成長（当時）しているために，道内に占める市内 GDP の割合は 34.6%（2015 年）に上昇している．

②事業所の新動向

　札幌市の事業所数はバブル経済期に 8 万を超えていたが，それ以外の時期は概ね 7〜8 万事業所で推移している．従業者数は現在 90 万人強となっている．しかし，その産業分野は大きく変化している．平成時代に入ってからの推移を見ると以下のような特徴を指摘できる．第 1 は，建設業，製造業のよ

うなモノづくり産業分野の従業員は著しく減少している．特に建設業のそれ
は1991-2016年に10.2万人から6.0万人へと減少し，製造業も6万人から
3.6万人へと減少した．これらの産業では現在も減少傾向が続いている．第
2は，卸売業従業者の激減である．大量生産・大量消費経済システムの中で
成長を遂げてきた業種であるが，1990年代からの流通構造の変化の中で縮
小を余儀なくされ，人口増の中で1991年の22.3万人が2016年には19.2万
人へと減少し，現在も減少は続いている．第3は，既にポスト高度成長期か
ら経済のサービス化が指摘されてきたが，1991→2014年にサービス業事業
所数（不動産，物品賃貸業を含む）は1万近く増加し，従業者数は同期間に
27.8万人から47.1万人へと約20万人増加した．ただ，サービス産業の中で
も減少する業種と増加する業種に分かれている．伝統的なサービス業が横這
い状況なのに対して，医療・福祉はずっと増加を維持している．この産業は
労働集約型に特徴づけられるが，2016年には全従業者の15.2%を占めるま
でになった（民営）．

　平成28年経済センサスから札幌の基盤産業を鳥瞰し，他の地方中枢都市
と比較しておこう．それを見たものが表3-3である．これを売上額の割合に
よって分類すると次のようになる．第1グループが最大の売上げをもつ卸
売・小売業である．卸売・小売業特に卸売業は仙台，広島，福岡と同様に大
量販売のための支店展開と密接に結びついた基盤産業であるが，大量消費社
会の構造変化を基底に，流通・販売方法や流通関連企業の業態の大きな変化
により，データとしては縮小に向かっている．第2グループは医療・福祉で
あり，産業別売上額の中で15.9%の比率を占めている．札幌市は他の3都
市に比べて，この分野の金額・割合が特に高い．第3グループが金融・保険
業，その地サービス業，情報・通信業が7%台で続いている．建設業は仙台
に特に多いが（3.11大震災の復旧工事の影響と考えられる），他の3都市は
7%台であり，減少傾向にある．それに続く第4グループが製造業，運輸・
郵便業とともに不動産・物品賃貸業，学術研究・専門サービス業，宿泊・飲
食業が続いている．札幌は医療・福祉をはじめとするサービス系の産業が他

表 3-3　地方中枢 4 都市の産業大分類別売上高（試算値）

（億円，％）

	札幌市	仙台市	広島市	福岡市
合計	237,837（100.0）	210,204（100.0）	194,815（100.0）	314,955（100.0）
建設業	18,036（ 7.6）	25,467（ 12.1）	15,023（ 7.7）	23,933（ 7.6）
製造業	6,613（ 2.8）	9,758（ 4.6）	30,769（ 15.8）	8,429（ 2.7）
情報通信業	7,314（ 3.1）	5,542（ 2.6）	6,170（ 3.2）	12,865（ 4.1）
運輸業，郵便業	7,110（ 3.0）	5,975（ 2.8）	5,136（ 2.6）	10,004（ 3.2）
卸売業，小売業	108,467（ 45.6）	99,765（ 47.5）	84,187（ 43.2）	147,102（ 46.7）
金融業，保険業	17,891（ 6.8）	21,457（ 10.2）	13,278（ 6.8）	32,859（ 10.4）
不動産業，物品賃貸業	7,749（ 3.3）	7,140（ 3.4）	6,194（ 3.2）	13,022（ 4.1）
学術研究，専門技術サービス業	4,504（ 1.9）	4,093（ 1.9）	2,583（ 1.3）	6,337（ 2.0）
宿泊業，飲食サービス業	4,306（ 1.8）	2,623（ 1.2）	2,399（ 1.2）	4,908（ 1.6）
生活関連サービス業，娯楽業	7,516（ 3.2）	4,085（ 1.9）	5,208（ 2.7）	9,885（ 3.1）
教育，学習支援業	2,300（ 1.0）	1,930（ 0.9）	1,520（ 0.8）	3,393（ 1.1）
医療，福祉	37,904（ 15.9）	15,000（ 7.1）	14,938（ 7.7）	31,428（ 10.0）
他のサービス業	7,832（ 3.3）	5,908（ 2.8）	6,683（ 3.4）	10,124（ 3.2）

資料：総務省『平成 28 年経済センサス』（調査日は 2016 年 6 月）．
注：「他のサービス業」は「複合サービス業」と「サービス業（他に分類されない産業廃棄物処理，機械修理，派遣・職業紹介，政治・経済・文化団体，宗教，その他，外国公務）」の合計．なお，全国における構成比が 1% 前後の「農林漁業」，「鉱業，採石業，砂利採取業」及び「電気，ガス，熱供給，水道業」は省略した．

の主要都市よりも高い．

③札幌のニュービジネスと連携

　20 世紀の末頃から札幌の経済基盤およびそれを支える経済活動の内容が大きく変化しつつある．既に高度成長期から経済のソフト化・サービス化がキーワードになっていたが，それに逆比例するように，大都市の中でも特に高い比率を占めていた建設業などが大きく落ち込み，ソフト系産業やサービス系産業がさらに伸びているのが特徴である．しかもこれらの産業は都市型産業（都市型サービス業）16) が多く，大都市・札幌への集中率が顕著なのである．図 3-6 は札幌への集中が著しい産業の全道シェアを従業員数から見たものである．これを見ると，一部の第 3 次産業（例えば銀行業や卸売業の一部）のように伝統的に札幌への集中率が高いものもあるが，多くは世紀の変

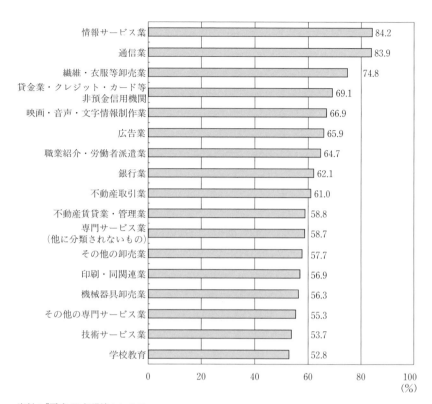

産業	シェア(%)
情報サービス業	84.2
通信業	83.9
繊維・衣服等卸売業	74.8
貸金業・クレジット・カード等非預金信用機関	69.1
映画・音声・文字情報制作業	66.9
広告業	65.9
職業紹介・労働者派遣業	64.7
銀行業	62.1
不動産取引業	61.0
不動産賃貸業・管理業	58.8
専門サービス業(他に分類されないもの)	58.7
その他の卸売業	57.7
印刷・同関連業	56.9
機械器具卸売業	56.3
その他の専門サービス業	55.3
技術サービス業	53.7
学校教育	52.8

資料：『平成28年経済センサス』.
注：産業中分類で札幌市の従業者数が2,000人以上かつ全道に占める札幌市の従業者数シェアが50%以上の産業（民営事業所）を対象とした.

図3-6　札幌市への集中が著しい産業（2016）－従業者数全道シェア

わり目以降も大きく伸びてきている.

　大分類の「情報サービス業」の札幌集中率が8割を上回っているが，そのうちの情報サービス業，通信業，映像・音声・文字情報制作業などが上位を占めている．金融や不動産関連，広告業，職業紹介所・労働者派遣業さらには技術サービス業のうち土木・建築サービス業，建築・設計業が高い集中率となっている．経営コンサルタント業や旅行業も7割前後の集中率である．

　これら産業は個々の市民生活や市民の創造性と直接結びついているため，

特定分野の事業や垂直的に統合された特定企業の成長に委ねられる産業とは限らない．どの産業分野においても専門化がすすみ，分業システムが深化している．だからこそ企業，組織，個人をどのようにコーディネートして効率的に成果を生み出すかが問われることになる．それはとりもなおさず，札幌という地域の内発性に基づく産業・企業を多様に創出させることと結びついている．

サービス系の産業を軸にするといっても，サービス業は財貨生産部門から独立して発展しうる産業ではない．例えば，2016 年の札幌の製造業事業所はわずか892，製造業従業者は約 2 万 7 千人あまり，製造品出荷額も約5,346 億円にすぎず，そのうち付加価値額の 43.7％（2010 年）は食料品製造業である（4 人以上事業所）．また札幌は全道の農林水産物の卸売市場をもつ地域でもある．こうした機能を異業種連携や第 6 次産業化を通して札幌の特徴に結びつけて財貨産業との相乗効果を強めていくことが産業創出にも大事になろう．札幌は広大な農業地帯を後背にもっており，その意味で，どのような方法，どのようなシステム，どのような人材が農村地域とのネットワーキングを進めるかが極めて重要になるのである．

(2)　都市型産業の展開

ここで，札幌における都市型産業を概観しておくことにしよう．都市型産業について必ずしも厳密な定義があるわけではないが，都市における集積利益を享受し不利益を最小限にとどめる力をもった産業としておこう．札幌がより成熟した都市として発展するには，知識投入によって組み立てられた都市型産業が求められるが，ここでは IT，コンテンツ，メディア・アーツ，コールセンター，スイーツについて概観しておこう．

① IT 産業

IT 産業は都市型産業といわれるが，その証拠に，北海道内の IT 産業の事業所数の 72.4％，従業員数の 84.4％ は札幌に所在し，売上高の 85.5％ は

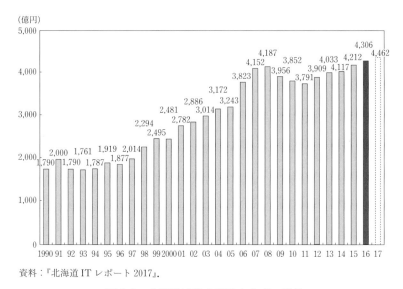

資料：『北海道 IT レポート 2017』．

図 3-7　北海道情報産業総売上高の推移

札幌である（2016 年）．札幌の IT 産業の嚆矢は 1980 年代であり，ベンチャー企業が生まれ，異業種からの参入や道外からの企業が立地してきたのが始まりである．2000 年以降は産業クラスター政策による後押しもあって順調に成長しており，地場企業が東京などからの受注を拡大すると同時に，地元需要の拡大に力を注ぐ段階に入ってきた．海外展開も少しずつ進んでいるが，以前は安価な労働力の活用が主な目的であったが，自社製品・サービスの海外展開や技術提携を目的にする海外展開も増えてきた．

　図 3-7 は 1980 年代からの売上高の推移である．バブル経済の崩壊やリーマンショックにより停滞・一時減少を経験するが，現在はほぼ 4 千億円台で推移している．2000 年の売上額 2,481 億円から現在までに 4,306 億円へと 1.7 倍に伸びている．従業員も 15,786 人から 20,808 人へと増加している．この雇用数は北海道の製造業従業員の 12% 余りを占め，食品製造業従業員に次ぐ．売上高も製造業に位置づけてみると，食品加工，石油・石炭製品，鉄鋼，紙・パルプに次ぐが，全道の紙・パルプ出荷額にほぼ匹敵する．この産

業の札幌集中率の高さを考慮すると，札幌での効果はもっと高いといえる．

事業内容は受託開発を中心にしたソフトウェア開発が63％，情報処理提供サービス18.0％，システムハウス2.5％などとなっている．需要は道内外の情報処理産業が37.6％（道内12.4％，道外25.2％）で，官公需の割合が13.9％を占めるのが特徴である．あとの需要先は飲食店等が1割弱で，農業，観光，福祉は必ずしも多くはない．ユーザーから開発の委託を受けた同業他社から開発の一部を下請けする形で行われる業務が3割程度である[17]．現在は，首都圏からの3次，4次下請けも少なくない．

市内での立地展開は事業所の61.4％，従業員の69.1％，売上高の82.2％は中央区に集中している．北区JR札幌駅北側に展開される北口ソフト回廊（通称サッポロバレー）と厚別区に展開する札幌テクノパークに触れておく必要はあろう．

前者は日本初の創造型情報拠点として展開され始めたが，北大の青木由直氏を中心に小さな研究会から開花していったものである．氏のコンセプトとして，北海道経済が自立できるための重要な産業として情報ベンチャーの創出が位置づけられた経過があり，それが本書のテーマである北海道経済の自立と問題意識を共有したプロジェクトである．現在ここには32社，市内のIT産業の1割程度の売上があると推測される．北海道におけるエントレプナーシップ発祥の地であるが，30年以上経過して，当初の企業とは大幅に変わり，成熟期に入ったとの評価もあるが[18]，札幌の都市型産業を支える地域にとって重要性は決して落ちているわけではない．

後者は，札幌市がIT産業発展のために整備した研究開発型団地である．第1テクノパークは市内厚別区に1986年に竣工した．札幌のエレクトロニクスセンターをはじめ，地場のソフトウェアやシステムハウス企業など約20社が立地している．第2テクノパークは東京などからの大型受注を目的として，道外の大手・中堅企業11社が立地している．テクノパークの売上高は北海道のIT産業売上高の12％を占めるといわれる．

②コールセンター・バックオフィス

　コールセンターは顧客からの様々な問い合わせに対して電話対応業務を専門的に行う組織・施設であるが，CIT の普及およびそれに伴う企業間競争の高まりを背景として 1990 年代から急成長を遂げてきた産業である．現在はテレマーケティングなど企業のサービス拠点として不可欠な存在意義さえもっている．業態からして労働集約型であるため（人件費が 7 割との調査もある），以前は大都市部に立地する傾向があったが，関連企業や市場への近接性という制約は小さいため，コスト競争を考慮して地方都市への進出が始まり，2000 年に入って札幌にも次々とコールセンターが開設されている．札幌は若人が多く，方言が少なく，北国特有の粘り強さがあり，賃貸ビルコストが安価である，人件費が相対的に低い，雇用状況が悪いため雇用者を確保しやすい，行政が誘致に積極的であった（札幌市にはコールセンター・バックオフィス立地促進補助金制度がある）[19]等の条件によって立地が急速に進んだ．

　2016 年のコールセンター・バックオフィス企業数および雇用者の増加傾向は図 3-8 の通りである．企業数で 86 社，雇用者 3.8 万人という数字は IT 産業の雇用者数を上回る規模であり，新規産業が見いだしにくい北海道や札幌にとって重要な意義をもっている．ただ問題なのは，この業種の雇用は圧倒的に非正規雇用で占められていることである．あるレポートによれば[20]，コールセンター・バックオフィスの正社員数は 2,860 人（2013 年）であるから雇用者数の 1 割程度，常用雇用者の 13% 余りにすぎない．

③コンテンツ産業

　コンテンツ産業は映画，アニメ，ゲーム，書籍，放送，出版，音楽などの制作や流通を担う産業であり，特にそのうちデジタルで行われるものをデジタルコンテンツという．コンテンツ産業は 21 世紀の新たなリーディング産業として日本経済を牽引する可能性があるといわれてきた産業である．またこの産業は，都市で活動することにより集積利益を享受し，製造業など他の

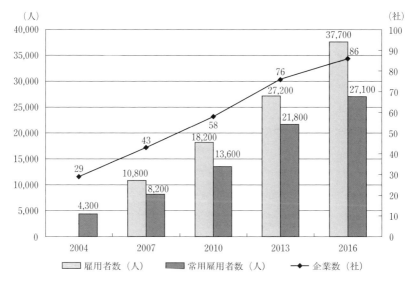

資料：札幌市「コールセンター・バックオフィス雇用者数調査」．
注：バックオフィスとは顧客対応の後方で事務や管理業務を行う部門のこと．

図 3-8　札幌市内コールセンター・バックオフィス企業数と雇用者数

産業に大きな波及効果を与える点で代表的な都市型産業である．

『デジタルコンテンツ白書 2018』によると，日本国内のコンテンツ市場規模は約 12.5 兆円で，世界ではアメリカに次ぐ第 2 位の市場規模である．表3-4 は札幌のコンテンツ産業の事業所および従業者数を示したものである．広告，新聞，出版，放送，を中心に 1.5 万人余りがこの分野で活動している．

　周知のように，札幌は IT 産業やコンテンツ産業において国内外から注目されるビジネスや製品，人材を生み出してきた．サッポロバレーの生みの親・青木由直氏，小さな無線販売店からゲームソフト大手に成長させた㈱ハドソンの工藤祐司氏は札幌の自立と自由な気風の中で活動を展開した．さらに，2007 年に初音ミクをリリースしたクリプトン・フューチャー・メディア㈱（以下，クリプトンと略称）の伊藤博之氏を挙げることが出来る．クリプトンは，ヤマハが開発した音声合成システム VOCALOID[21] を使い，それを初音ミクというキャラクターと合体させたソフトウェア音源をリリースし展

表 3-4　札幌のコンテンツ産業（2016 年）

産業分類	事業所数	従業員数
放送業	25	1,598
インターネット付随サービス業	136	1,552
映像・音声・文字情報制作業	322	4,497
うち映像情報制作・配給業	83	1,033
新聞業	74	1,648
出版業	64	802
デザイン業＋著述・芸術業	131	498
写真業	171	749
広告業	211	2,058
映画館	6	502
コンテンツ産業計	1,002	11,454

資料：「平成 28 年経済センサス」.
注：産業分類（小分類）から『デジタルコンテンツ白書』の定義に
　　基づいて筆者抽出. カラオケボックス, ケータイ電話のゲーム
　　提供などを入れる場合もあるが, ここには入れていない. また,
　　非デジタルエンターテインメントなども抽出していない.

開している企業である[22]. 現在音源素材で全国 1 位のシェアを誇っている.
クリプトンがヤマハと連携し, それに合わせてイラストレーターが初音ミク
というキャラクターを生み出し, その楽曲, 動画がニコニコ動画で人気コン
テンツとなった. これに加えて冨田勲などのクリエイターも関わり, 様々な
分業の成果としてリリースされたものである. 初音ミクのソフトは 2007 年
8 月にリリースされ, 2014 年からは初音ミクコンサートツアーが始まったが,
海外ツアーでも人気が高く, 現在も様々なバージョンでブームは深く静かに
続いている.

　社長の伊藤博之氏は北海道生まれの道産子で, HP においてニュービジネ
スについて次のように述べている. 製造業と異なりコンテンツ産業は使うほ
どそれだけ経験値と能力が高まる, その高まり方は足し算ではなく, かけ算
である, テレビなどのメディア依存から個人のネットワークがメディアにな
る, 垂直的な密度の高い結合からゆるやかな疎結合が主流になる.

　現在は日本語および英語への転換にとどまっているが, これが世界の多言
語に拡がって開発されれば『初音ミクはなぜ世界を変えたのか』[23]との評価

もうなずけるかも知れない．いずれにせよ，札幌でもオンリーワン企業の台頭が進んでいると同時に，これは新しいタイプの企業間連携であり，地域外企業の資源との連携によって地域発のニュービジネスを展開する１つの型を見ることができる．

　2011年12月に地域活性化総合特区の１つとして札幌コンテンツ特区が認められた．映像産業のアジアにおける拠点をめざし，世界が最も映像を撮りたい場所として札幌を売り出し，アジアからの観光や貿易の増加につなげることが期待されている．指定を受けた結果，さっぽろ産業振興財団内に札幌映像機構の設置，「映画のまち」条例の制定，札幌通訳案内士制度の創設，フィルムコミッション事業として国内外の映画制作への支援などを行ってきた．2018年末に公開された大泉洋主演の映画「こんな夜更けにバナナかよ，悲しき実話」はその１つの成果である．指定期間は2012-16年であったが，指定期間終了後は他の新たな特区に埋もれてしまった感があるが，札幌の経済振興にはコンテンツ産業もその担い手の１つとして位置づける必要がある．

④ユネスコ創造都市加盟とメディアアーツ

　メディアアーツもコンテンツ産業であるから別項を設ける意味はないかも知れないが，札幌市がメディアアーツ分野においてユネスコ創造都市ネットワークへの加盟が認定されたため少し触れておくことにしよう．

　メディアアーツとは，伝統的なメディア（新聞やテレビなど）と異なるデジタル技術など異なる媒体を使って芸術的な表現をすることである．札幌は，2004年にユネスコが創設した「創造都市ネットワーク」プロジェクト[24]を見据え，まちの活力と経済活性化とを結びつけた取り組みを進め，2006年には「創造性に富む市民の力で，国内外との交流により新しい産業や文化を生み出す街」をめざして「創造都市さっぽろ宣言」を行った．その後，産学官連携組織・創造都市さっぽろ市民会議を設立し，加盟分野をメディアアーツに決定し2013年に加盟申請－加盟認定となった．札幌はメディアアーツ都市としてクリエイティブ産業，文化，生活というあらゆる分野にわたって

発展を牽引する役割を果たすことを宣言している[25].

こうした試みは様々な部面で行われている．例えば，雪まつりにおけるプロジェクションマッピング[26]である．雪像にくっきりと映像を映し出す映像手法は雪まつりで市民や観光客の目を引いた．また，従来の都心部・大通りと新たに再開発されたJR駅周辺を結びつけ都心部のにぎわい創出を目的として2011年に駅前地下歩行空間を完成させたが，その中にメディアアーツの1つとしてメディア空間チ・カ・ホ（地下歩行空間の頭文字をとった愛称）を設置した．この空間には従来ならありがちな固定店舗はなく，不定期な市を開いたり，催し物をしたり，歩行者に様々な映像を提供している空間である．その映像提供にメディアアーツが活用されている．

2016年には映画・音楽・インタラクティブ（ITなど）の3部門において，クリエイティブ産業の振興をめざした新たなイベント"No Maps"（地図なき領域の開拓）が始まるなどデジタル時代とニュービジネス創造への試みが続いている．

このようなニュービジネスの展開は，これまでの物的財貨の（アナログ）生産とその移出によって地域所得の獲得を計る地域振興策とは異なっている．それはこの20年来模索が続いてきた創造都市論と密接に関係している．創造都市とは，グローバリゼーションの進展によって固有の文化や文化の多様性が失われていく中で，文化や芸術の創造性を生かした産業振興を実現しようとしている都市と定義される．札幌市がユネスコ創造都市ネットワークに加盟が認定されたということは，メディアアーツ部門において札幌なりの創造都市形成が国際的にも期待されていることを示している．これからの札幌には創造都市をも視野に入れた新たなタイプの産業振興を一方の柱に据えておくことが重要になろう．

⑤札幌スイーツ

北海道そして札幌は食関連産業が主要な基盤産業の1つであることは既に述べてきた．その中の1つに札幌らしいお菓子のプロジェクト「さっぽろス

イーツ」がある.

　平成 28 年経済センサスによれば, 札幌・小樽地区の生菓子製造業は 43 事業所, 従業員数は 1,455 名, 製造業出荷額は 183.5 億円, 付加価値は 83.8 億円であり, 製造業細分類別に見ると, 製造業中比較的高い比率を占める. 商業サイドから見ると, 札幌市の菓子・パン小売業の事業所は 535, 従業員数 4,517 名, 年間販売額は 446 億円となっている.

　このプロジェクトは 2005 年にスイーツ王国さっぽろ推進協議会(札幌洋菓子協会, 札幌市, 札幌商工会議所で構成)の設立から始まっている. 現在札幌市内の会員は協議会の HP によると各種のキャンペーン対象店は 150 店余りになっている. 2009 年には都心部にアンテナショップ・さっぽろスイーツカフェを開設し, 市民や観光客に宣伝を兼ねて会員の洋菓子を月替わりで販売している. また, 毎年行われているスイーツのコンペは定着しつつある.

　札幌は気候的条件(冷涼, 低湿度), 近隣の豊富な農産物(小麦, 乳製品, 小豆, 果実など)が入手しやすいこと, 札幌の開放的な環境の中でパティシエの技術が発揮しやすいことなどによりスイーツづくりに適しているといわれてきた. そして一方では札幌を主要な市場とし, 他方では観光と結びついてお土産品として定着し, 道内でのみ販売する経営戦略によりブランドとして高い評価がある. 地産地消へのこだわりが強く, 北海道内の製菓業者の仕入れ先の 54% が北海道という調査報告もある[27].

　しかし 21 世紀に入り, 付加価値向上, 道外・海外進出が求められる中で, 食関連産業として新たな戦略が必要となっている. ある調査によると, 道産食品と聞いた際のイメージはジャガイモ, かに, サケ, トウモロコシが上位にあり, スイーツと答えるのはわずか 7% である. したがって, 付加価値向上には, これまで道内販売のみをブランドとしてきた戦略を変えて別ブランドによって道外市場を開拓するなど販売チャンネルの複線化などが求められ, アジアからの観光客に対して質の高いお菓子を提供する努力も求められる.

　特に札幌の生菓子業界には, 北海道内から生まれ一定の付加価値を獲得し

ている中堅や小さなメーカーが少なくない．企画，開発，生産，販売におい
て事業者の連携をどのような形で図っていくか，「さっぽろスイーツ」ブラ
ンド推進事業にはそうした課題が問われている．

（3） 支店経済から他地域との協働の経済へ

　既に述べたように，高度成長期における札幌は大量生産・大量消費の経済
システムの導入によって成長した側面が非常に強い．その推進力の１つが支
店経済の札幌展開——北海道における量産品の販売拠点化——であった．高
度成長の初期には，道外支店の札幌進出により札幌や地元経済への影響を懸
念する声もあったようだが，実際に販売が伸び，人々が「豊かさ」を手に入
れていく中でこうした声は消えていった．

　支店経済システムは大量生産・大量消費を基本とした高度成長期に本格的
に作動し始めた．札幌でも 1960 年代後半から東京など道外に本社をもつ大
企業の支店（支所）の開設が顕著になった．1970-90 年代が支店による大量
消費が開花した時期であった．札幌市を含め仙台市，広島市，福岡市の４都
市は，それぞれ北海道，東北，中四国，九州という広域地方圏の販売拠点都
市として機能し，日本を代表する「支店経済都市」と呼ばれた．大企業は分
工場を各地に配置すると同時に，全国主要都市に支店を配置する多地域事業
部制をとっていたが，その主要な都市が上記４都市であり，これらの都市は
他の都市機能の集中と相俟って広域地方圏の地方中枢都市となった．札幌支
店は大小の商社が大手メーカーと結びついて北海道における大量消費財の販
売拠点となり，東京－札幌－地方中核都市を通じる販売網の確保により，札
幌が「道都」となる経済基盤が出来上がった．

　筆者は 1981 年に初めて札幌に居住することになったが，街を歩くと大量
生産・大量消費を象徴する大手家電メーカーや量産の日用生活品を生産する
大手メーカーの支店や営業所さらには代理店などの事務所，看板，広告を目
にしていた．しかし，21 世紀を境にそうした様相は大きく変わりつつある
ように思われる．90 年代には消費者金融の看板や事務所が目立っていたが，

2010 年代の現在，都心部を歩くと金融機関，ホテルが目立つのは以前と同様であり大手電機メーカーなどの看板もあるけれど，クリニック，医薬品メーカーやサービス業系の看板が目立ち始めているように感じられる．

　次項でも述べるが，そうした変化の基底にあるのは，第1は大企業の組織システムが大きく変化したことである．大手メーカーは，あらゆる経営資源を巨大な垂直的システムに抱え込む組織から，コアの経営資源に特化するために分社化するなど機構改革を進めた．それがバブル経済崩壊後の 2000 年前後である[28]．第2はグローバリゼーションが進行する中で，大手メーカーが国内市場からアジアを含むグローバル市場へと企業戦略の重点を移したことである．第3は流通システムの革新が進み，卸売業を媒介する販売という日本の商業構造が大きく変わりつつあることである．第4は，サービス経済化の進行である．量産品の生産と販売が海外に重点を移すのに比例して，国内市場は人に向き合い，地域市場としての性格が強いサービス業に成長の期待がかかっている．もちろん，「介護」等でも全国展開する大手企業は存在するが，こうした分野の担い手は多くは地域の企業なのである．第5は消費の爛熟である．先進国化した日本の国内市場は画一的製品ではなく個性化した多様な製品市場になっており，それに対応するには巨大な垂直的組織より分権化した小回りのきく規模の方が効果的だからである．

　表 3-5 は 21 世紀に入った 2001 年から 2016 年までの札幌の支店の変化を支店数，従業員数，産業中分類から見たものである．表には数値を入れていないが，この間に事業所数は 66.5% の増加（43,241 → 71,988），従業員数は 35.4%（61.8 万人 → 83.7 万人）の増加である．「起業」や「アントレプレナーシップ」が強く推奨され，その結果，小規模な事業所が数多く生まれたことが推察される．

　ここから支店の状況について次の諸点が言える．支店総数は 32.3% 増加し従業員総数も 45.7% 増加した．そのうら道外に本社をもつ事業所数，従業員数の増加は総事業所数や総従業員数より緩慢な伸びとなっている．21世紀以降の支店の変化は支店の業種の構造変化に強く表れている．その特徴

表 3-5　札幌における支店及び従業員数の変化

（店，人）

産業分類	2001 年		2016 年	
	支店数／従業者数	うち他府県本社の 支店数／従業者数	支店数／従業者数	うち他府県本社の 支店数／従業者数
建設業	940／17,753	491／11,734	948／13,212	500／ 7,596
製造業	530／10,884	241／ 5,861	388／ 7,419	314／ 3,263
卸売業	3,712／46,003	3,010／36,436	3,864／36,843	3,060／27,443
小売業	5,179／67,240	1,403／21,834	5,925／79,337	2,039／24,880
情報サービス業	272／ 7,536	217／ 5,839	369／ 9,403	284／ 7,290
映像・音声・文字制作業	12／ 138	8／ 83	88／ 985	62／ 775
広告業	57／ 580	49／ 495	65／ 633	54／ 579
医療	53／ 1,496	20／ 645	483／28,106	78／ 6,310
社会福祉・介護事業等	26／ 228	5／ 68	1,718／31,351	206／ 5,424
教育・学習支援業	40／ 643	24／ 439	833／14,042	295／ 3,800
飲食店	1,961／31,915	363／ 8,522	3,092／44,299	1,012／16,181
専門サービス業	568／ 6,995	273／ 4,133	615／ 7,819	366／ 5,211
物品賃貸業	270／ 2,683	141／ 1,416	283／ 2,654	366／ 1,403

資料：『平成 13 年事業所・企業統計調査』『平成 28 年経済センサス』.

は，大量消費部門を担ってきた産業部門の支店が横這い，減少にあること，それに対してサービス系産業が目立って増加していることである．この相反する両者の傾向が際立っているのが 21 世紀初頭の支店のあり方である．

　減少傾向が著しい産業は建設業，製造業，卸売業である．建設業は支店数は横這いだが従業員数は 2/3 に減少した．この間，北海道開発事業費が大きく減少するなど公共事業の減少がその要因である．

　製造業と卸売業は支店数そして従業員数が大きく減少した．大量消費が爛熟の域に達したことに加えて，大手メーカーの組織改革によってコーポレートガバナンスが変わったこと，グローバリゼーションに伴う海外立地が強まり工場誘致なども低迷し，さらに発展途上国の成長に伴う需要開拓へ生産活動がシフトし始めていることなどの要因が考えられる．卸売業も減少傾向が続いている．市場開拓や市場確保において商社などの卸売業が果たした役割は大きい．しかし，取引のシステムが根底から変わり，後述する「中抜き」と言われる流通構造の大変革によって支店の立地も減少し，卸売業そのもの

を見直さなければならない状況にさえある．

　それに対して，サービス系の支店は伸びる傾向にある．情報サービス業は20世紀末から伸びてきたが，21世紀に入ってからも伸び続けている．広告業，専門サービス業，物品賃貸業の支店も増加途上にある．飲食店の支店も昨今の食品ブームの中で大きく増加している．医療，社会福祉・介護事業，教育・学習支援業の支店は急速に進む高齢化社会を反映して激増と言えるほどの増加である．ただし，この産業分野には会社組織ではなく財団などによる法人が多い分野であったのだが，2016年経済センサスではこれらも会社として数えるようになったため急増した側面を考慮する必要があろう．

　こうしてみると，成長期のように物的財貨の販売（モノ消費）のために支店を開設し営業マンが販売を担うという意味での支店経済の影響力は少なくなった．それに変わって，支店もサービス業系の産業（コト消費）にシフトし始めている．画一的な物的財貨の販売支配力からソフト系の知識，デザイン，創造性へと地域が発揮しうる領域は広がりつつあると見てよい．支店経済を札幌の潜在力が問われる時代にしていくことが求められている．

（4）　新たな経済基盤への変化の底流

　戦後札幌の経済の成長は，大量生産・大量消費に適合的な地域経済を構築することによって進められてきた．東京などに本社機能をもつ複数地域事業部制をとる大企業は札幌に支店を次々に展開し，物的財貨を道内隅々にまで販売した．それはまた，豊かさを追求する消費者の消費欲求に応えたものであった．供給サイドでは農産物や海産物の大量生産に対応する消費財を大量に供給した．運輸業や大手の銀行支店もそうした地域経済システムに相似する形で展開された．こうして百万都市になった札幌には事業所サービス業のみならず，個人サービス業も加速度的に集積した．

　こうしたシステムを基盤に成長してきた札幌経済は，バブル経済の崩壊を境に大きく変貌を遂げることになった．札幌経済の1990年代は世界や日本の経済システムの転換に規定されながら変貌していった．

変貌を規定するキーワードの第1は，グローバリゼーションである．日本経済はフルセット型産業構造[29]をもった経済であり，国内でモノづくりや消費などの経済機能を地域的分業によって統合するシステムであった．特にモノづくりの立地変化を説明する理論としてプロダクト・サイクル論[30]があるが，この理論が1990年代に日本企業の中国進出と結びついた時，「地域経済の空洞化」が大きな論点となった．北海道への工場誘致の流れが止まると同時に，札幌および周辺地域の工場展開に少なからぬ影響を与え始めた．

　第2は，ハード経済からソフト経済への産業構造の転換および知識基盤経済の成長である．周辺地域への生産要素の投入という工業を基盤にした札幌圏経済の構築は実現困難となり，それに代わってITやコンテンツ産業，医療・福祉というニュービジネスの成長可能性が生まれた．これらのニュービジネスは都市型サービス業が多く，3大都市圏以外では地方の大都市，特に北海道ではそうした産業が一定程度集積している札幌に集中した．

　第3は企業システムの転換である．日本の大企業の特徴であるあらゆる経営資源を1つの垂直的組織システムに統合し，それに対応した多数の地域事業部（支店等）を展開するという企業システム[31]が1990年代から大きく変わり始めた．部・課制から柔軟なチーム制を採る大企業が現れ，部門ごと，製品ごとに分社化し，営業成績が効率的でない地域の支店を統廃合したり独立させたりする企業が生まれてきた．札幌支店の減少もそうした企業システムの変化と密接に結びついている．

　第4は流通構造の大きな変化である．PCという分散的情報処理機器の一般化によって市場の細分化や結合が容易になり，ビジネスと消費者のあり方も大きく変わった．流通構造の変化も情報処理技術の革新に規定されている．大企業が生産した画一的な量産品を大手商社が卸し，さらに地元の小規模な卸売業者など複数の流通段階を経て大手スーパーマーケットで大量販売するという伝統的な流通システムは21世紀に入って大きな変化を経験している．

　すなわち「中抜き」という，供給業者と購入者の間の中間業者をバイパスし，安価な商品を提供する商形態が伸びている．「中抜き」は様々な形態で

進んでいるが，PC を活用した電子商取引（electric commerce）[32] の普及はその代表的なものであろう．電子商取引には BtoB（企業間電子取引）と BtoC（消費者向け電子取引）があるが，経済産業省によると，2017 年の前者の市場規模は 317.2 兆円（EC 化率 29.6％），後者は 16.5 兆円（同 5.8％：小売・サービス業）としている．さらに，通信・カタログ販売や農産物の直販なども従来型の商業取引のあり方に影響を与えている[33]．

　札幌における「中抜き」取引の統計資料は現在のところないが，人口増加中の札幌の商業販売額の動向から推察することは可能である．札幌の卸売販売額はバブル経済崩壊直後の 1993 年に 10.7 兆円を記録したが，2002 年に 8.0 兆円，2016 年に 7.7 兆円へと大きく減少している．また，小売販売額も 1993 年の 2.3 兆円が 2016 年の 2.3 兆円へと横ばい状況である．

　第 5 は，消費者のライフスタイルの変化により，百貨店などで買い物を楽しんだり，商店街でコミュニケーションをしながら買い物をするスタイルからコンビニや宅配ビジネスを利用するなどの購買形態へ，さらにインターネット通販へと購買形態の多様化が進みつつある．

6.　内発性に富んだ成熟都市へ

（1）　地域ブランドとしての札幌

　地域ブランドとしての札幌および北海道の評価はこうした調査が行われるようになった高度成長期から非常に高い．各種の調査や札幌市の世論調査によると，札幌に愛着を感じる人の割合は他の都市より高く，降雪や寒さの厳しくない都市の人々から見れば信じられないかも知れないが，定住性志向は高く，現在の学生においても，生まれ故郷の田舎には帰りたくなくても札幌で就職し永住したいと考える人は決して少なくない．

　筆者のように温暖な地域の出身者から見ると，確かに寒く長く降雪の多い冬という条件は居住にはマイナスではあるが，200 万都市でありながら，車で少し郊外に行くと緑豊かな農村風景が拡がり，湿気は少なく，人々はおお

らかで転入者を容易に迎え入れる気質などは札幌という都市を好きになる条件である。

　札幌市教育委員会が編集した『札幌人気質』によると，札幌人の共通項として，1. 図太くおっとり，おおらか，鷹揚な性格だが，対人関係においては大雑把で繊細な気配りが足りず，計画性も弱い。2. 厳しい自然の生活から，他人との交わりを不可欠としたため，他人を信ずる，他人に受け入れられる気質が生まれた。3. 目新しい物好きで進取の気質がある。4. 中央政府の補助金政策下で中央政府依存体質が形成されたが，「お上」を信用しない気質と併存している[34]。

　1990年代に，筆者を含めた研究チームで全国の地方12都市（地域）を対象に「地方都市生活アンケート調査」を行ったことがある[35]。その1つが札幌であったが，「住んでみたい都市」として札幌は上位にランクされた都市であった。「洗練された都会的な都市」（50.0％）という札幌市民の評価は同じ地方中枢都市・福岡や仙台よりもかなり高く，「便利な都市」（68.3％）「活気ある都市」（48.5％）も福岡と同レベルであり，「緑の多い都市」（69.3％）は人口規模の小さい農村都市に匹敵していた。逆に，「変化に乏しく刺激の少ない都市」「保守的で新しいものを受け入れない都市」「個性のない都市」「さみしい都市」「若者の少ない都市」などどちらかといえばネガティブな評価項目は極めて低かった（1割以下）。

　21世紀を迎え，地球環境変化とも関連して冬の自然状況は少しずつ変化している。産業の業種や立地条件，インフラの整備状況も変わりつつあり，支店のあり方も様変わりした。高齢化社会が進む中で世代も変わった。しかし，札幌という都市のブランド評価は変わっていない。

　ブランド総合研究所が2006年から都市の魅力度調査を行い，毎年結果を公表している。その市区町村の部をみると，札幌は3位となっている[36]。2010-12年は1位であったので，ずっと上位のランクにあることは間違いない。このように，札幌は観光客など他地域の人々からみれば，魅力的で住んでみたいイメージの良い都市のトップクラスなのである。2018年から取り

組まれている「SDGs 未来都市」にも選定されている[37]．これからの札幌の
あり方を考える際に，こうしたイメージの良さをどう持続させるかが重要で
あると考えられる．

(2) 札幌の特徴を生かす持続可能な都市づくり

　札幌は開基以来 150 年余りの新しい都市である．戦前は未開拓で中央政府
直轄の政治・行政都市であったため，外来の資本や人材を取り入れることに
よって都市として発展してきた．そして，とりわけ 20 世紀後半の札幌の発
展は，戦前とは異なった形で中央政府依存と外来の機能の移入を基本として
進められてきた．小樽の機能を吸収し，東京に本社をもつ有名な量産メーカ
ーや卸売業，銀行に至るまで，大量販売の波に乗って次々と札幌に進出した．
20 世紀後半は右肩上がりの経済成長に伴って地域所得を上昇させ，開拓時
代の苦労を吹き飛ばしてしまうほど市民は「豊かさ」を経験した．道外から
移って来た人々の内発的な努力を過小評価することは出来ないが，まさに外
来型都市づくりによる成果の時代であった．

　しかし既に述べたように，21 世紀に向けて経済のあり方の変化とともに，
高度成長後半から見え始めていた外来型都市づくりの問題点が大きく浮かび
上がってきた．そこでまず，これまで形成されてきた札幌という都市で評価
できる点，あるいは札幌という街の品格[38] について幾つかあげておこう．

　第 1 は，自然的条件である．札幌は石狩平野の真ん中に位置し，周辺には
広大な農村が拡がっており，いわば農村と共存した大都市なのである．地下
鉄の終点から車で 10〜20 分行くと畑作や米作地帯の景観が市民の目をなご
ませてくれる．毎年数メートルに達する降雪がある 100 万都市は世界でも札
幌だけであり，観光も含めて道外の人々から，そして最近ではアジアの人々
からあこがれの地の 1 つとなっている．

　第 2 は古い因習にとらわれない自由な雰囲気をもつ都市である．封建時代
に端を発する身分制度の名残もなく，古いコミュニティの煩わしい付き合い
は余りない．誰もが先祖代々の「地の人」ではないため，地域外から移り住

む人に対して寛容であり，よそ者に対する受容性が高い．3年住んだらさっぽろっ子なのである．札幌が好きだと感じている人々にとってこうした開放性は住み心地の良さに通じている．

　第3は，札幌の市街地は「上から」つくられた人為的なものであるが，碁盤の目の都市づくりを基本としたモダン都市である．東西に延びる大通りと南北に延びる駅前通を軸とした都心部に都市機能が集積した．この通りが交差する地点の1〜2キロ円周内には企業や銀行が集積している．またそこには全国でも特別な意味をもつ道内の第1次産業の中枢機能（ホクレンや漁連）も集積している．道庁，札幌市役所とともに北海道の各種行政を統括する中央政府の出先機関も集積した．経済機能だけでなくこの地区には美術館や植物園など文化や教育に関する施設機能も集積し，北海道大学の広大なキャンパスもここに拡がっている．

　雪国であるため，都心部から離れた住宅地には瓦屋根の住宅ではなく，古くはカラフルなトタン屋根や，新しくは防寒を第1に考えた北欧風の住宅が建ち並び，道外の住宅地とは一風異なった住宅地の状況である．最近では無落雪住宅も多くなっている．住宅地内の道路も道外のそれより広いが，それも冬期の雪による道路幅減少への対応である．

　このように，都市機能と農村景観とが一定空間の中に併存しており，自由で開放性の高い都市——それが札幌の特徴なのである．しかし，そこには都市としてのサステイナビリティを問い直さざるを得ないような課題もある．都心部の企業や銀行は東京発の日本を代表する大企業や都市銀行の支店であり，札幌の成長の要因はこれによる大量販売の拠点としての機能によるものであった．大手ゼネコンの支店や中央政府の出先機関も「北海道開発」を進めるための公共事業に関わる事業が多くを占めていた．したがって経済面での内発的発展ではなかったのである．

　21世紀の現在，街を歩いてみると大きく変化しているのがわかる．東京発の大企業や都市銀行支店の名を刻んだビルや看板がめっきり減少している．支店の撤退や統合，支店機能の再編成などの結果であるが，それに代わって，

ソフト産業系や経済のグローバル化を反映したアルファベットだけの看板などが目立つようになった．流通構造の変化も大量販売に基づく経済のあり方に変化を求めている．経済のサステイナビリティ（持続性）のためにはそれに代わる道内企業を中心にした新しい産業の成長が求められている．

　そうした新しい産業の成長は多面的に追求される必要があるが，一方では道内の第1次産業と連携し，移出・輸出と地域内経済循環とのバランスの上に立って様々な食関連プロジェクトをオール北海道で展開することが求められ，他方ではIT産業やコンテンツ産業のようなソフト系産業の成長に重点を置くことも重要であろう．そのためには札幌の自由な気風を生かし，札幌発の内発的な人材の活用を図ることが求められる．

　国立社会保障・人口問題研究所の2013年推計によると，2015年頃から札幌の人口は減少に入ると推計されていたが，2018年推計では人口減少時期は先延ばしとの推計となった．人口の自然減少は続く一方で，農山村部では魅力ある雇用先の創出が困難で，そのために予想以上に札幌への社会増加が見込まれるからである．統計がないため正確なことは言えないが，札幌に居住する息子達が，農山村部などで一人暮らしを強いられている高齢の親を呼び寄せるケースも少なからずあると言われる．しかし，人口縮小は世代間の問題も含むため札幌市もいずれ人口縮小地域になると予想される．今後の札幌を構想するには成長よりも持続性，外部からの資本導入よりも札幌が蓄積してきた資源や人を生かした内発性に重点を移した発展方向を見通すことが大事である．

　高度成長期以降の札幌圏の外延的拡大と並行して，都心部の人口は一貫して減少していたが，2000年に入って一転して都心部人口の増加が顕著になってきた．早くから宅地開発が行われてきた地域では，高齢者の中心部への移転や空き家，売り家が目立つようになった．

　図3-9をみて頂きたい．中央区の人口は1990年までは減少だが，それ以降はずっと増加している．他の9区のうち7区は漸増だが，その増加数は極めてわずかである．そして南区と厚別区は既に減少している．

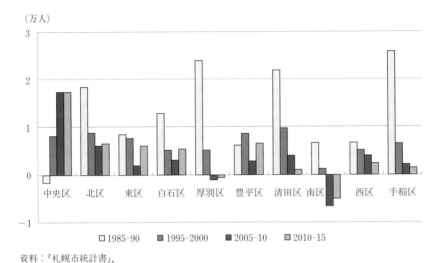

（万人）

凡例：□ 1985-90　■ 1995-2000　■ 2005-10　■ 2010-15

資料：『札幌市統計書』.

図 3-9　札幌市の区別人口の変化

　札幌市内外の交通網は，東京圏や大阪圏のように JR の環状線と複数の私鉄線で都市内交通及び周辺都市部が結ばれるという交通システムではない．道路については 2 本の高速道路（道央自動車道，札樽自動車道），2 本の環状道路（内環状線，外環状線），新千歳空港及び苫小牧港，石狩湾新港，小樽港を結ぶ 3 本の連携道路，13 本の放射道路で骨格道路網が形成されている．鉄道（JR 北海道）は札幌−千歳空港の千歳線と釧路・帯広−札幌−小樽の函館本線，札沼線（学園都市線）が主要路線である．札幌市内の交通は 3 本の地下鉄を基本にバス交通と市電が補足的交通手段となっている．特に，市電に関しては一時廃止の声もあったが，市電見直しの世論の後押しもあり，2015 年 12 月に西 4 丁目〜狸小路〜すすきの間を新設・ループ化して開業し復活した．

　2019 年現在，都心部は再編真っ只中にある．商業施設の新しいビルへの建設，高度成長期につくられた公共施設や民間のホテル，オフィスなどの新築が進んでいるが[39]，そうした都心改造が，成長路線で駆け抜けてきた過去

の発展の型と異なった今後の人口や産業配置に合致した成熟都市の姿を見せるか否かが問われている．

　寒冷地ということもあって札幌にはスラム街やドヤ街は形成されなかったが，他の大都市と比べて全般的に所得は低い．市内には約7千人（2016年：北海道労働局）の季節労働者がおり，生活保護家庭の割合が相対的に高く（3.8‰），かつてのアパートでの母娘餓死事件に見られるように，一見普通の庶民に見える一部の家庭・人々に問題が集中して現れている．

　これまで札幌の住みやすさであった開放性とフランクな人間関係も，少子・高齢化社会を迎えて，新しいタイプの絆づくりに基づくコミュニティの強化が求められる．

　札幌と他の北海道諸地域とは経済的・社会的・文化的にも落差は余りにも大きい．しかし，北海道は面積的にも広大であるが，津軽海峡を隔てた「島」空間という点では共通しており，行政的にも1つの広域単位となっている．札幌はそうした広域の単核の中心都市なのである．したがって，第1次産業においては道内諸地域と札幌の高次機能という資源を生かすようネットワーキングし，他方，都市型産業においては，札幌の中に存在する内発的諸要素と道外とのネットワーキングによって札幌をさらに複合的な高次機能をもった都市として発展させていく方向が望まれる．

　2018年末，内閣府によって，東京一極集中を排し，地域全体の活性化を進めることを目的に東京圏以外の都市を対象に「中枢中核都市」82市が制定された．北海道では札幌市，旭川市，函館市の3市が選定されている．しかし，次章でも述べるように，旭川市と函館市は既に人口縮小であり，これらの都市を含め道内一円から人口の札幌一極集中は全く止まっていない現状にある．こうした対策が実効あるものになるには，「持続性」「内発性」をキーワードに，これまでの成長路線とは異なった発展方向を模索する以外にはないと考えられる．

注

1) 本章の第1, 2節は, 筆者が21世紀を目前に執筆した『地域システムと産業ネットワーク』法律文化社, 1999年, 第3章に依拠している.

2) 同じように, 先進国へのキャッチアップをめざして国づくりを進めた韓国も全く同様な課題を抱えていることは偶然ではない. 韓国の人口は, 1970年代には3千万人強であったが, 現在は5千万人を超えた. ソウルへの人口集中率は2割を上回り, 6特別都市への人口集中率は5割近くに達する. しかも, 高齢化率, 人口減少の進み方も日本と同じ傾向にあると推定されている.

3) 小樽市『小樽市史』第10巻, 24-26頁. 上口大輔「札幌市における金融機能の集中過程」『北海道地理』No. 81, 2006年7月. 衣川恵「小樽市のまちづくりと中心市街地活性化策」鹿児島国際大学『地域総合研究』37巻1号, 2009年.

4) 千歳市や南幌町はまだ人口増の傾向にあるが, 増加数はわずかであり, しかもその要因は失われることが予想される.

5) 2章で述べたが, 北海道の人口は経済の成長期には道外への移動数が増加し, 停滞期には減少する. こうした人口移動の傾向は札幌を経由して現れているために, 「札幌ダム論」と呼ばれてきた.

6) 主要8都市とは, 旭川市, 函館市, 釧路市, 帯広市, 北見市, 室蘭市, 小樽市, 苫小牧市をさす. なお, 本書では特に断らない限り, 北海道における地方中核都市とは, この8市のうち前5市をさしている.

7) 道立総合経済研究所「北海道商工経済研究」第10号, 1972および北海道商工指導センター「北海道卸売業の現状と課題」1984などを参照. なお, 高次卸売機能・低次卸売機能とは, 一言でいえば, メーカーに近い卸売機能を高次卸売機能と言い, より消費者に近い卸売機能を低次卸売機能という. 生産から消費への流れの中での機能のことを称しているため高次とか低次は必ずしも重要性による区分ではない.

8) 大量消費時代において, 札幌は製品マーケティングにおける代表的な製品テスト都市であった.

9) 21世紀に入って統計データが大きく変化した. 特にそれまではサービス業は第3次産業の中で別の項目であったが, 第3次産業を分類し直したため, 高度成長期のデータとの一貫性をもたせるためにはかなり煩雑な組み替え作業が必要とされる. したがって, ここでは高度成長期の統計書に基づくデータで解説した. 最近のデータに基づく分析は次節で行っている.

10) 髙原・平澤「ソフト化社会における札幌市の支店企業の活動実態」1988年, 中川・平澤「第3回札幌支店企業の活動実態」1993年, 髙原・平澤「第4回札幌支店企業の活動に関する実態調査」1998年. この調査は札幌商工会議所と連携して行ったものである.
　なお, この箇所の叙述は髙原一隆『地域システムと産業ネットワーク』法律文化社, 1999年, 71-88頁, および平澤享輔「第6回札幌支店企業動向調査(1)」

『札幌学院大学経済論集』1号，2010年3月に依拠している．

11) 北海道銀行「『札幌一極集中』を考える」『季刊経済観測』1991年1月，同「『札幌一極集中』を考える PART II」1992年12月．

12) 筆者は1989年末に，バブルは近々破綻する，事業として継続しうるのは，地域の土地やシステムを活用したリゾート事業に限られる，というメッセージを込めて書いたことがあるが，当時は誰にも気にとめられなかった．高原一隆（菊池和明）「地域経済とリゾート計画」『経済』1990年1月号．

13) 2014年に増田寛也編『地方消滅』中公新書，が出版され，この中で若年女性減少率が5割を超える896自治体を「消滅可能性都市」に当たるという実名入りのセンセーショナルなキャッチフレーズが衝撃を与えた．この中で「人口ダム論」が提起されているが，それは，東京に人口を流出させないために，各圏域の中心都市に人口を受け入れる「人口ダム」の役割を果たさせるという論点である．これは「札幌ダム論」と多くの点で論点が重なっている．

14) 小林好宏『北海道の経済と開発　論点と課題』北海道大学出版会，2010年，第3章3節．

15) 推計値はその時の社会の基本的動向を念頭において算定するため，社会状況の変化によって推計値も変わりうる．2013年に公表された推計結果は，2020年から札幌市の人口は減少するというものであった．したがって，ここで述べた推計数値は，将来の札幌を考察する参考と考えておかれたい．

16) 都市型産業にはサービス系以外の産業も含むため，都市型サービス業と表記したが，都市型産業の多くはサービス業系の産業であることを考慮した．都市型産業について経済辞典では次の定義をしている．「都市の利点を十分に吸収し，不利益を克服する資質と能力を持つ故に，都市に立地することが有利でかつ適切だとされる産業．高付加価値，情報多投入，強い企業関連性，高い土地生産性，非公害型等を特徴とする．」金森・荒・森口編『経済辞典』第4版，有斐閣．また，この定義は知識産業の定義と微妙に重なると考えてよい．

17) ここでの売上高や従業員数のデータは「北海道ITレポート2017」によるものである．このレポートは「道内に事業所を有し，IT産業を営んでいると推察される854事業所を対象に調査票を郵送し，200社から回答を得た」結果であるため，実際はもっと多いと推察される．ただし，主要なIT企業はほとんど回答しているようであり，回収率が23.4%なので実際の売上金額等は4倍になるとは言えない．

18) 吉野忠男「サッポロバレーの盛衰」『大阪経大論集』6巻6号，2013年3月，203頁．

19) 札幌市には「コールセンター・バックオフィス立地促進補助金制度」があるが，例えば20人以上の新規事業所が立地した場合，1,000万円を限度として正社員1人当たり50万円助成，他の常用雇用者には10万円の助成をするなどの助成内容である．

20) ニッセイ基礎研究所，不動産レポート 2014 年 2 月 18 日．

21) VOCALOID とは，ヤマハの公式サイトによると，ヤマハが開発した歌声合成技術およびその応用ソフトウェアのことであり，音符と歌詞を入力するだけで歌手がいなくても歌声を作り出せるシステムのことをいう．音楽をパソコンで創作するプロデューサー（愛好家）達が，自分の音楽に合わせてボーカリストを選び歌わせる，そうしたソフトである．

22) クリプトン・フューチャー・メディア㈱は 1995 年に設立され，札幌市中央区に所在し，音楽制作ソフトの開発・販売などのビジネスを行っている会社である．

23) 柴那典『初音ミクはなぜ世界を変えたのか？』太田出版，2014 年．

24) Creative Cities Network．これは，ユネスコが 2004 年にクリエイティビティやカルチャーの分野で世界的な交流を支援する枠組みを創設したプロジェクトである．文学，映画，音楽，クラフト＆フォークアート，デザイン，メディアアーツ，食文化（ガストロノミー）の 7 分野を設定しているが，札幌の加盟はそのうちのメディアアーツで認められた．

　　2019 年現在，7 分野に加盟している世界の都市は 246 都市，日本では各分野に 9 都市が加盟している．メディアアーツ分野では札幌と旭川を含め 17 都市である．

25) メディアアーツ都市・札幌への経過，その事業内容，意義については，武邑光裕「北海道札幌市　トランスメディアとしての創造都市－メディアアーツ都市の創造経済」ccn-j.net/activity/pdf/ad16fa0c23a0423c33eco121de7bbe7.pdf

26) パソコンの CG とプロジェクターを使い，物体や建物空間などに映像を映し出す技術のこと．

27) 日本政策投資銀行（DBJ）北海道支店，経済ミニレポート No. 4，2014 年 3 月．それに対して，神戸のスイーツ業者のそれは 20％ である．なお，この結果は北海道の菓子メーカー 17 社，神戸の 16 社によるものである．

28) 日野正輝は支店経済による地方都市の成長を 1990 年代以降の大手メーカーの組織再編と関連づけて述べている．日野正輝「日本における支店集積による都市成長の限界と今後の方向性」『地域のシステムと都市のシステム』古今書院，2007 年．また，平澤享輔「第 6 回 札幌支店企業動向調査(1)」『札幌学院大学経済論集』創刊号，2010 年 3 月は，札幌における支店企業調査に基づいて，上掲，日野論文の提起を証明している．

29) フルセットとは，輸入した原材料を最終加工に至るまで国内で生産することを意味している．日本経済は 1990 年代に至るまで国内に多様な生産が存在し，それが循環することによって成長軌道を維持することができたと言われる．

30) プロダクトサイクル論とは，技術や市場確保の点でリスクの大きい新製品の開発と生産はまず中心国で始められるが，リスクが克服され製品が成熟化ししていくと次第に多の先進国さらには発展途上国でも生産されるようになる．このように，製品の成熟度に応じて生産される国がシフトしていく現象を説明する理論である．

31)　20世紀型企業のあり方を経営史的観点から明らかにしたのは A.D. チャンドラーである．チャンドラーは，複数の異なる事業単位から構成され，俸給による専門的経営者をトップにもつ階層的経営組織によって経営されることを挙げている．A.D. チャンドラー（鳥羽・小林訳）『経営者の時代』東洋経済新報社，1979 年．

32)　経済産業省による定義は以下の通りである．「『コンピュータ・ネットワーク・システムを介して商取引が行われ，かつその成約金額が補足されるもの』ここで電子商取引（EC）とは，『経済主体間での財の商業的移転に関わる，受発注者間の物品，サービス，情報，金銭の交換』をさす」．なおこの取引定義にはインターネット技術の範囲によって広義と狭義の 2 通りがあるとしている．経済産業省「平成 24 年度我が国情報経済社会における基盤整備」（電子商取引に関する市場調査），経済産業省 News Release，平成 25 年 9 月 27 日．

33)　公益法人・日本通信販売協会によると，2012 年の市場規模は約 5.4 兆円と推計している．また，シードプランニングによる農産物直販の調査（農業 IT 化の市場規模）によると，農産物直販 POS システム，農業クラウドサービス，農業関連電子機器などで 66 億円とし，2020 年には 580〜600 億円になると推計している．

34)　札幌市教育委員会編『札幌人気質』北海道新聞社，2001 年．林心平『札幌はなぜ日本人が住みたい街 No.1 なのか』柏艪社，2007 年．

35)　鰺坂学・高原一隆編『地方都市の比較研究』法律文化社，1999 年，巻末，共通資料．

36)　ちなみに，この調査では 1 位が函館，4 位が小樽，7 位が富良野となっており，北海道の都市がベストテンに 4 都市も入っており，都道府県ランキングでも北海道はトップなのである．「第 13 回地域ブランド調査 2018」㈱ブランド総合研究所．

37)　SDGs とは，国連が目標としている Sustainable Development Goals の略称である．その目標に合わせてそれぞれの都市がその達成のために提案した都市を内閣府が選定している．2018 年から始まり，この年は 29 都市が選定された．

38)　「都市格」「地域格」という概念は 1990 年代にキーワードとなった．宮本憲一は「安全，健康，福祉を中心に経済が安定し，文化の香りのある美しい景観をもち市民参加によって自治のある街が都市格が高い」と述べている．宮本憲一『都市政策の思想と現実』有斐閣，1999 年．

　　同年の日下公人他編『品格なくして地域なし』晶文社，1999 年では，自立性，歴史性，非人為性（自然の流れ），思い入れを地域の品格の条件としている．

39)　高層ビル建設を軸とする再開発計画は市内の幾つかで進んでいるが，例えば札幌駅前再開発では，2029 年完成予定をめざす最高 50 階級の大型複合ビル建設プロジェクトが始まっている．北海道新幹線の札幌延伸（2030 年度）を睨みホテル，オフィス，商業施設などの入居が予定されている．『日経新聞』2019 年 11 月 12 日付．

第 4 章

北海道の地方都市

1. 北海道の都市と地方中核都市

(1) 北海道の都市分布

　北海道は道外とは異なって，国土面積の 2 割以上を占めるにもかかわらず 1 道 1 県制をとっている．高度成長期には 212 自治体があり，そのうち都市は 34，平成の大合併を経て自治体数は 179，合併によって生まれた都市があるため都市数は 35 となった．

　35 都市は札幌のある道央地域に重心が大きくかかっているものの，地域的には多様に分散配置している．その配置状況を見たものが図 4-1 である．一般に北海道は道央，道南，道東，道北の 4 地域に分けて論じられる．さらに，道東は十勝地域を別個に設定する場合が多いし，オホーツク地域を別に分ける場合がある．いずれも風土，気候や文化などの点で独自性があるという理由に基づく．

　図に見られるように，道央は札幌市および小樽市そして札幌への通勤圏にある石狩市，江別市，北広島市，恵庭市，千歳市の 7 都市で構成され，7 市で北海道人口の 44.2% を占めている．

　道北の都市は 6 都市である．道北の人口の約半数は旭川市民であるが，宅地開発にともなって旭川に隣接する 2 町の人口はわずかに増加している．旭川市を軸に最北端の都市・稚内市およびその沿線に士別市，名寄市そして日本海側には留萌市，中心部に農村観光都市・富良野市がある．旭川市は人口

色の濃い地域が都市
●印は道庁所在地

資料：『都市データパック』東洋経済新報社，2018年度版．

図 4-1　北海道都市の地理的位置

34万人台を維持し，稚内市も 3.6 万であるが，他の 4 都市のうち 3 市はいずれも人口 2 万人台，1 市は 1.9 万人である．

　道東の都市は 6 都市であるが，中心都市は太平洋岸に面した釧路市である．釧路市への通勤者の町として釧路町（人口 2 万人を超えていたが，現在は 1.9 万人）が隣接する．道東の東端には北洋漁業基地であった根室市があるが，既に人口は 3 万人を下回っている．道東を構成するオホーツク地域には北見市というオホーツク地域の経済機能の中心都市があり，この地域の行政機能の中心である網走市そしてその北側には紋別市がある．この海域は 2 月

に流氷が流れ着く地域として知られている．また十勝地域は大土地所有制度が見られず，歴史的にも他地域と異なっていたために，独立独歩の精神が強く独特の気風をもった地域であり，道東に位置するが，釧路・根室地域とは異なった分け方をする場合が少なくない．中心都市は帯広市で十勝地域の人口の過半を占め，宅地開発にともなって人口が増加し現在は横這いの音更町（約 4.5 万人）がある．19 市町村は互いにライバルであると同時に，十勝という地域単位で強い団結力がある．人々はこれを「十勝ナショナリズム」と呼んでいる．平成の大合併の際も十勝地域内では合併はしなかった．

　道南は 2 都市であり，後述する函館市と宅地開発により函館から外延化して人口を増加させた北斗市からなる．道南地域は渡島半島とほぼ重なるが，函館とその周辺地域以外は過疎化が進んでおり，2 都市の人口は道南の人口の 7 割を占めている．

　かつての産炭地域が位置する空知地域には札幌と旭川市の中間に位置する10 都市がある．この地域は道央地域に区分されるが，そのうち 5 都市は旧産炭都市[1)]でいずれも人口が極端に少なくなっている都市である．うち 2 都市は 1 万人台で，3 都市は 1 万人以下である．そのうち夕張市は 2007 年に財政再建団体（法改正により財政再生団体）となり都市としての発展が見通せない状況にあり，歌志内市は人口 3 千人台で，日本で最少人口の都市となっている．他の 5 都市は直接には閉山の影響を受けていないか影響が少ない都市であるが，いずれも農村都市で深川市は人口 2.1 万人である．滝川市は4.1 万人で一定の都市機能の集積がある．砂川市は 1.7 万人，炭鉱もあった美唄市は 2.2 万人である．この地域の最大都市は人口 8.3 万人弱の岩見沢市で空知地域の中心機能を集積している都市である．

　千歳空港から噴火湾沿いにかけては 4 都市が位置しており，北海道のモノづくり機能にとって重要な地域である．北海道では降雪も少なく最も温暖な気候である．室蘭市は北海道の鉄鋼産業の発祥地であり，高度成長期から現在まで「鉄の町」として北海道の重工業を担ってきた都市であり，日本製鉄室蘭工場と日本製鋼所室蘭工場を核とした「鉄の町」である．しかし，最高

時16万人の人口は現在8.6万人強にまで減少し，2010-15年に6千人減少するなど人口減少は続いている．苫小牧市は高度成長期には西部開発地域（苫西）に重工業等が集積したが，ポスト高度成長期に撤退した主要工業もあり，東部開発地域（苫東）も工場立地が進んでいない．しかし苫小牧及び周辺の千歳の工業団地には一定の自動車関連産業が集積するなど，北海道では最も工業力を維持しており，人口も減少していない．第2章でも述べたように，千歳市から苫小牧市そして大手製紙工場がある白老町から室蘭に至る地域は北海道の工業地帯を形成している．この地域には登別市という温泉都市として全国的にも名高い都市があり，また，伊達市は温暖な気候を売りに他地域から人を引き寄せる政策を積極的にすすめるなどして人口の減少幅は比較的小さい．

　広域的に位置する都市にとって交通によるネットワークとりわけ札幌一極集中の経済にあって札幌そして東京との交通ネットワークは地方都市にとって大変重要である．しかしこの時間距離は道外の人にとっては理解しがたいほど長い．

　例えば札幌と道北との交通を考えてみよう．札幌と第2の都市・旭川市の距離は136.8km（鉄道換算），東京－水戸間よりも遠い．ただ，この間の交通ネットワークは比較的充実している．札幌－旭川のJRは31往復あり，特急と快速がほぼ30分おきに発着しており，乗車時間は約80分である．札幌から旭川に異動になったサラリーマンや公務員はこの交通手段を利用する場合が多い．札幌－旭川の航空便はないが，旭川－東京の航空便は8往復ある．しかし旭川より北の稚内に行くとなると時間距離は相当長くなる．札幌－（旭川）－稚内の距離は422.1km，JRの本数は特急1日往復3便で約5時間かかる．札幌－稚内の航空便は1日2便である．また札幌－稚内のバス便は1日6便であるが，6時間近くかかる．

　北海道縦貫自動車道が旭川の北に位置する剣淵町まで開通しており，札幌－旭川は2時間弱で到達するが，稚内までだとそこから3時間以上かかる．もっとも国道の混雑はほとんどなく，無駄な公共事業という意見もある．

万事がこうした時間距離のネットワークであるため，主要都市である釧路市，函館市，北見市との交通も長時間かかる．主要都市からさらに遠距離の根室市，網走市，留萌市への交通ネットワークとなると，公共交通の便数は極端に少なくなるが，自動車道の整備もかなり進んできたことにより，長距離の公共交通は減便などの影響を被っている．

(2) 北海道の地方中核都市

表 4-1 は札幌市を除く 34 都市の人口分布を示したものである．地方自治法によれば，都市の要件として人口 5 万人以上という規定があるが，2004 年の合併特例法以来，人口 3 万人以上が事実上の都市の要件となっている．これによれば 34 都市のうち 14 都市はその要件を充たしていないことになる．

人口 10 万人以上の都市は 8 都市であるが，札幌に連担する 2 都市及び苫小牧市を除く 5 都市が道内広域圏の中心都市と言える．道外においては，○○県の県都は県域レベルの中枢機能を集積している地方中核都市と定義される．しかし北海道では 1 道 1 県制のため北海道内の広域圏の中心都市を地方中核都市と定義することが適当である．それが 5 都市であり，道北－旭川市，道東－釧路市，道南－函館市，オホーツク－北見市，十勝－帯広市がそれに該当する．

本書ではこれら 5 都市を念頭に叙述

表 4-1 北海道 34 都市の人口分布状況 (2018 年)

人口規模	都市数	備考
10 万人以上	8	旭川市　34.0 万人 函館市　26.3 万人 釧路市　17.2 万人 帯広市　16.8 万人 北見市　11.9 万人 　　　　等
5～10 万人	6	室蘭市　8.6 万人 千歳市　9.7 万人 岩見沢市　8.3 万人 　　　　等
3～5 万人	6	登別市　4.9 万人 滝川市　4.1 万人 網走市　3.6 万人 音更町　4.5 万人 　　　　等
1～3 万人	11	富良野市　2.2 万人 名寄市　2.9 万人 根室市　2.7 万人 留萌市　2.2 万人 　　　　等
1 万人以下	3	歌志内市　0.3 万人
計	34	

注：1) 札幌市を除く．
　　2) 音更町は市ではない．

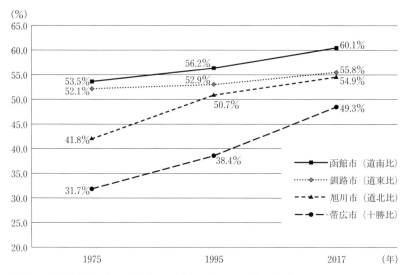

注：1) 道北：上川総合振興局，宗谷総合振興局，留萌総合振興局.
　　道南：渡島総合振興局，檜山総合振興局.
　　道東：釧路総合振興局，根室振興局.
　　十勝：十勝総合振興局.
　2) 「国勢調査」，2017 年は「住民基本台帳」.

図 4-2　域内における地方中核都市の人口集中度

を進めていこう．これら 5 都市は，高度成長期に自都市の人口増加だけでなく，札幌や道外（東京）へは転出超過であるが，それぞれの圏域から人口を吸収することによって，それぞれの圏域において人口面から圧倒的優位となり，1990 年代には圏域の中で 4～5 割以上の人口を集中していた．21 世紀に入り，これら諸都市の人口は減少傾向に入ったが，圏域人口がそれ以上に減少しているため，図 4-2 に示したように，逆に地方中核都市への集中率は高まっている．

①函館市

　函館市は戦前から北海道の主要都市であり，人口は 20 万人を超えていた．高度成長とともに人口は漸増し，1973 年に隣接する亀田市（当時人口約 5

万人）と合併し 1975 年には 30 万人を超えた．そして 1980 年には函館史上もっとも多い人口 320,154 人を記録した．その後は 28 万人台にまで減少し，2004 年に周辺 3 町 1 村と合併して 29.4 万人台まで回復するが，2015 年の国勢調査人口は 265,979 人となり，人口減少は続いている．

道内で少子・高齢化がもっとも進んでいる都市の 1 つで，21 世紀に入った 15 年間に 15 歳未満人口比は 12.9% → 10.2%，15〜64 歳人口比は 67.1% → 57.4% へと減少し，65 歳以上の高齢者人口比は 19.9% → 32.4% へと増加した．

②旭川市

旭川市は戦前は人口 10 万人以下の地方都市にすぎなかったが，高度成長初期には 20 万都市となった．1960 年代には周辺自治体との合併を行い，大量消費の経済が進む中で一気に 30 万人都市へと成長し，1980 年代半ばには 36.5 万人と最も多い人口を記録した．しかしその後は人口漸減傾向となり，2017 年には 34 万人強の人口となった．ただ，隣接する 2 町の人口が増加しており，減少幅は函館，釧路より少ない．

③釧路市

釧路市も戦前は人口 10 万人以下の「漁師町」であった．昭和の大合併を経て人口は増加し，高度成長が始まる頃には 20 万人近くの人口を記録し，1983 年には釧路で最高の人口 228,245 人（住民基本台帳人口）となった．しかしその後は減少傾向が続き，2005 年の 2 町との合併によっても 20 万人の人口を維持することが出来ず，現在は 18 万人を割り込んでいる．また，少子・高齢化も進んでおり，2017 年の 15 歳未満人口比率は 10.9%，15〜64 歳比率は 57.4%，65 歳以上比率は 31.7% となっている．

高度成長前期には釧路市への転入超過が多く自然増加も多かった．しかし，オイルショック，200 カイリ制以降人口の社会減が現在まで続いている．自然増減についても，増加幅は縮小し 2004 年には自然減となった．既に，

1980 年代から釧路市の人口減少が始まり，現在もその傾向が続いている．自然減少幅はじわじわと拡大しており，社会減少と合わせて毎年 2 千人程度の人口減少が続き，函館と同様に市域全体が過疎地域となっている．

①～③の 3 都市の人口の動きは次のように定式化できる．第 1 は高度成長期に人口の社会増加と自然増加の相乗によって人口増となったことである．第 2 に，いずれもポスト高度成長に人口の社会減に転じ，21 世紀に入る頃から自然減にもなり，都市人口がじわじわと減少していることである．特に，函館と釧路にみられるように，漁業関連業が地域の基盤産業であった都市の人口減少が顕著であることが注目されよう．

④帯広市

帯広市も戦前は 5 万人に届かない農村都市であった．昭和の合併などを経て高度成長前夜には 10 万人を超える人口となった．高度成長期に人口は増加し，1980 年代には 15 万人台，1990 年代には 17 万人台となり，1999 年に最高の約 17.5 万人を記録した．2000 年以降の人口は漸減であるが，2010 年以降も 16.8～16.9 万人で推移し比較的安定した人口である．

地方中核都市の中でも帯広市の人口は少し異なった動きがあるのが特徴である．帯広市も上述の地方中核都市と同様に，高度成長期に人口の社会増加と自然増加の相乗によって人口増となったが，上述の 3 都市と異なるのはポスト高度成長期の人口の動きである．上述の 3 都市は高度成長終焉とともに人口の社会減に転じ，21 世紀に入る頃から自然減にもなり都市人口がじわじわと減少している．それに対して帯広市の場合，1980 年代にも社会減にならず，1990 年代以降はわずかに社会減となっているが，1995・1996 年，2012・2013 年はわずかではあるが社会増加となっている．自然増減についても現在に至るまで自然増加の年が多く，2015 年は 351 人の自然減少にとどまっている．したがって上述したように，帯広市の人口減少幅は非常に少ないのである．

もちろん，帯広市も少子・高齢化の影響を受けているし，札幌や道外に移

動する人々もいる．宅地開発などによって最高 4.6 万人を記録した音更町は，帯広圏の人口増の受け皿地域となってきたが，しかしこの町も 2011 年を境に減少に転じた．しかし他の地方都市のそれと異なる傾向をもっていることは，十勝地域の発展に資するだけでなく，北海道における地域発展の方向－内発的発展の 1 つの型を示しているように思われる．

（3）　地方中核都市の成長を支えた産業と経済
①伝統的な産業基盤

　それぞれの都市が成長するには時代に対応する基盤産業が必要である．地方中核都市に成長した 4 都市はそれぞれ固有の産業基盤をもって成長してきた．ここで言う固有の産業とは，都市が生まれ発展してきた基盤産業のことである．これら産業の中には，当該都市の発展に大きく貢献してきたが，現在は衰退してしまっていたり，産業として存立していないものもある．逆に高度成長とともに成長していった産業もある．

　それは函館市では青函輸送，造船業，北洋漁業及び観光産業である．釧路市では漁業・水産加工業，石炭鉱業，紙・パルプ工業，港湾業である．旭川市では食品加工業，家具・木工業，紙・パルプ工業である．帯広市では農業及び農産関連業である．以後，高度成長期以降の産業（特に誘致工業）にも触れながら，これら 4 都市の基盤産業の成長－衰退と都市の特徴とを見ていくが，詳しくは 2 節以降函館市と旭川市を代表させて見ることにして，ここでは 4 都市の成長に共通した要因を見ておこう．それは本書でもしばしば触れてきた大量生産・大量消費の経済システムと密接に関係するが，消費都市としての成長という側面である．

　高度成長期における地方中核都市は供給サイドの経済成長というより需要サイドつまり大量消費によって成長した面が強い．後述するように，これら 4 都市では高度成長期に，伝統的な基盤（移出）産業の衰退が始まり，新たな基盤（移出）産業の成長が十分に見いだし得ないまま現在に至っているといっても過言ではないのである．大量消費による地方中核都市の成長を最も

良く表現しているのは卸売業の成長とその担い手である支店・営業所経済の
展開である.

②大量消費と地方中核都市の支店

商業活動はメーカーから消費者までの商品やサービスの流通活動を媒介す
る役割をもつ.商業は卸売業と小売業に大別されるが,小売業は直接消費者
への販売を行う業態なので,その活動は基本的には消費者の数に規定される.
他方,卸売業(中間業者,問屋,商社など)はメーカーと小売店を媒介する
業態であり,特定の立地点を拠点にすることによって大量のビジネスが成り
立ち得る都市立地型産業である.

卸売業の中でもメーカーに近いものが高次卸売機能,消費者に近いものを
低次卸売機能と言うが,日本のようにメーカー本社の多くが東京に集中して
いる場合,北海道各地への販売は次のようなルートを通る.生産された商品
を道外の大手卸売業(商社)または道内の卸売業が広域地方圏の大都市・札
幌に販売機能を集中する.1980年代の事例によると,高次卸売である元卸
はほぼ7割(そのうち7割が道外商社)が札幌に卸され,中間卸,最終卸を
経て小売業に販売される形態であった.元卸の段階から地方中核都市に卸さ
れる割合は高くなく,最終卸の段階で地方中核都市を経由する割合が増加す
るという傾向をもっていた.

つまり地方中核都市の卸売業は,道内で生産される商品を除き,東京本社
の指示により量産品を札幌に卸し,札幌以外の地域についてはそれぞれの圏
域の地方中核都市の卸売業を通して小売店に販売されるというルートであっ
た.1982年の例によると,最終卸の50%強は札幌を経由するが,地方中核
都市を経由する販売額は2割に達していた.1991年の統計によると,札幌
の卸売販売額は北海道のそれの60.1%であったが,函館は全道の販売額の
4.9%,旭川は7.1%,釧路は4.4%,帯広は4.1%にすぎなかった.しかし,
それぞれの圏域における4都市の販売額割合は極めて高く,ほぼ7〜8割を
占めていた.

札幌の数値と同様に，1991年を境に，流通構造の変化により「中抜き」と言われる現象が一般化してくる中で，地方中核都市の卸売業販売額は減少傾向をたどっている．旭川では1991年から2016年に1兆2,700億円から6,300億円，函館は8,700億円から4,500億円，釧路は7,500億円から3,400億円，帯広は7,200億円から3,900億円へと販売額は激減した．ただ，それぞれの圏域における卸売販売額が減少しているため，地方中核都市の販売額シェアは横ばい状況となっている．

　大量消費を実現する機能は上述の卸売業に加えて，経済的に大きな役割を果たしたのは支店・営業所（支店と略記）である．高度成長期に地方都市にも支店が次々に開設され，支店を媒介機能としてとりわけ消費財を道内隅々にまできめ細かく販売するルートを形成した．この点において，先に述べた地方中核都市の低次卸売機能が相対的に多いことと密接に関係している．

　地方都市の支店がどのようなシステムで販売していたかという実態については数字的な資料はないが，各都市の商工会議所の協力により筆者を含めた研究チームで1989-93年に道内の地方中核3都市（旭川，釧路，帯広）の支店活動の実態を明らかにしたことがある．ここでその実態調査結果を要約することによって，地方都市の消費都市化への過程の一端を述べてみたい[2]．

　まず第1に，これら支店の本社の7〜8割は東京（圏）と札幌に立地しており，ここから東京本社企業の支店の地方都市展開と札幌の道内では大手の札幌本社の元卸企業の支店の地方都市展開が中心をなしていることが窺われる．第2は，札幌支店が高度成長前期に集中して開設しているのに対して，これら都市での開設は高度成長期の後半であることである．第3は，これら支店の機能の大半は受注・販売であり，大量販売とそれに付随するサービスや情報収集に活動の重点が置かれていたことがわかる．第4は，3市の支店の販売エリアがそれぞれの圏域と重なっていることである．第5は，3市の支店が東京の本社や札幌の本・支店の管轄下で販売活動を進めていたことである．

　大量消費時代の地方都市の成長が大都市の大企業の販売システムの一環を

担ういわば需要サイドの成長に基盤をもっていたことが理解できよう．同時にそのことは，特に画一的な量産品の大量消費の波が引くと，次世代の産業が育っていないために地域経済に大きな課題を残すことになった．さらに21世紀に入って流通構造が大きく変化し消費拡大を担ってきた営業職が過剰となり，市民の労働・生活基盤も大きく変わることになった．

2. 海洋の地方中核都市－函館－

第2章で述べたように，函館は最も早くから発展し，戦前は北海道最大の人口を抱える都市であった．戦後は高度成長とともに32万人に達したこともあるが，それ以降は合併によっても人口は30万人以上には回復せず，2014年には過疎地域に指定されるなど，現在は26万人台にとどまり，人口減少がとまる兆しは見えていない．

函館経済の成長を支えてきた船舶輸送に伴う経済効果，母船式の大型漁業※は既に消滅し，造船業や大手系列だった工場も成長軌道が十分に見いだせていない．北海道新幹線効果も期待されたが，同時期のイカの大不漁が町の経済に影を落としている．それらに代わって，経済の枠組みのハイブリッド化により，時代に対応した新しいタイプの経済とまちづくりが期待され，少しずつではあるが進みつつある．

(1) 函館の基盤産業－その衰退・停滞と発展の見通し－

①青函輸送

戦後函館の基盤産業は主要には船舶輸送，漁業，造船であった．船舶輸送は言うまでもなく青函航路による貨物・旅客の輸送が中心である．戦前から北海道への玄関口として青函航路は発展を遂げてきたが，戦後高度成長とともに国鉄の航路として著しい発展を遂げた．1971年には貨物輸送が最高（855万㌧）に達し，1973年には旅客の最高（約500万人）を記録した．1日7～8便（廃止直前の時刻表）航行し，旧国鉄関連事業や雇用などは函館

174

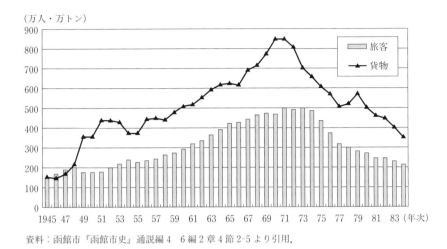

（万人・万トン）

資料：函館市『函館市史』通説編 4　6 編 2 章 4 節 2-5 より引用.

図 4-3　連絡船の年間輸送状況

経済に大きな経済効果をもたらしていた.

　しかし，オイルショックとともに貨物・旅客は急減し，戦前と同じ 200 万人にまで減少した．航空輸送による北海道旅行が急増し，貨物もフェリー・トラック輸送が主流となったためである．1987 年に国鉄の分割民営化とともに連絡船廃止が決定され，青函トンネルの完成間近であったため連絡船は 1 年間だけ JR に引き継がれることとなった.

　廃止にともなう影響について，函館市は 510 億円の減少との試算をしたが，この金額は当時の函館の市民所得が約 5,000 億円であったから，その 1 割強に当たるものであった[3]．1988 年 3 月 13 日最後の就航を終えて青函連絡船は廃業となった．多くの経済効果をもたらした青函航路であったが，廃止とともに JR 津軽海峡線が本州との交通手段となり，函館は札幌への通過交通地域という性格をもたざるをえなくなった.

　連絡船廃止以降，津軽海峡線も本州との交通において少なからぬ役割を果たしてきたが，乗客数は余り伸びないまま北海道新幹線が開通した．そして在来の JR 函館駅は新幹線駅から外れて通過交通都市となり，新幹線による

経済効果さえ享受できる状況にはない.

②造船・電子デバイス製造業

　2つ目は造船や誘致した大手メーカーの工場であるが，特に造船は機械組立型産業が弱い北海道にあって基盤産業としての役割を果たしてきた数少ない例である．しかし，造船も高度成長が終わった時点から函館の基盤産業としての地位を失いつつあり，必死の経営努力にもかかわらず新たな成長軌道に乗り切れていない．電子・デバイス工場も変転をくり返し，安定した生産体制とは言い難い.

　函館の機械工業なかんずく船舶工業の中心にあったのは函館どつく株式会社である．この造船会社の前身は1896年創業の函館船渠株式会社である．本社はずっと函館であったが，戦後東京に本社を移転させ，1951年には函館ドックに社名変更した．高度成長そして日本の造船業の発展とともに売上高を伸ばし，1976年には545億円という最高売上を記録した．従業員数も1974年に最も多い3,488人となった．造船業の特殊性のため最高売上高とオイルショックの時期にズレがあるが，事実上1973年のオイルショックを境に営業成績は暗転する．最高売上高の年に既に3億円の損失を計上，1977年には売上高は一挙に390億円に急減し，損失額は138億円，従業員数も3千人を大きく下回った（2,764人）．債務超過額は膨らみ，1980年には株式上場を廃止した.

　1950年代の函館には他の中小造船会社があったが，いずれも，函館ドックの下請けになったり他の機械製造業に転身していたため，函館ドックの経営危機は函館地域経済に深刻な影響をもたらした．雇用面で見ると，1977-79年に函館職業安定所では2,231名の離職者（下請けを含む）を扱っていた．そして造船業関連の協同組合の企業数・従業員数は1978年の78社・2,260人が1986年には47社・995人へと減少した．また，これら下請け企業を含む市内の関連中小企業のそれは，同時期に441社から147社へと激減し，発注額も同期間に65億円から30億円へと減少した[4]．工業統計表によると，

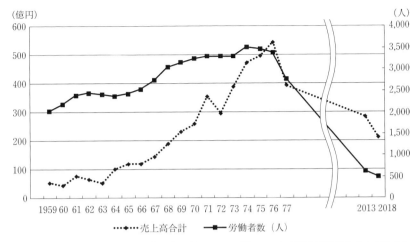

（億円）　　　　　　　　　　　　　　　　　　　　　　　　　　（人）

資料：『函館市史』デジタル版，第 4 巻 6 編，349-443 頁，344-349 頁及び函館ドツク HP をも
　　とに作成，

図 4-4　函館ドックの経営状況の推移

1975 年の一般機械と輸送用機械製造業の出荷額割合は 33.3％・5,146 人であ
ったが，1988 年には 9.8％・1,858 人へと減少した．

　1985 年に来島ドックに吸収されるが（社名を函館どつくに変更），来島ド
ックの経営危機により来島グループから離脱し，その後は自主再建の道を歩
んでいる．21 世紀に入って再び本社を函館に移転し，2009 年には室蘭の楢
崎造船㈱を吸収合併した．この造船会社が漁船や観光船など小型船製造のノ
ウハウをもっていたからである．

　現在，函館どつく株式会社の売上高（2018 年）は約 204 億円，2019 年の
従業員数は 500 人（うち函館造船所は 432 人，室蘭製作所は 63 人），協力会
社従業員は 626 人となっている．2016 年の経済センサスによると，秘匿数
字があるため完全な数字ではないが，函館の一般機械（汎用機械，生産用機
械，業務用機械）と輸送用機器器具の製造業総出荷額に占める割合は 16.5％
を占め，函館の金属製品製造業と一般機械を加えると函館の製造業出荷額の
1/4 を占めていると考えられる．このような造船業など機械組立製造業のモ

ノづくり力のノウハウをどのように普及させ，産業連関させていくか，その
コーディネート力が問われている．

　函館どつく株式会社が設立以来120年超の老舗企業の大手であるのに対し
て，高度成長期に函館地区に立地した大手メーカー系の準老舗企業がある．
その1つが変転を繰り返して現在㈱ジェイデバイス函館地区（工場）となっ
ている工場である．この企業は1970年に神奈川県にて日立釜屋電子として
操業開始し，1973年に函館（七飯町）に進出した．1977年に日立の100％
子会社：日函電子と名称変更し，1982年に㈱日立北海セミコンダクターと
なった．一時は従業員600名以上が働いており，函館どつくの売上を上回る
ほどであったが，その後業績が低迷し，2003年にはルネサスエレクトロニ
クスと合併してルネサス北日本セミコンダクタ㈱，そして2013年には，ル
ネサスエレクトロニクスが後工程5)工場の売却を決定したのを受けて，同年
6月に㈱ジェイデバイスに譲渡された．2015年に㈱ジェイデバイス函館地
区6)が発足し，2016年には宮城，会津の工場を閉鎖し，製造ラインを増設

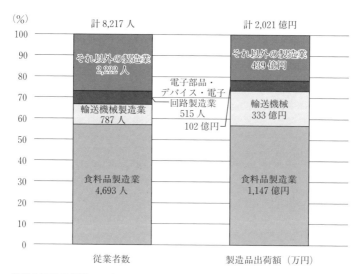

図4-5　函館市の工業（2016年）

して従業員 260 名で半導体の生産を行なっている．グローバリゼーションが進む中で，工場の存亡を含めて予断を許さない状況にある．

　こうした産業構造の変化に函館市や経済界も手をこまぬいていたわけではない．1983 年のテクノポリス法により函館テクノポリス計画が承認され（1984 年），当時の 1 市 3 町（函館市，大野町及び上磯町－この 2 町は合併して現在北斗市），七飯町）あげて函館臨空工業団地，函館テクノパーク，隣接する北斗市のテクノポリス上磯工業団地などに工場誘致を進めた．その結果，函館臨空工業団地（56.9ha）には東京に本社がある日本電波工業系の水晶振動子などを生産している函館エヌ・ディー・ケイ，金属検出器や検査機器などを生産する日新電子工業㈱函館事業所，携帯電話の端末部品の発光に差別化された技術をもつ㈱セコニック電子，一部上場企業のタカノ（本社：長野県），カードなど大量のデータ処理技術をもつ㈱インテリジェントウェーブ函館事業所，函館に本社を構え省力化機器，精密加工品などを生産する㈱メディック（135 名），ユニークな企業としてハムソーセージ製造の㈱函館カールサイモン（60 名）など 12 区画（社）が立地した．IT 関連企業など研究開発型企業の立地を目指している函館テクノパーク（6.5ha）は道立工業技術センターと産業支援センターに隣接して造成され，地元発の中小企業など IT サービスやデザイン関連の 13 社が立地している．2017 年には AI 関連の企業も立地した．ゆったりした進捗であったが，立地は進み，工場団地内の就業人口は大きく増加し，函館の雇用拡大に貢献してきた．

　しかし，21 世紀にさしかかる頃から，これら熟練度を余り要しない量産型の工場は大きな再編過程に入った．とりわけ電子部品・デバイス・電子回路製造や電気機器製造工場の浮沈は激しい．その例が日立系の工場から㈱ジェイデバイス函館地区へと変転を遂げた工場である．

③北洋漁業基地

　基盤産業に影響を及ぼした 3 つ目は漁業とりわけ北洋漁業の発展と終焉であり，加えて 2016 年以降のイカ漁などの極端な不漁が現在の函館経済に打

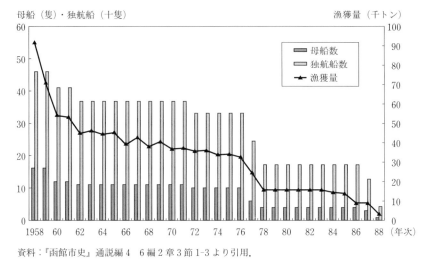

母船（隻）・独航船（十隻）　　　　　　　　　　　　　　　　漁獲量（千トン）

資料：『函館市史』通説編4　6編2章3節1-3より引用.

図4-6　母船式サケ・マス漁業の推移

撃を与えている．戦後，函館は母船式サケ・マス漁業の基地となり，1952・53年の試験操業を経て1954年から本格操業が始まり，1977年の200カイリ経済水域設定による影響を経て1988年に至る34年間にわたり地域の基盤産業として函館経済を潤すことになった[7]．図4-6に示したように，1回の母船団の規模は極めて大きい．漁獲量も数万㌧に達する．また，200カイリ制設定までの時期に北洋漁業向け地元物資調達額（漁網漁具，空きカン，食料など生活必需品，燃料など）は30～70億円に達していた．母船式サケ・マス漁業の代表的企業である日魯漁業㈱は最盛期の1965年に函館支社だけでも420名の従業員を抱えていた．

　しかしそうした函館を基地とする北洋漁業も，1977年になってアメリカ，ソ連による200カイリ制の実施にともない，新たな国際漁業秩序が要請されることによって根本的な変化を迫られることになった．図4-6によると，1978年から母船式サケ・マス漁業の母船，独航船数が急減し，それにともない漁獲量も大きく減少していることが読み取れる．また，北洋漁業向け地元物資調達額も同年から30億円を下回るようになった．上述したように，

日魯漁業㈱の函館支社も事務所に降格となり，1985 年には職員数も 10 名となった．こうして 1988 年には函館を基地とする母船式漁業は終焉を迎えたが，同年 5 月の『北海道新聞』は，旧ソ連水域での繰り返される違反操業問題，200 カイリの目先の対応に追われて漁業の大局的な方向を見失ったこと，1 匹でも多くという世界の流れに遅れた対応を厳しく指摘していた[8]．この記事は，函館経済の基盤産業として持続的な漁業のあり方を厳しく問い直すという点で重要である．本書の問題意識である地域経済におけるネットワークの構築にこうした指摘を再度問い直してみることが大事ではないだろうか．

　いずれにせよ，200 カイリ規制を境に大量生産型の北洋漁業は終焉の道をたどり，函館経済は大きな打撃を受けた．

①沿岸漁業（イカ漁，昆布漁）

　母船式漁業は終焉したが，漁業が喪失したわけではない．母船式漁業の経済効果の影に隠れていたが沿岸の中小漁業は持続的に行われていた．北洋漁業の水揚げ金額にはとても太刀打ちできないが，限りある水産資源を活用し，付加価値を高めて地元に還元する地域内経済循環の道を追求することはこれからの函館経済にとって重要である．

　函館市の現在の漁業はすべて沿岸漁業と言ってよい．2016 年以降の極端な不漁が続いている時期であるが，函館市の 2017 年漁獲量は約 3.6 万㌧，漁獲金額は 188.9 億円である．イカが 8,280 ㌧，52.0 億円，コンブが 3,829 ㌧，67.7 億円で，イカは漁獲量のずっとトップを保持している．イカとコンブの漁獲金額は函館の漁獲金額の 63.3% を占めている．

　漁獲とともに函館経済にとって重要なのは水産加工及び両者を仲介する水産卸業である．函館市の製造業出荷額は道内で第 6 位の 2,021.5 億円であるが，そのうち食料品製造業が 1,147.0 億円で市内製造業出荷額の 56.7% を占めている．しかもこの金額は札幌市に続いて第 2 位なのである．56 社で構成されている函館特産食品工業協同組合（1958 年設立）は 500 億円の売上がある．函館市水産物地方卸売市場では生鮮魚，塩干品，冷凍品が 2～3 万

ﾄﾝ・160～170 億円が取り扱われており，漁業－水産卸－加工業者が複合的
に事業を展開することによって町の賑わいにも貢献してきた．

　函館にはイカ釣り船に代表されるイカ資源とイカソーメンに代表される
様々なイカ加工品・イカ料理がある．函館で漁獲されるイカの大半はスルメ
イカであり，道内でも断然トップの漁獲を誇っている．日本の食事や酒のつ
まみ（さきいか，燻製，松前漬け，イカソーメン，イカ飯，塩辛等）として
重宝され，全国的に市場を獲得してきた函館名物である．

　全国的にも北海道地域においても漁獲は漸減傾向にあるが，函館において
も例外ではない．函館のイカ漁も 10 年前までは 2～3 万ﾄﾝの漁獲があったが，
2014 年には 1 万ﾄﾝ台となり，2016 年には 8,258 ﾄﾝ（54.7 億円）という記録
的な不漁となった．イカ資源の単価も 200～300 円/ｷﾛで推移してきたが，損
益分岐点である 400 円/ｷﾛを大きく上回り 2016 年に一気に 779 円/ｷﾛとなっ
た．2017 年も前年より漁獲量がわずかに上回ったのにもかかわらず 647 円/
ｷﾛで取引されている[9]．

　漁業者も加工業者もこうした極端な不漁への対応に追われている．加工業

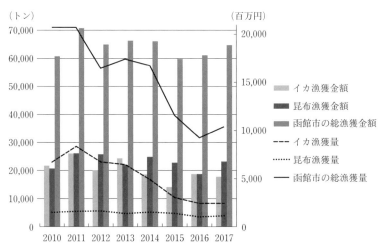

資料：函館市農林水産概要．

図 4-7　函館におけるイカ・昆布

者は輸入品へのシフトで動いており，イカの輸入は増加している．しかし，道外や海外（南米や中国）も不漁傾向であり，価格も 500〜600 円/㌔で国内と同様の高値が続いており，価格競争力も低下している．また，他の加工品へのシフト（刺身用ニシンのパック製品等）や北海道で余り漁獲されなかったブリの水揚げ増加及びその加工品の開発で凌ぐ動きもある[10]．

　函館のもう 1 つの代表的水産物であるコンブもイカほどではないが，漁獲の減少傾向が続いている．函館市のコンブ生産量は，合併前の南茅部町を中心に，2015 年まで水揚げ数量 5 千㌧前後，金額 70 億円前後で推移してきたが，2016 年には 3,433 ㌧，約 54.7 億円に急減した．

　スルメイカもコンブも函館における数量，金額は北海道内でも群を抜いてきたが，そうであるが故に，それら資源の漁獲の減少は函館の漁業，水産加工業，卸・小売業，水産関連サービス業そしてイカの街・函館イメージに大きな打撃を与えつつある．イカ加工品は長期の漁獲期間→冷凍保存→製造という期間を要するため，工業統計にはまだ表れていないが，現状で推移すれば，水産関連業の深刻な状況が統計数値上も明らかになるであろう．

⑤観光産業

　第 4 の基盤産業は観光である．函館には多くの観光資源がある．確たる証明があるわけではないが，世界 3 大夜景の 1 つと言われる，函館山から眺めた函館の夜景は非常に見応えがある．青函連絡船の発着場でもあった JR 函館駅−元町−ベイエリアと続く西部地区は京都・奈良と違ったレトロな雰囲気をもっている．少し北側に行くと明治維新ゆかりの戦場，星形の日本初の西洋式城郭の五稜郭があり，東には古くからの湯の川温泉がある．また，6 月〜12 月はイカ釣り船の漁火が見られる．

　豊富な観光資源を背景に，1989 年に国際観光都市宣言を行い，4 回にわたって「函館市観光基本計画」を策定するなど基盤産業としての観光に力を注いできた．各種の都市のイメージ調査等を見ると，国内では常に上位の評価を占めるなど「すてきな街」「行ってみたい町」としての評価は高い．

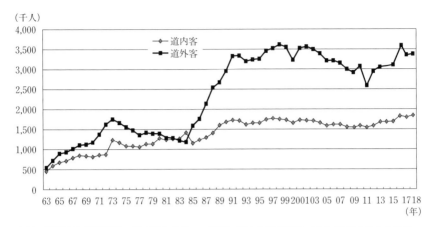

（千人）

資料：「新幹線函館駅開業に伴う観光産業への影響に関する調査報告」平成22年2月より引用.
　　2010年以降は「函館市観光客入込み数推計」函館市観光部観光企画課.

図4-8　函館観光入込客数の推移

　図4-8に見られるように，観光入込数はバブル経済の頃から急増し，2004
年までの十数年間は増加した観光客数（500万人以上）を維持してきたが，
それ以降10年間は400万人台にやや減少するが，2016年度には北海道新幹
線効果や増加傾向にある外国人観光客（インバウンド効果）により再び500
万人を超え過去最高の560.7万人となった．同年の宿泊客は65％に達して
おり，この割合の多さは函館への経済効果と密接に関係している．同年3月
の北海道新幹線開通により，JRによる入込み数は前年より40万人近く増加
した．2017年に道内外の観光客数はやや減少したのに対して，外国人の宿
泊者数はさらに増加し50万人を超えた．

　こうした観光客の動向は函館の経済に大きな効果をもたらしている．2006-
15年に函館市の観光消費額は1,000〜1,200億円，その波及効果を含めると
1,500〜1,700億円で推移してきた．2017年には観光消費額2,066億円，波及
効果を含めると3,078億円との推計値となっている[11]．また，これによる付
加価値は消費額の50％を上回る814億円，雇用効果は約1.6万人（2014年）
と推計されている．

2016年3月26日の北海道新幹線・青森－函館北斗間の開通は函館経済に一定の影響を及ぼしつつある．開通1年間の北海道への経済効果は約200億円という推計や350億円という推計結果が公表された[12]．こうした結果を見るまでもなく，函館経済において豊富な観光資源を背景に，観光はこれからも基盤産業の一環を構成するであろう．

（2） 基盤産業構築への課題

以上4つの基盤産業について述べてきた．いずれも函館の成長を支えてきた産業としては厳しい局面に遭遇している．

①製造業の構造転換

地域の経済界が総力を挙げて工場誘致活動を行った結果にもかかわらず現在のような厳しい状況になった理由は，誘致工場は余り高い熟練度が求められず雇用人員も多い電気・電子系の後工程分担する分工場であったことである．

それには大きく3つの理由がある．1つは，グローバリゼーションとりわけ途上国からの追い上げが激烈な分野であることである．造船業は日本の製造業のお家芸であったが，韓国や中国の激しい追い上げにあい成長軌道を見いだせない状況にある．函館ドックの紆余曲折もこうした状況の中で引き起こされてきた．

電子・デバイス分野も同様にグローバル競争下で激しい再編過程にある．函館工場で生産活動を行っている㈱ジェイデバイスは資本金51億円，4,500人の従業員を擁する大企業であるが，国内最大の半導体後工程受託会社であり，途上国などの工場と激しいコスト競争を強いられている．技術は先端技術，基盤技術そして組立技術の3つに大別されるが，組立技術は低い熟練度と短期の訓練期間で習得できる技術である．したがって，発展途上国で最も資本形成可能な技術分野であり，生産基盤の移転が容易であるという意味で途上国とのグローバル競争が最も激しい分野なのである．

２つ目は造船については技術や人材において蓄積があるのに対して，電子・デバイス製造部門は，これまで函館に技術的基盤のなかった分野だったことである．そのうち，前工程は高度な開発機能を要するが，後工程は高度な機能を要しない組立加工部門であり，後工程を担うべく函館に立地したのがこれら工場であった．函館には電気・電子製造分野の技術的蓄積がなく，後工程のコスト削減を目標とし，地域に技術，ノウハウ，人材を蓄積する戦略は持ち合わせていないのである．

　３つ目は雇用力は大きいが，分工場であるが故に，当該工場の生産や取引に関する決定権は持っていなかった．したがって，基本的には本社の意向で生産を行わざるを得ず，グローバリゼーションと企業の成長戦略との狭間で翻弄されることになったのである．

　製品にライフサイクルがあるように，産業にもプロダクトライフサイクルがある．そしてそのサイクルごとに立地地域が変化することを説明するプロダクトサイクル論がある．この理論は先進国の中心地域から縁辺地域へ，さらに後発の先進国から発展途上国へと生産の立地地点の変化を説明するものであるが，先進国の縁辺地域から発展途上地域への立地地点の移動はグローバリゼーションの過程そのものであるが，先進国における地域経済の発展方向に重要な視点を提供している．

　上述の立地地点の変化は法則的な必然と考えるならば，生産活動の継続が不可能にみえるかも知れないが，しかし，立地の変化によってそれまでの地域経済の成果を喪失させる側面だけでなく，次の地域経済の構造にいかに生かすかという課題が地域経済の持続性にとって極めて重要な視点となろう．つまり，高度成長の終焉によって衰退した漁業，造船業，運輸業の技術やノウハウ，人材を次の産業に継承させていくという課題である．そのために，改めて地域から産業を生成させる仕組み――内発的発展のシステム――を問い直してみることが重要なのである．これについては本書の最後で述べることにしよう．

②水産関連産業と海洋都市構想

　函館では 21 世紀に入って，地元主導型で「函館国際水産・海洋都市構想」（2003 年）を策定し，水産・海洋関連産業及び研究機関の集積を生かし，産・官・学連携による新たな函館の基盤産業構築に向けて動き始めている．2009 年にはそうしたプロジェクトを進める機関として(一般社団法人)函館国際水産・海洋都市推進機構を設立し，この構想の核となる複合的な研究機関として函館市が設置し，推進機構が指定管理者となって函館国際水産・海洋総合センターを 2014 年に開設した．そこには大学（北海道大学水産科学大学院など 3 研究センター，公立はこだて未来大学，函館高専），地方独立行政法人道立総合研究機構・水産試験場・研究開発型の企業（マリン IT，水産情報システム，藻場造成技術，魚礁開発，塗装システムなどコア技術やノウハウをもつ函館内外発の 6 社－2018 年現在），などが入居している．改めて函館発の水産・海洋の研究やビジネスが求められている．

　ガゴメコンブ関連製品の開発もこうした構想の中で生まれたものである．

　ガゴメコンブは文字通り昆布の仲間であるが，表面が凸凹担っているため「かごの目」→「ガゴメ」と呼ばれるようになったと言われるが，とろみ・ヌメリが特に強いコンブである．これにはアルギン酸やフコイダンなど水溶性粘性多糖類が多く含まれており，免疫力向上やウイルス抑制機能によって健康に良いとの研究結果もあって，ある種のブームになっている．もともとは漁師にとって厄介者でゴツゴツしていて食用にも不向きだとされていたものであった．

　ガゴメコンブの研究は，2003 年に都市エリア産官学連携促進事業（文部科学省）として始まったが，伝統的な函館の基盤産業の展望が描けない状況に替わって，ガゴメなど海洋資源によって地域産業の振興を図ることを目的としていた．その研究を担ったのは㈶函館地域産業振興財団（当時）[13] であった．この研究は 2009 年から「函館マリンバイオクラスター」[14] と名称を変え，ガゴメコンブ製品開発や様々な海洋資源の開発とビジネス化の拠点となっている．

この中でガゴメのライフサイクルから促成栽培や養殖も可能であることが明らかにされ，「資源を枯れさせない持続的発展には欠かすことができない」戦略的な海洋資源として研究され，食品や工業用原料の製品開発を行ってきた．「函館マリンバイオクラスター」の事業総括者の三浦汀介氏によると，クラスターへの参画企業は 119 社，開発された製品は 200 品目以上である．さらに，2003 年から開始された函館マリンバイオクラスターの効果は 10 年間で 220 億円（ガゴメ関連製品，加工・流通・パッケージ・デザイン等）の経済効果をもたらしたと試算している[15]．こうした資源をオール函館で産業クラスターを組織化する力が問われている．

　現状ではこうしたプロジェクトだけではかつての基盤産業構築にはほど遠いのであるが，地元での研究・ビジネスネットワークを基礎に地域外との広範なネットワークを創り上げることが第一歩となり得る．

　2011 年末に，国によって北海道フード・コンプレックス国際戦略総合特区が指定されたが，その地域の 1 つが函館地域である．指定の理由は水産・海洋研究の蓄積と豊富な水産資源（イカ，コンブ）の存在であり，函館の構想と関連しており，期待すべきプロジェクトではある．しかし，指定から 2 年以上経過した現在，国からの予算は調査や機器購入に限定されており，しかも，政権交代に伴い，総合特区も「国家戦略特区」の影に隠れて「失速」との見方もあるなど「上」からのプロジェクトは地元のニーズと必ずしも一致していない．

③北海道新幹線と観光

　観光のあり方も大きく変わっている．ツアーの形態や目的も個性化・多様化が進み，交通手段さえも多様になっている．外国人観光客の増加は続いている．北海道新幹線開業により JR の乗降客は増え，函館への観光客も増加し，過去最高の観光入込み数を記録した．ただ，現段階での終点である新函館北斗駅は函館市に位置するわけではなく，そのルートも函館市内を通過するわけではない．言わば通過交通である．開通後 2 年目には効果が大きく減

少した道外の新幹線開通地域の事例もある．現に新幹線開通1年後には，函館への観光客は6.4％減少し（524.7万人），うちJR利用の観光客は11.7％減少した．

観光経済はある大きなプロジェクトが成功することによって一気に経済が浮揚する効果があるのは事実であるが，同時に例えば地震などの災害というリスクによって大きく収縮することもあり得る．外国人観光客の増減もリスクになることもあり得る．

今後は，観光入込み数の増加と同時に，持続的な函館観光への戦略を念頭に置いた基盤産業にしていくことが求められよう．

多様になった交通機関をどのように生かすか，道南の景勝地とどのように観光連携を果たすか，ビジネスを含めた東北経済との連携をどのように強化し，観光に関わる様々な関連業種が連携し，それが異業種連携を生み，それらの複合的連携の中から観光産業のイノベーションが生まれていくのか，さらには2031年開業予定の札幌まで新幹線開通した時の効果に備えることも課題である．

「函館国際水産・海洋都市構想」や「函館マリンバイオクラスター」における知と科学の新しいまちづくりが進められようとしている現在，観光においてもかつての北海道の玄関口としての函館からどのように進化させて都市づくりを構想するのか，函館という都市の総合的なまちづくりが問われている．

3. 地方中核都市のバランスある経済－旭川－

旭川市は北海道における内陸開拓の拠点地域として発展してきた都市である．1900年に北の守りを固めるため陸軍第七師団が移住し，都市としての基礎固めが出来上がった．戦前，国策として生まれたパルプ工場は現在も旭川の地域経済を担っている．高度成長とともに地方中核都市として成長を続け，北海道第2の都市として1980年代には36万人を記録した．少子・高齢

化の中で人口は漸減しているが，北海道の中では産業のバランスが比較的とれている都市でもある．

(1) 旭川経済の質と量の基盤産業

　旭川市は，農業を除けば特定の産業を基盤に発展した都市ではない．あえて言えば屯田兵の入村そして上述した陸軍第七師団の移住（1901 年）の意味が大きい．8,700 人余りの人口が翌年一挙に 1 万 3,400 人弱に増加したことが影響の大きさを物語っている．歴史的に軍都・旭川といわれてきたのはそうした経過を踏まえてのことである．

　経済基盤の形成という点では，第七師団の移住とともに，その建物建設や家具づくり（当時は珍しかった洋風の機能家具：テーブルなど）のために大工や木工職人が移住し，それが旭川の伝統的な地域産業となって今日に至っている．また，1938 年には文字通りの国策会社として国策パルプ工業㈱が設立され，現在の旭川市の製造業基盤の 1 つとなっている．いずれも後背の豊富で質の良い木材資源を目的とした自然資源立地型工業であった．

　旭川市は戦後直後人口 10 万人を超え，1955-71 年に 6 町村と合併して人口 30 万人を超えた．さらにバブル経済の中で道北一円の農村人口を引き寄せることによって 1986 年には最高の 36.5 万人を記録し，道内第 2 の都市としての地位を確立した．地域経済の基盤になってきた主要産業について述べよう．

①旭川の農業－米作と都市型農業－

　北海道農政事務所旭川センター調べによると，2017 年の市内の主要農作物生産額は約 133.6 億円である．「あさひかわの農業」（旭川市－2018 年度）[16]によると，2015 年の農家数（販売農家）は 1,133 戸（総農家数は 1,431）で，平成に入って 4 半世紀間に 1/3 程度にまで減少している．基幹的農業従事者は 2,124 人であるがそのうち 65 歳以上が半数以上（51.1％）を占めており，後継者ありとする農家は 144 戸に過ぎない．農家は借地などを通じて規模拡

大を進め，1経営体当たりの経営耕地面積は 11.2ha にまで拡大している．ただ，農業経営に積極的な指標の1つである認定農業者[17]は 830 人と増加している．

　旭川市の農業生産の中心は水稲である．水稲の 2017 年の生産量は 37,500 トン，生産額は 76.1 億円で，生産量では稲作・畑作合計の 36.1%，生産金額では 74.3% を占めており，この傾向はここ 20 年来余り変わっていない．新潟と米生産の1位と2位を争う北海道内で旭川の米の作付面積は2位，収穫量は1位なのである．また品質においても，食味ランキング[18]特 A のゆめぴりか，ななつぼし，A のきらら 397 のブランド米が出荷の大半を占める質の高い産地となっている．60kg 換算で 62.5 万個の生産量のうち約 3/4 以上の 48.4 万個が農協を通して出荷されている．

　水稲以外の旭川市の農業生産は典型的な都市近郊型農業として野菜などは多品種少量生産されている．生産量では牧草を除く畑作物（野菜や甜菜など）は 1/4 を占め，生産額では米と野菜（15.4%）で9割を占める．もう一方の畜産であるが，2017 年の畜産物生産額は 31.2 億円，そのうち酪農はわずかで養豚（4割強）肉牛（3割強）が7割を超えている．

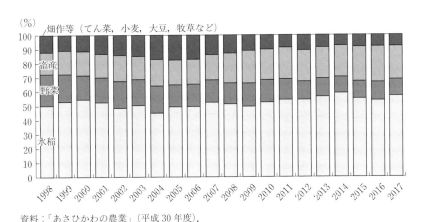

資料：「あさひかわの農業」（平成 30 年度）．

図 4-9　旭川の農業生産額の推移

②旭川の製造業

　〈概観〉

　2016年経済センサス・工業統計によれば，旭川市の製造業出荷額は約2,156.4億円で道内第6位である．389事業所（4人以上）で従業員は9,185人である[19]．後述するように，規模の大きい工場をもつ事業所は少なく従業員30人以上の事業所は74であるが，4人以上の製造業事業所の出荷額の約3/4を占める．

　道内の他地域と同様に，製造業では食料品製造業が最も多く，製造業出荷額のうち32.9%を占める．パルプ・紙・紙加工品製造業（パルプと略記）が続いており，この2業種で出荷額のほぼ半分を占めている．また，現在ではずっと減少傾向にあるが，資源立地型工業として発展してきた言わば伝統産業として家具・装備品製造業（家具と略記），木材・木材加工品製造業

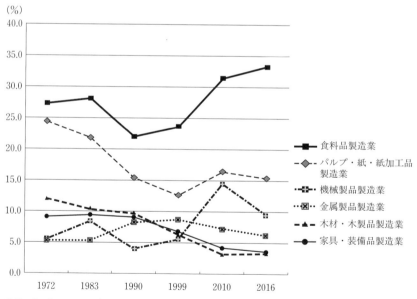

資料：「工業統計表」及び「経済センサス」．
注：「機械製品製造業」には秘匿数字を含む．

図4-10　旭川市の主要工業出荷額割合の推移

（木材加工と略記）は，従業員の質は高いが，出荷額では製造業の1割を大きく下回る状況となっている．後述するが，金属加工業も一部に注目される企業もあるが，1割以下の出荷額に留まっている．なお，戦後ずっと立地している東芝系の電子・デバイス製造業など機械系事業所の出荷額がパルプと合わせると2割近くを占めるが，統計上秘匿数値が多いため正確に表記することは難しい．

〈量の基盤産業：パルプ，電子・デバイス製造〉

旭川市の工業製品出荷額は北海道で第6位であるが，量的な側面で域経済に大きな影響を与えている産業は食料品製造と紙・パ製造である．現在の日本製紙北海道工場旭川事業所は，1938年に文字通り国策として設立された．戦後，上述の国策パルプと山口県に拠点のあった山陽パルプが合併し1972年に山陽国策パルプとなった．この工場の住所名であるパルプ町が示すように，旭川の産業に大きな影響を与えてきたパルプ工場城下町であり，その恩恵と同時に，パルプ産の再編の波に洗われてきた．1993年に十條製紙と合併して日本製紙となり，現在は勇払工場と白老工場と統合し北海道工場旭川事業所として操業している．製紙工場はこれまでもそして今後も様々な再編の動きが出てくると予想され，総合バイオマス産業として旭川に経営基盤をもちうるかどうかの岐路に立っていると言える．2018年には従業員も3工場合わせて683名，紙生産81.4万㌧と減少傾向にある．2016年の工業統計によれば，パルプ製造8社，従業員344名，出荷額335.7億円となっている．現在のパルプ製造8社の市内総出荷額に占める割合は15.6％にとどまっている．グローバル競争が激しい産業分野でコストプレッシャーが強いが，旭川に占める工業出荷額の割合は現在も食料品工業に次ぐ地位をもっているだけに，その帰趨は地域経済に大きな影響を及ぼす．ここにグローバル時代の既存大工場立地が抱える問題がある．

他に比較的規模の大きい工場として東芝ホクト電子㈱がある．プリントヘッドやプリント配線板など電子デバイスを生産しており，2017年のグループ連結の売上は147.7億円（旭川の工場は120億円程度－推定），従業員数

256 人で，旭川市の製造業出荷額の 5〜6％ を占める．「東芝の電子部品事業を担う会社」として電球を生産する東芝旭川工場として 1945 年に設立された．現在の会社名になったのは 1993 年である．旭川市には本社（東京にも本社）と工場があり，タイには東芝ホクト電子タイ社がある．市内にはこの工場の傘下で営業している売上 12.8 億円，116 人のホクトサービス㈱もある．

〈食品加工業〉

旭川で操業している工場の多くは「中小」に属する企業である．食料品工業はその代表的なものであり，事業所数は 82，その工場の雇用者（4 人以上）は 3,339 人，出荷額は 709.9 億円で，旭川の製造業就業者（36.4％），出荷額（32.9％）ともに 1/3 程度の経済力を保持している．

加工の原料資源は地元産だけのものではないが，都市型農業生産から生み出される多様な野菜類，根菜類生産に対応して，大規模ではないが，工夫しブランドを押しだした農産加工（一部海産加工もある）が行なわれている．味噌や豆菓子など豆加工品，和洋菓子類，総菜，酒，旭川ラーメンの生地，ブランド米の少量セット販売など農産物を原料とする食品加工が多い．しかも，地元から生まれた小さな企業と札幌や道外に本社をもつ中堅企業とが市内で操業することによる効果は農家，様々な中間財業者，食品卸売業者などにも及んでいる．現在は萌芽的な段階ではあるが，これら企業が食品加工協議会などに集い，産消協働[20]の実践を試みており，いきなり大きな効果は期待できないかも知れないが，足腰の強い地域経済に向けた可能性をもっている．

②質の基盤産業：家具，木工

周知のように，旭川は家具産地として歴史的にも人材的にも資源的[21]にも地域経済の基盤を形成している．旭川家具工業協同組合 HP によると，「旭川家具とは一流企業のブランド名ではなく，旭川市と東川町及び東神楽町など近郊地域に存在するメーカーが製造する家具を総称するブランド名」[22]であって，国内外の関係者や消費者にとってはブランド力をもった産

地として知られる．日本の家具5大産地の1つである．

　しかし，旭川を席巻する出荷額だったかと言えば必ずしもそうではない．前掲図4-10を見て頂きたい．出荷額がまだ多かった1990年の家具製造業は約281億円で旭川市の製造業出荷額の1割近いシェアであった．しかしその後金額・シェアともに減少傾向にあり，2016年は37社，従業員730名，出荷額58.5億円（2.7%）という現状である．しかし，付加価値率は47.9%で非常に高いのが特徴である．もっとも北海道内の多くの産地がそうであるように，関連する木材・木製品製造業，販売に関わる卸・小売業，運送業，デザイン事務所などのサービス業などを含めると，量的にも経済効果としては決して無視し得ない産業であることは間違いない．

　冒頭で述べたように，家具製造は軍都・旭川の発展とともに展開してきたのであるが，戦争による中断後，関係者の熱意と努力そして高度成長とともに重厚で高級家具の産地として全国にその名が知られるようになった．1957年に現在の家具工業協同組合（前身は1949年の家具事業協同組合）の設立とともに婚礼家具を中心に積極的に道外進出を果たしていった．しかし，1980年代に入ると，住宅様式の変化（タンスからクローゼットへ，造作の収納へ）等により婚礼家具需要が急減し，それにバブル経済が拍車をかけ，1980年代後半には次々とメーカーが倒産する事態となった．

　そうした中で，家具業界はビジネスモデルの大きな転換に動いていった．まず家具（箱もの）からインテリア（装飾家具）への転換をすすめ，タンスから「脚もの」と言われるテーブルやイスの開発と生産に力を入れた．さらにデザイン性を加味して付加価値を高めることによって，多品種少量生産，受注生産へと移行し，業界として重厚長大型産業というイメージからの転換をすすめた．そして，デザイン性を重視したことは，以後のデザイナーとの連携を重視する路線の伏線となった．高い技術力の自信とそれを高い次元で生かすために道外に本社のあるメーカーの進出にも開放した．また，デザイン性とセットにしたストーリー性も大切にすることによってブランドイメージをより豊富にしている．

同時に海外戦略へと足を踏み出すことになった．1990年に「国際家具デザインフェア旭川」（IFDA）を開催したが，以降3年に一度，10回まで開催することで始め，2017年には節目となる10回目を開催した．国内外の著名なデザイナーを起用し，「ニッポンのモノづくり」にも貢献しようとしている．旭川家具工業協同組合HPによると，現在，世界12カ国で旭川家具ブランドが展開されている[23]．

　旭川家具産地展は2018年に64回目を迎えるロングラン展示会で2015年からASAHIKAWA DESIGN WEEKと名を変えた．そこでは絶えず新しいデザインによる家具の展示が行われている．2011年にはフリーのデザイナーや団体，企業が参加する「旭川デザイン協議会」が設立され，個別の人的ネットワークが組織的ネットワークへと進化している．これは家具関連だけの組織ではなく，「あらゆる地域産業にデザイン性を求める」（協議会のHP）ことが謳われており，今後の旭川地域経済に大事な示唆を与えているように思われる[24]．

　道北や道東は戦前からそれまで未開拓であった豊富な森林資源によって資源立地型の林産業が発展していたが，旭川は道産広葉樹の集散地として関連する産業が発展してきた地域である．高度成長期が終わり，従来からの製材や木工製品づくりに加えて，タンスなどの家具生産に陰りが見え始めた頃，木工職人の一部がオリジナルな製品づくりを求めて木工製品会社の設立を始めた．図4-10に見るように，家具製造とほぼ同じ出荷額を示しており，また，減少のスピードも家具製造と同様の傾向となっている．家具製造と木工製造の合計は1980年代には2割を占めていたが，2016年に両者合わせても5.9％にとどまっている．

　北海道木材産業協同組合が2004年から木材産地証明制度，2006年から乱伐などの防止のため合法木材供給事業の認定業務を行っているが[25]，それによって認定された旭川市（一部周辺地域を含む）の木工製造業者は40業者で，素材生産，原木流通，製材，木材加工（チップ，集成材等），木材流通（木材加工品の流通等），木材製品（家具，文具等）などの事業を行っている．

またそれ以外に製材工場のプラント設計など関連サービス業を行う事業もある．

〈金属加工〉

旭川の金属加工製造は製造業出荷額の 6.6% に過ぎず，量的な基盤産業とは言えないが地域の需要に応える地道な生産活動を行っている．その 1 つがこれまでメディアにもしばしば取り上げられてきた金属加工の正和電工㈱である．資本金 5 千万円，従業員 10 人，売上高 4.1 億円（2017 年）の小さな企業であるが，2000 年代初頭に開発し，特許を得たのがバイオトイレである．

バイオトイレとは下図に示したように，おがくずを入れたトイレ本体にふん尿など排泄物を入れ，その中でふん尿中の腸内細菌と自然界にある微生物で水と二酸化炭素に分解する仮設トイレである．HP には環境にやさしく無臭で災害時，登山，介護，資源再利用などの効用があるとの説明がある．

部分品は地元に発注し，最終工程のみ旭川工業団地内の自社で行っているファブレス企業でもある．建築基準法では下水道処理区域では水洗以外のトイレは常設できないとの規制があったため市場は拡がらなかったが，2012年の規制の緩和によって両者の併設が可能になったことにより徐々に市場が拡がっている．JICA（国際協力機構）の事業を通じてベトナムの世界遺産

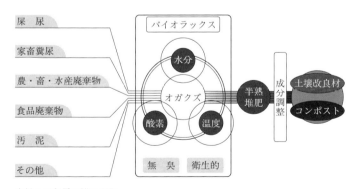

資料：正和電工㈱の HP．

図 4-11 バイオトイレの仕組み

「ハロン湾」での実証・普及も進めている．

③旭川の観光産業－旭山動物園と外国人観光客－

　現在日本の多くの地域において観光産業が基盤産業の1つになっているが，旭川もその例に漏れない．特に旭山動物園の存在が大きい．この動物園は一時閉園の危機にさえあったが，動物の自然の活動をありのままに見せる工夫を施すことによって2004年から入園者を爆発的に増加させた．2005-10年には入場者が200万人を超え，2006年と2007年は300万人を上回るほどで旭川への観光入込み数の増加に大いに貢献した．旭山動物園の入場者数と観光入込み数には一定の相関があり，動物園入場者数が最大になった2007年には旭川への観光入込み数も700万人を上回った．

　2017年には動物園入場者は最高時の半分以下の約143万人となったが，観光入込み数は2011年から500万人台を維持している．外国人観光客（宿泊者）の急増がその要因である．外国人宿泊者は2007年の4万人余りから2017年には20.6万人へと急増している．観光はイベントや観光資源開発によって急増（急減）する傾向をもつが，観光はこれからの地域経済の基盤産

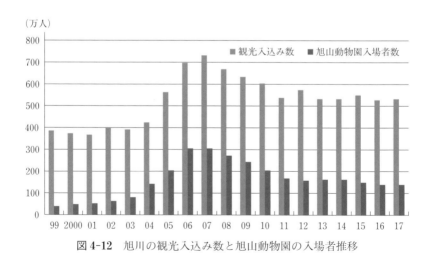

図4-12　旭川の観光入込み数と旭山動物園の入場者推移

業の一環を構成する．今後は外国人観光客の動向などを踏まえて，持続しうる観光政策をすすめることが求められよう．

(2)　旭川の産業基盤とネットワークの構築に向けて
〈関連産業のネットワーク〉

　旭川の将来の持続しうる産業を考える際にキーワードとなるのは企業（産業）間及び地域間ネットワークであろう．食関連産業はこうしたネットワークとして重要である．食品加工業界は以前から食品加工の高付加価値化の気運をもち，絶えずその努力を実践してきた業界である．旭川食品加工協議会（約40社）は既に述べた「産消協働」の提起を受け，両者を結びつけようとした実践の経験をもっている．枝豆大豆プロジェクトは一例である．豆生産農家と連携して契約栽培し，豆の成分分析などを行い加工業者が加工し，各種フェスタに出品し，一部の商品は大手スーパーなどに納入した経験をもつ．現在も酒粕を活用した菓子づくりプロジェクトを進めるなど多様な産消協働・地産地消の活動を行っている．

　対する農業者側も米農家や食品加工など16農家・会社による旭川農産加工協議会の活動を行っている．加工会社は農家と連携し味噌づくりや野菜系スープやジュース，酪農家はソフトクリームづくりに事業を展開し，また工芸品（麦わら細工，布はがきなど）の販売なども行っている．

　旭川では「あらゆる地域産業にデザイン性を求める」を合い言葉に地域産業の発展を図っているが，前述したように，2011年に「旭川デザイン協議会」（略称：ADA）を設立し，特定産業を対象とするのではなく，この協議会を企業間・産業間ネットワークの拠点にして地域産業のネットワーキングを強めつつある．個人会員47名，企業会員7社，団体会員には前出の家具工業協同組合，工芸デザイン協会（正会員15名のプロのクラフトマン・デザイナー集団），広告デザイン協議会，そしてこれも前出の食品加工協議会が名を連ねている．デザインの対象はグラフィックデザイン，建築・インテリア，家具，プロダクトデザイン（工業デザイン），広告・プランニング，

サイン・ディスプレイ（屋外広告，施設案内表示，交通標識などの総称），ガラス工芸，陶器など多様にわたっている．

　旭川に旭川ICT協議会（AICT）があるが，2005年に北海道第2の都市・旭川のIT産業が相応のレベルに達していないという危機感から，それ相応のレベルをめざすためにこの協議会を立ち上げた．北海道において，多くの産業の中でもIT産業は札幌への集中が特に激しいが，2013年北海道ITレポートによると，旭川市のIT産業のシェアは従業員数1.8%，売上高1.1%にとどまっており，函館市や室蘭市よりもシェアが低いのである[26]．

　そしてこのAICTと旭川市，マイクロソフト社が連携して「Webデザインの街・旭川」構想が2008年10月に始まっている．市内にIT企業などの育成を目的としたリサーチパークがあるが，そこにある旭川産業創造プラザ内のインキュベートルームの1室に，以前からIT産業のために研修や技術研究などを行うITジョイントセンターがあったのだが，それにマイクロソフト社のイノベーションセンター機能を付加して地元企業や大学などが連携してIT産業の振興に貢献しようというものである．その構想に工芸デザインなどの蓄積とノウハウを生かして他市と差別化された事業を進めようとするのがその趣旨である．現段階でこの構想が順調に進んでいるわけではないが，スマート農業化へICTの活用，エゾシカ捕獲へのICTの活用，ドローンの農業への利活用などが地道に進められている．小さな企業が中心の地域経済活性化には多様な連携によってウィンウィンのネットワークを創り上げていくことが求められる．

〈事業活動，人材の地域間ネットワーク〉

　こうしたデザイン化の活動地域は旭川市が拠点ではあるが，旭川市を取りまくように点在している地域にそうした機能が分散している．例えば建築・インテリアや家具デザイナーなどは隣接の東川町，東神楽町，美瑛町などを活動拠点にしているデザイナー達も少なくない．

　東川町は旭川市から15㌔（クルマで25分）に位置する田園地域である．1993年に人口7千人を下回り，人口の自然減も始まった．しかしその後，

統計上でもはっきりと増加が認められるようになり，2015年国勢調査人口は8,115人となった．1993年から16%の増加である．

もともとこの町は上下水道なしでも生活できる自然資源，旭岳や天人峡温泉などの観光資源，木工製品の工房や家具のクラフト職人などの資源に恵まれていた．農業生産の8割近くは米で，東川米はブランド米として名を知られるようになった．しかし，最低の人口を記録した30年前から役場に定住促進課を新設し，多様な移住者の促進に力を注いできた．住宅団地づくりは都市部に通勤する勤労者向けというより自分たちのスタイルづくりを重視した団地建設を進めている．移住者は多様な人生設計をもっている．農業のための移住だけでなく，起業への支援制度も条例化した．その結果，ソフトの能力に長けた家具や建築のデザイナー（工房の主でもある）が森との共生を求めて移り住むようになった．実際，彼らは東川の中心部から離れた場所に工房を開いているケースが少なくない．

デザイン重視の地域産業づくりの視点からみると，旭川市という地方中核都市の経済振興には，道北の人口をさらに吸収して厚みのある経済基盤づくりをするのではなく，周辺地域との人材や知識のネットワーク形成が欠かせないのである．

稚内市からやや南に下がった上川地域に豊富な森林をもつ人口1,600人余りの中川町がある．中川町には豊富な森林資源がある．かつては，天塩川下流域で育ったエゾマツはヨーロッパに輸出され，高級家具や楽器に加工されていた．当時はその輸出が地域の基盤産業であった．しかし，それによる森林伐採は資源の枯渇に帰結した反省から「持続可能な森林経営」に考えを転換した．一方では針葉樹人工林を建築材や一部パルプ材として供給し（地域所得の獲得），他方で高級家具生産地の旭川家具産業界と連携して木材をブランド化する方向を打ち出している．

現在，旭川家具の原材料として使用されている木材のうち，道産材は10%以下と言われる現状であるため[27]，家具製造と木材木工製造の産業連関の密度は薄くなっているが，中川町が2013年に旭川の家具デザイナーと町

有林使用と町有林広葉樹の安定供給を締結したことに示されるように，多様に地域資源を活用すれば地域経済への貢献のあり方が少しでも拡がるかも知れない．

〈大企業との併存〉

大企業も雇用や出荷額，関連企業の展開などにおいて地域経済に貢献してきた．既に述べたように，パルプと電子デバイスの大手工場の旭川経済に占める割合は，パルプの8事業所の従業員344名，電子デバイス318名を併せて600名余り，出荷額は8事業所でパルプ335.7億円，電子デバイスは（工業統計ではX扱い）120億円程度と推定され，市内の製造業出荷額の2割程度を占めているものと考えられ，量的には2つの大手工場のもつ意味は極めて大きい．

これら工場は，それぞれ本社や親企業の戦略に沿った生産活動をしているため，自治体としてはそれら企業との共存の道を求めることに政策の軸を置くことになろう．しかも，これら工場は70年以上も旭川で生産活動を行ってきた「老舗」企業でもある．共存の道を追及することによって旭川の基盤産業が持続しうることが大事である．

〈進取の気性とネットワーク〉

旭川は日本最初の歩行者天国を生んだり，旭山動物園の成功など時代の先取りをする事業や人材が育つ時代の先端を切り開く力に秀でた町でもある．大都市とは遠距離の地域でデザインを地域産業の付加価値にしていくという発想も旭川ならではのことである．それを代表する政策の1つが平和通買物公園の日本初の恒久的な歩行者天国である．1972年に旭川駅から8条通りまでの約1㌔が開業し，2002年にリニューアルされ現在に至っている．開業後，1979年の買物公園の歩行者通行量は36万人強/1日であったが，2017年には10.3万人となった．その背景には人々の行動パターンの変化や買物スタイルの変化があり，撤退，閉店，開店が繰り返される百貨店など大型小売店の動きがある．この歩行者天国は旭川の駅前の賑わいに貢献してきたし，誇りでもある．時代の流れに対応しながら都市としての賑わいを如何に取り

戻すかが問われている．

　旭川経済は一方には国策として生まれ，地域の中で育ち成長を遂げていった大企業が現在まで一定の経済力を保ち，他方，農業や中小の製造業，サービス業がそれぞれの業界内で人的ネットワークなど多様なネットワークを形成することによって当該業界の変化に対応し，発展に力を発揮してきた．21世紀の旭川地域経済の発展には異種業界との連携に向けてコーディネートする力が求められているのではないだろうか．

　道北は3振興局（旧支庁）を含む広さをもつが人口は多くない．3振興局の面積は 18,692km² は岐阜県＋京都府＋鳥取県の広さに該当し，人口は62.7万人で人口密度は 33.5 人である．その中で旭川市の人口は道北地域の54.7%（2017 年）を占めている．産業は農林漁業などが相対的に多く，産業活動の密度は非常に低い．旭川経済の経済力を増加させるばかりでは旭川への吸引力が強くなるだけで，道北地域全体の経済力につながらず，旭川が道北地域の「砂漠の楼閣」になりかねない．それは多様な経済力によって持続しうる地域社会とは言えないであろう．道北の拠点都市としての旭川は自らの経済力に厚みをつけることと同時に道北の経済や人々の暮らしとの均衡をどう図るかという究極の課題をも背負っている．

4.　地方中核都市の内発的発展

　海洋型の都市・函館と内陸型の都市・旭川を代表事例に，北海道の地方中核都市の発展過程と地域経済の基盤を形成してきた「モノづくり」系の基盤産業を中心に述べてきた．それらの産業は地域ごとに異なっており，また，その衰退−再生のあり方も異なっていた．

　函館は大型漁業の終焉，交通体系の大きな変化（青函航路廃止，新幹線開通）による通過交通都市化への懸念，先進国における重厚長大型産業（造船，電子・デバイス製造）の構造転換，それらに追い打ちをかけるように沿岸漁業の極端な不漁が重なり，地域経済の打開策が見通せない．他方，観光は量

的には増加の傾向が続き，観光産業の質的成長への努力も続けられている．また，沿岸漁業は決して楽観視できないが，水産都市・函館のブランドを生かすため研究・開発による地元資源のビジネス化をすすめている．

　旭川は大手パルプ産業の漸減，家具や木材産業の構造転換など地域経済の成長へのマイナス要因も存在している．他方，旭川及び周辺地域のブランド米への生産努力，食品加工の多様化や高付加価値化，家具など木材関連業の一層のブランド化・高付加価値化を進めている．観光もインバウンドの増加を追い風に多様な観光をめざしている．

　本書に収録予定だった2つの地方中核都市にも触れておこう．

　釧路は大規模漁業の限界，魚種の絶えざる変化による漁獲・加工での不安定性，大手パルプ産業の漸減，港湾利用の伸び悩みがあり，函館と同様に過疎地域に指定されるなど問題を抱えている．他方，大手医薬品・飲料水メーカーの生産は比較的安定しており，魚種交代に伴う加工業の生産努力，釧路湿原を始めとする観光資源のパフォーマンスや独特の移住政策などの努力も行われている．

　帯広は基盤の農業関連産業については農産物貿易に関わる国際的な不透明さと将来展望が見通し難いなどの大きな課題はある．他方，農業者の旺盛な生産意欲，個別ビジネスは小規模だが農産加工・流通・販売と経済全体を網羅する活動は地道に進められ，大手の加工工場なども安定した生産活動を進めており，北海道の中核都市の中では比較的安定した経済基盤をもった地域経済である．

　各地域の個別の経済的対応のためには時代の変化を見通しながら，地域資源の賦存状況や人的資源及びその相互関係，イノベーションの見通しの上に中長期の戦略を立てて地域再生の政策をすすめることが大事である．

　さらに，上述のような各地域の資源を生かしたそれぞれの経済基盤と同時に中核都市に共通した経済問題もある．それは大量消費の拠点としての都市機能に関わるものである．地域事業部制（支店など）による大量販売機能や流通システムの革新，多様な購買方法，消費者意識の変化により，消費面か

ら地域経済を支えるシステムが大きく変わったことである．

　旭川の卸売販売額（従業員数）は 1991 → 2016 年に 1 兆 2,671 億円（16,563 人）から 6,315 億円（8,077 人），函館は 8,728 億円（11,413 人）から 4,512 億円（5,291 人）へと大量消費の基本は変わらないのに，大量販売を仲介する卸売業がほぼ半分に減少した．

　建設業の減少も同様である．1990 年代には建設業就業者割合は 10～13% 程度であったが，2016 年には 8～9% 台へと減少した．

　両者はいずれもプラスの経済成長を前提にした需要サイドの経済効果であり，したがって新たにビジネスを生むことを柱とした 21 世紀の地域再生とは異なっている．ここに，前段で述べた個別地域で新たなビジネス創出に基づいた地域再生が求められる理由がある．

　このように見ていくと，地方中核都市を取りまく経済環境は根本的に変化しつつあるため，従来の対応を見直し，変化に対応できる地域経済活性化を見いだすことが求められる．その方向は地域経済の内発的発展であり，地域発の供給サイドの経済政策である．

　それには第 1 に，地域資源を見直し企業間で共有できる部分を模索し，出来る限り地域内で相乗効果を生み出していくことである．同業種企業間のネットワークによって新たな需要を開発したり，これまで地域経済を支えてきた基盤業種と新たなタイプの新業種のネットワークの可能性を追求することである．

　第 2 に，地域内・外からのフレキシブルな人材活用を積極的にすすめることである．経済が停滞状況にあると，とかく企業や業界の内部結束を重視しがちであるが，そういう時こそ，地域に眠っている人材や地域の利害関係に無関係の外部人材が当該地域を客観的に見つめ，企業間，組織間，行政との間をコーディネート出来る条件を作ることが大事であろう．

　第 3 は，地域の中核企業（産業）の役割である．ここで言う中核企業とは地域あるいは広域地域一円に市場をもっていたり，原料，中間資材，技術やノウハウの一部を地域から得ている企業（産業）である．こうした企業（産

業）は地域外の大手企業とビジネスにおけるネットワークをもっている場合が多く，地域の内部だけでは見いだせない資源を補足する上で重要な役割を果たしうるからである．

　第5に，広域地域間の連携を積極的に図ることである．とりわけ，地方中核都市と後背の農山村部とが農業生産や特に伸びている医療・福祉サービス，廃棄物処理や再生ビジネスにおいてどこまで連携できるかを試みることも重要となろう．

　北海道の地方都市には札幌や道外の大都市とは異なった「豊かさ」がある．それを求めている地域外の人々を迎え入れる対策も重要であるが，同時に，地域の人々が安心して暮らせる指標と実感をもちうるようなまちづくりをすすめていくことが重要であろう．

　注
1)　旧産炭地とは，産炭地域振興臨時措置法の対応地域として芦別市，夕張市，赤平市，三笠市，歌志内市，上砂川町の5市1町を言う．
2)　3市の支店実態調査概要は次の通りである．対象支店数及び回収数：旭川－1989年，277/779社（有効回答率35.6%），釧路－1993年，221/904社（同24.4%），帯広市－1992年，185/605社（同30.5%）．なお共同研究者は平澤享輔氏である．
　　この結果の詳述については，拙稿『地域システムと産業ネットワーク』法律文化社，1999年，88-96頁．
3)　ただ，当時の青函航路の営業係数は292であったから，510億円の減少予測のうち約半分は国鉄の赤字部分と考えられる．『函館市史』（デジタル版），通説編第4巻第2章6節1　529-532頁．
4)　これらの数字は『函館市史』デジタル版，第4巻第6編，460-463頁，また，協同組合の企業数はすべての下請け企業数ではない．『函館市史』には1977年に函館ドックの下請け企業は221社という記述がある．
5)　半導体の製造は前工程と後工程に分けられる．前工程はウェーハ（シリコン基板）処理工程であって，ウェーハの表面にLSIチップを作る工程で微細な加工や物理的・科学的な加工を要する．後工程はウェーハ上にできたLSIチップを切り出しパッケージ化，専用パッケージから出荷するまでの工程のことを言う．
　　後工程は組立工程なので，比較的熟練度が低くても作業可能なため，途上国などに次々に移転して行なわれるようになった．

6) 近隣の八雲町にはその子会社である北海電子㈱があり，半導体製造支援業務を行なっている．従業員は約 60 名である．

7) 北洋漁業とは，オホーツク海からベーリング海峡〜アラスカ湾に至る北太平洋海域で行われる漁業の総称である．母船式漁業とは次のことを言う．母船というのは，洋上で漁獲したサケ・マスを加工（缶詰，塩蔵等），独航船への物資供給，医療等の基地である 3,000〜5,000トンクラスの船舶であるが，母船に随伴して実際にサケ・マスの漁獲作業をする独航船（50〜100トン）さらには補助母船（冷凍設備等），運搬船，給油船などが船団をなして行う漁業のことを言う．

函館を出港した 1954 年の戦後初めての本格操業の母船式サケ・マス船団は，母船は大手水産会社を中心に 7 隻，独航船 160 隻という陣容であった．

8) 『北海道新聞』1988 年 5 月 23 日付．『函館市史』デジタル版，通説編第 4 巻第 6 編，381-384 頁からの引用による．

9) 函館市水産物卸売市場の取扱価格である．「函館新聞」2018 年 9 月 3 日付，「日本経済新聞」2018 年 6 月 26 日付．

10) 函館特産のイカはスルメイカである．東シナ海で生まれ，秋から冬にかけて成長し日本海を北上するが，丁度その時期が肉質も良くてイカが最もおいしい時期に当たる．6 月 1 日が漁の解禁日であるが，漁り火をつけたイカ釣り船は夏の函館の風物詩となっている．

ただ，2016 年のスルメイカの大不漁以来，函館のイカ漁にはイエローカードが点灯している．地球環境悪化の影響とも言われているが，環境変化によるものなのか魚種交代期に見られる資源不足なのか，現段階では十分に解明されていない．

11) 函館市観光コンベンション部観光振興課・函館国際観光コンベンション協会「観光アンケート調査結果」2017 年は，観光客へのアンケートを基にした推計額は，1 人当たり総消費額が宿泊・日帰り含めて 5 万円弱，外国人の函館での消費額は約 3.7 万円である．なお，この統計では 2012 年までは波及効果係数 1.41，2013 年からは 1.49 で計算されている．

12) 200 億円という推計は㈱道銀総合研究所「調査ニュース」2017 年 4 月号，350 億円という数値は㈱日本政策投資銀行レポート「北海道新幹線開業による経済波及効果と維持・拡大に向けて」2018 年 2 月，によるものである．

13) この財団の前身は，1984 年に設立された「テクノポリス函館技術振興協会」である．2001 年に「㈶函館地域産業振興財団」と名称変更し，2011 年からは「公益財団法人函館地域産業振興財団」となった．産官学連携で地域企業の事業活動（資金供給，創業支援インキュベート，販路開拓，技術支援，人材育成）支援を行う機関である．テクノパーク内に「函館市産業支援センター」があり，「道立工業技術センター」の管理運営も任されている．

14) 現在，地域再生に関わる事業システムとして進められている地域イノベーションシステム（RIS）は，それぞれの地域に合ったイノベーションを進めているが，函館マリンバイオクラスターはその函館版である．

15)　三浦汀介「『ガゴメ昆布』と函館マリンバイオクラスターの取り組み」『産官学連携への道しるべ』2016 年 5 月号．三浦氏は函館マリンバイオクラスターの事業総括者であると同時に公益財団法人函館地域産業振興財団副理事長及び道立工業センター長でもある．

16)　旭川市が取りまとめている平成 30 年「あさひかわの農業」による数字（主に平成 29 年度のもの）であるが，農家数などは 2017 年の「世界農林業センサス」の統計数値である．

17)　認定農業者とは農業経営基盤強化促進法（1993 年）に基づき，「農業経営改善計画」を提出して市町村から認定された農業者（法人を含む）で，意欲ある農業者の指標とされている．

18)　日本穀物検定協会が炊飯した白飯の食味試験に基づき，全国の米の品種について食味ランキングとして公表している．1971 年から毎年行われており，本文中の 3 品種は，2017 年の特 A 43 点のうちの品種である．

19)　総務省の集計数字と道の集計数字が微妙に異なるが，図表の基礎数値及び文章中の数値は総務省の数値で行った．

20)　産消協働とは小磯修二氏が提起した地域経済の自立に向けた実践を進める考え方．生産者と消費者が協働して地域の需要を掘り起こすことによって，地産地消を消費者を含めたより総合的な実践にしていく考え方である．道内の諸地域で政策化され進められているが，旭川では旭川食品加工協議会が先鞭をつけて，輸入品ではなく地元産の豆の加工を消費者とも連携して行ってきた．

21)　旭川家具工業は「典型的な広葉樹資源立地型工業」でもある．鎌田昭吉「北海道産広葉樹材の利用－旭川市の製材，家具産地市場における事例調査－」『林産試月報』No. 370，1982 年．

22)　www.asahikawa-kagu.or.jp/（旭川家具工業協同組合）

23)　旭川家具メーカーの中核企業と言われるカンディハウスはこうした路線の先導企業であり，自社でデザインから生産そしてショールームまで自社でもつ経営戦略をとっており，CNC マシン活用による効率性と職人技の組み合わせで少量高品質のブランド家具を生み出している．また，海外にも拠点や現地法人を展開している．

24)　粂野博行編『産地の変貌と人的ネットワーク－旭川家具産地の挑戦－』は書名が示すように，家具生産に関する人的ネットワークやここでは述べなかった人材育成の施設・仕組みなどに焦点を当てて研究した数少ない文献である．

25)　木材の産地証明制度は 2004 年から，合法木材供給事業者の認定は 2006 年から行われているが，北海道は 2013 年から両者を一体化した仕組みを制定している．

26)　情報通信業の全道売上（2016 年）も 226 億円余りで，全道比も 2.6% にとどまっている．

27)　中川町の HP の叙述に基づく数字．

第5章

北海道の過疎地域問題

1. 北海道の過疎地域

(1) 日本の過疎地域

日本で「過疎」という言葉が政府の公式文書で使用されたのは 1967 年である[1]. 当時本格的に高度成長政策が始まり，若い人たちをはじめ労働人口が農山漁村部から太平洋ベルト地帯の大都市に大移動をしていた時期である．著しい人口減が政治問題にもなり，1970 年に 10 年間の時限立法として「過疎地域対策緊急措置法」が成立した．当時の過疎地域人口が 1,447 万人（総人口の 13.8%）であった．それ以降，2010 年までに 4 回「過疎法」が成立した[2]．2010 年には 2000 年の法律の 6 年間延長（過疎自治体 776），2012 年にはさらに 5 年間延長し，2021 年まで有効と改正され，2014 年，2017 年にも一部改正され，現在に至っている．

過疎地域指定の要件は人口，年齢，財政力などで決定される[3]．現在の状況は以下の通りである（図 5-1）．

第 1 は，面積は 59.7% を占めるが，人口は 1,088 万人（総人口の 8.6%），過疎市町村は 817（全国 1,719 市町村の 47.5%）[4] である．人口は 1 割以下であるが，面積や市町村数は過半数前後に達する．第 2 は，他地域と比べて高齢者比率が高く，若者比率が低い．特に高齢者比率は 1/3 以上に達している．第 3 は，財政力指数が全国平均 0.51 に対して 0.25 と著しく低い．過疎地域の歳入に占める地方税の割合は 13.7% に過ぎず自主財源に乏しいため財政

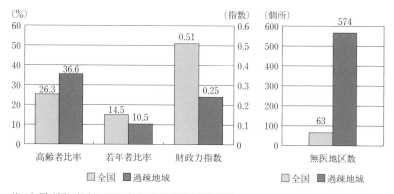

注：無医地区の数字は 2014 年 10 月現在厚生労働省調.
資料：総務省「平成 30 年版 過疎対策の現況について」.

図5-1 過疎地域と全国との比較

は著しく脆弱である．第4は，高度成長期ほどの減少率（5年間で9〜10%
減）ではないが，出生数の低下により自然減が加速し，2000年以降減少幅
が拡大傾向にある．2000年から2005年にかけての減少率は5.4%に対し，
2010年から2015年の減少率は8.1%であった．第5に，過疎地域の中核産
業であった第1次産業は大きく減少し，1970年の44.2%に対して，現在は
14.5%にとどまっている．第6に，生活基盤の整備は非過疎地域の水準に近
づきつつあるが，特に医療・福祉と交通へのアクセスが深刻な状況は続いて
いる．人口1万人あたりの医師数は全国平均24.8に対し，過疎地域では
15.4にとどまっている．非過疎地域の無医地区数[5]は63に対して，過疎地
域では574もある．無医地区のある過疎市町村数は219にも達している．過
疎市町村の中でも，過疎集落は市街地やJR駅などから離れた地域が多く，
買い物や通院において困難を抱えている地域が多い．

　総務省と国土交通省が過疎地域等における集落について調査を行っている．
「集落」とは，市町村の行政単位とは異なる一定数の戸数による社会的まと
まりのある地域単位であるが，それによると，2015年4月時点の過疎地域
等の集落は75,662か所．調査に対して「10年以内に無居住化（消滅）」と答

えた集落は 570，「いずれ無居住化（消滅）する」とした集落は 3,614 存在している．特に規模が小さい集落，高齢者の割合が高い集落，山間部で消滅可能性ある集落が多い[6]．財産管理等の業務はあるとしても，消滅集落は住民が既に生活の拠点をもたない空間であるから，それは地域経済のみならず，地域そのものが失われる重大な問題をもっているのである．

(2)　北海道の過疎地域

①過疎地域の分布

　図 5-2 は北海道の過疎市町村の分布状況を示した地図である．北海道の過疎市町村率は全国平均よりかなり高く，179 市町村のうち過疎市町村は149（全域が過疎地域：144，みなし過疎地域：5）で約 8 割を占める．過疎地域の面積は 3/4 を上回り，人口は 172 万人（2015 年国勢調査人口）で，面積との比較でいうと全国平均よりかなり多い人口で，その割合も 31.2% に達している．財政力も 2011 年から 3 年間の平均指数が 0.20 であり，全国平均よりもかなり低い．2014 年 3 月 26 日の過疎法改正によって，富良野市，余市町，新篠津村，白老町，美幌町，厚真町 6 市町村が過疎地域に追加され，函館，釧路は合併した旧町村が指定地域であったが，この改正によって全域が過疎地域となった．

　図 5-2 を見ると，面積の大半が過疎地域であることがよくわかる．地図の白い部分つまり過疎地域でない市町村は，第 1 に道央地域（札幌とその周辺地域及び苫小牧〜室蘭〜登別〜伊達に至る地域）に多い．空知では岩見沢市および滝川市が非過疎地域である．第 2 に，地方中核都市とその周辺地域である．函館は 2004 年に合併した町村が過疎地域に指定されていたため，みなし過疎地域であったが，2014 年 3 月に函館市は全域過疎地域となった．渡島半島ではそれ以外に函館に隣接する 1 市 2 町だけが非過疎地域である．道北については，旭川市と隣接 2 町および上富良野町が非過疎地域であるが，旭川以北の市町村はすべて過疎地域である．十勝地域は帯広市と周辺 5 町が非過疎地域となっている．道東については，釧路町およびオホーツク地域の

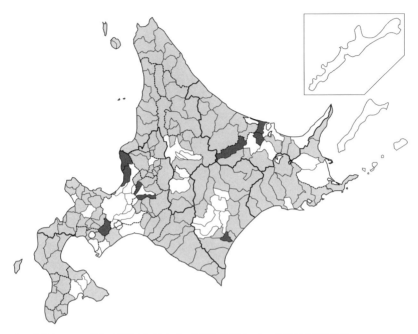

注：色塗りされた部分が過疎市町村及び一部過疎市町村．白の部分が非過疎地域．
資料：北海道「北海道過疎地域自立促進方針」のHPより．

図 5-2　北海道の過疎地域（2017 年 4 月）

中核都市・北見市と網走地域振興局の中心都市・網走そして別海町，中標津
町が非過疎地域であるが，釧路市は 2014 年 3 月に全域過疎地域指定された．
要するに，札幌広域都市圏と地方中核都市圏以外はおしなべて過疎地域とい
っても過言ではない状況になっている．

②北海道過疎地域の人口推移

　次に過疎地域の人口，産業，生活基盤特に医療について述べておこう．北
海道の『国勢調査』人口に占める過疎地域人口は，1960 年に約 320 万人で
全道の人口の過半数を超えていた．それが 1970 年代（高度成長期）に 2 桁
の減少率を記録し，1980 年には約 245 万人，全道人口の 44％ になり，2010

年には約 172 万人（全道の 31.2%）となった．この間の過疎地域の人口減少率は極めて高く，1960 年から 50 年間でほぼ半数に減少した．

　この減少率は年齢によって大きく異なっている．1960 年に子供世代は全道平均（33.4%）より少し高い割合（34.9%）であったが，50 年後には両地域ともに 1 割強の割合となり，過疎地域の子供の割合（11.2%）が全道平均（11.9%）より下回るようになった．それは減少率を見れば肯ける．全道では 50 年間に子供世代は △60.9% に対して，過疎地域では △82.7% の減少となったからである．

　15～29 歳は学卒者を含んでいるが，この世代は過疎地域の減少率（45 年間で △75.3%）が全道平均 △33.6% よりかなり高い．学卒者が U ターンしないでそのまま札幌や道外に就職したことが見てとれる．30～64 歳世代は過疎地域からの流出は若い世代に比べて減少率が低い（50 年間で △26.7%）．逆にこの世代の全道平均は 55.8% の増加である．全道 3 分の 1 の人口を擁する札幌の職業人口数が増加しているとともに，過疎地域出身者も仕事が落ち着き，家庭を持つなど都市部で生活の安定を得たことがこうした数字になっていると思われる．

表 5-1　過疎地域と北海道の年齢階層別
人口推移

(人)

		1960	2010	増減(%)
総人口	過疎地域	3,196	1,720	△46.2
	全　　道	5,039	5,506	9.3
0～14 歳	過疎地域	1,116	193	△82.7
	全　　道	1,681	657	△60.9
15～29 歳	過疎地域	848	209	△75.4
	全　　道	1,432	812	△43.3
30～64 歳	過疎地域	1,092	800	△26.7
	全　　道	1,714	2,670	55.8
65 歳以上	過疎地域	140	518	370.0
	全　　道	212	1,358	640.6

資料：北海道「過疎地域・自立促進方針」（平成 28～32 年度）より作成．

65 歳以上はこれらと異なった動きになっていることが読み取れる．1960年には過疎地域の高齢者比率（4.4%）は全道平均（4.2%）とは大きな差はなかった．しかし，50 年後には過疎地域のそれは 35.9% となり，全道高齢者人口 24.7% を大きく上回っている．ただ高齢者の増加率は過疎地域（50年間で 4.4 倍強）より全道の増加率（同 6.4 倍）の方がかなり高い．

過疎人口の増減を道内の地域別に見ると，地域的にはそれほど大きな特徴は見られない．道南，道北，オホーツク地域は上述の 50 年間に概ね 2〜3 割の減少率であるが，過疎地域に限ると概ね 50% 前後の減少率である．釧路・根室地域の 50 年間の減少率は 11.7% で，そのうち過疎地域の減少率は 18% 余りである．それに対して，十勝地域は過疎地域においては 50 年間で 5 割近くの減少であるが，十勝全体としては，わずかであるが 9% 増加しており，道内においてはやや異なった動きになっている．道央の過疎地域の人口減少は 50 年間に 56.5% で他の道内過疎地域より少し減少率が高いが，しかし札幌を含む地域であるため，道央全体としては 38.2% の増加となっている．

③産業別就業者の推移

人々の生活の基盤になっている産業はどのように変化してきたかを見よう．1960 年の北海道の第 1 次産業就業者の割合は 35.6% であるが，過疎地域のそれは 46.9%（農業 34.9%，水産業 7.9%，林業 4.0%）で，地域の主要産業は農業など第 1 次産業であった．それが 50 年後に道内のそれは 7.7% にまで低下した．それに対して過疎地域では 16.6% で依然として地域の重要な産業である．

全道的に第 2 次産業就業者のうち製造業は高度成長期に 12% 台であるが，1980 年以降は減少しているのに対して，過疎地域においてはバブル経済期に高くなり，それ以降が減少である．それとともに，建設業は 12% 程度の比較的高い水準維持しているが，2000 年代に入って 1 割を下回るようになった．第 3 次産業については，過疎地域でもその就業者割合は増加している

が，それでも全道の 74.2% に比べると 64.6% と低い割合となっている．

④北海道の集落の現状

　農山村地域に所在する集落は人々の暮らしを支える機能をもってきたが，現在その存続が問われている．「限界集落」[7] という言葉が生まれ，2008 年に北海道が行った全市町村アンケートによると，限界集落は今後 10 年間で過疎地域集落の 4 割となる結果となった．集落がそのようになってしまうと，就業機会は減少し，地域の行事やイベントの実施は困難となり，日常の生活扶助も困難となることが危惧されている．

　北海道は 2011 年から追加調査を含めると，ほぼ毎年「北海道集落実態調査」を行っている．集落は過疎地域だけにあるものではないが，現代のように著しく都市化が進んだ時代では，集落問題は過疎問題と多くの点で重なり合っている．北海道が 2019 年に行った調査結果[8]（調査対象集落数 3,622）に基づき，その現状を簡潔に述べておこう．

　第 1 に，2011 年からの僅か 8 年間に集落の人口がはっきりと減少に向かっていることが読み取れる．集落数は 3,632 のうち限界集落が 1,034 集落で約 1/4 を占めている．中でも高齢者率が 75% 以上の集落が 88 ある．2011 年調査では 475 集落であったからわずか 8 年間で 559 集落も増加している．1 つの集落の人口が 100 人未満は 2112 集落（58.1%）を占めるが，そのうち 10 人未満の集落も 167 ほどある．2011 年調査の結果，集落の人口が多くなるほど集落機能は良好とする集落が多く，人口が少なくなるほど「機能低下」「維持困難」とする集落が多くなることが指摘されていたが，特に 10 人以下となると，一般的な集落対策もとりにくくなるのである．また，2011 年調査では集落の高齢化率が低いほど良好とする集落が多く，高くなるにつれて「機能低下」「維持困難」とする集落が多くなってくることも指摘されており，高齢化の進展＝限界集落化は集落の消滅にさえ直結している．

　第 2 に，山間部（16.5%－全国は 31.0%）より平地の集落（42.0%）が多く，産業も農業を基盤産業とする集落の割合が 2/3 を占めている．

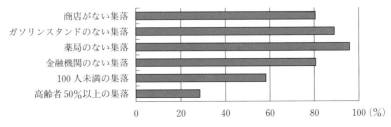

資料：北海道総合政策部「平成31年度北海道集落実態調査」.

図 5-3　北海道の集落の現状（2019年）

　第 3 に，これまでも過疎問題への対策と言えば，移動の困難さと医療機関の問題がずっと上げられてきた．現在はこれに加えて，日常生活の不便さを指摘することが出来る．図 5-3 にも示したが，ATM などの金融施設がない集落は 8 割を越えている．しかも金融機関までの距離が 10km 以上の集落も少なくない（約 3 割）．高齢者の運転が問題となっているが，これだけの距離があるとクルマを使用せざるを得ない．しかし，ガソリンスタンドがない集落がほとんどなのである（約 9 割）．食料品や日用品を購入できる商店がない集落も 8 割以上存在する．

　第 4 は，何らかの対策をとらざるを得ない自治体が非常に増えていることである．2013 年には集落対策に取り組む自治体（ボランティアや民間団体による者を含む）は 85 であったが，2019 年には 151 の自治体が取り組みを進めている．その内容は生活交通確保や高齢者支援が特に多く，担い手対策，移住・定住対策，除排雪対策，買物支援等が続いている．最近では，自治体が金融機関と交渉して ATM を設置する動きや自治体と町内会が共同してコンビニを誘致するなどの動きもある．また，そうした対策を実際に進める主体についても様々な制度が創られ，そうした制度を活用して対策を進める自治体も多くなってきた．「地域担当職員制度」「集落支援員」「地域おこし協力隊」の制度[9] はそうした対策の主体確保を目的として創られた．2019 年現在，「地域担当職員制度」については 62 自治体，「地域おこし協力隊」については 82 の自治体が集落対策に活用している．

さて，日本では「過疎」と聞くと，極端には自然の山，川，海そして動植物（熊，猪，狸など）というイメージと結びついてネガティブに捉えられる場合がある．北海道の場合，「極寒の」という形容詞を付けて「動物の楽園」などと揶揄した表現をされる場合さえある．しかし，北海道の過疎地域には様々な役割があるのも事実である．第1に食糧供給の役割である．既に述べたように，北海道の過疎地域面積は3/4に達し，それに比例するかのように，全道の耕地の過疎地域の耕地割合は約7割である．漁業も同様であって，日本海側，オホーツク海側，道東太平洋側の漁村はほとんど過疎地域であるが，海産物の生産・加工は豊富である．つまりこれら地域は日本の食糧供給に力を発揮しているのである．

　第2に自然環境への寄与度が高いことである．北海道の森林や農地は全国の1/4を占めており，その大部分は過疎地域にある．したがって，自然環境，自然生態，国土，水資源の保全や災害防止にとって森林や農地の存在は貴重な役割を果たしているのである．

　第3に，20世紀の大量生産・大量消費時代には注目されなかった様々な経済活動の資源が存在する．例えば，バイオマス資源は人々の暮らしから排出される廃棄物だけでなく，木材加工や酪農などから排出される資源として貴重なエネルギー資源にもなり得る．またそれは酪農と畑作との循環型農業の可能性をも示唆しているし，現実に様々な形で試みが行われている．「名水」に選ばれる北海道の河川の水や独特の農村景観（酪農地帯，畑作地帯，富良野や美瑛あるいは十勝の農村など）も21世紀には経済資源としての意義も高まってこよう．

　第4に，こうした役割を通じて，新しいタイプの「地域の誇り」をもつ可能性が広がっているように思われる．豊かさに向けて急進的な政策をとった日本では「都市化」は富の象徴であり，農村はその逆であった．だから農山村にとっては誇りを持ちにくい社会的環境がずっと続いてきた．しかし，経済システムが大きく転換する中で，広域の複数の市町村のネットワークや市町村内の官民ネットワークの多面的な展開が機能するならば，新たなパース

ペクティブで地域の誇りが生まれてくることは可能であろう.

2. 多様な地域資源の活用をめざす村:西興部村^{にしおこっぺ}

(1) 西興部村概説

この村の面積は約308km² で,北海道ではそれほど面積が大きい地域ではない.そのうち山林が約270km² であり,村の88% は山林に包まれた山間地である.図5-4に西興部村の地理的位置を示した.興部川と藻興部川の合流したところにあるが,オコッペという耳慣れない言葉は,2つの川が合流したところというアイヌの言葉(オウコッペ)に由来している.北海道の北東部,オホーツク海から少し内陸部に入った場所に位置している.かつては名寄本線があったが(1921年開通/1989年廃止),現在の公共交通は村営バスなどバス交通である.車で行くと名寄市からでも1時間以上かかる.一部の地域を除けば,村の大部分は標高400mの起伏激しい山岳地帯である.オホーツク海気圧の影響で,冬期は低温の日が続くことがある.まさに条件不利地域であって,1970年の過疎地域対策緊急措置法以来ずっと過疎地域指定を受けてきた.

明治後半,この地域の原野の開放によって1904年(明治37)に入植したのが始まりである.名寄本線の開業を契機に林業−木材業,農業−澱粉工場

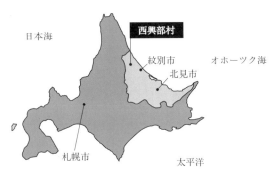

図5-4 西興部村の地理的位置

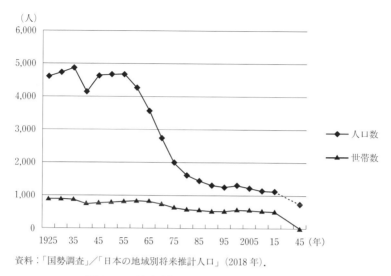

（人）

資料：「国勢調査」／「日本の地域別将来推計人口」(2018 年).

図 5-5　西興部村の人口推移・将来推計人口

などが発達した．当時は，現在の興部町と同じ行政区域であったが，海に面した漁業地域との利害の不一致が解消されず，1925 年（大正 14）興部町から分村して現在の西興部村が生まれた．平成の大合併に際して，この村は合併でなく自立の道を選択したが，2003 年には「自立の村づくり」を村議会で確認している[10]．かつて分村に至る経過であった地域内の軋轢を二度と味わいたくないという決意の現れかも知れない．

　村の誕生からから戦後の高度成長期に至るまで人口は 4 千人台で推移していたが，村の人口が最大になったのは 4,867 人（1935 年）である．1970 年代には 2 千人台に減少し，1980 年代には千人台となり，現在も横這いか減少傾向が続いており，現状のままでは 1 千人を切るのではないかとの危機感がある．2015 年の国勢調査人口は 1,116 人，子供の人口比は 10.7％，高齢者人口比は 32.9％ となっており，生産年齢人口割合は 56.5％ という現状である[11]．

　2015 年『国勢調査』によると，西興部村の就業者総数は 551 人で，全員が村内で仕事しているとは限らないが，村民のほぼ半数が働いていることに

表5-2 西興部村の産業別
就業人口

		(人)
第1次産業	農業	86
	林・漁業	24
	小計	110
第2次産業	建設業	31
	製造業	68
	小計	99
第3次産業	商業	32
	宿泊・飲食	41
	教育・学習	40
	医療・福祉	119
	公務	60
	その他	49
	小計	341
	合計	551

資料：平成27年『国勢調査』.

なる．第1次産業就業者は110人で就業者の2割弱，うち農業従事者86名，林業23名，漁業1人（村外で従事）である．第2次産業は99名で，建設業31名，製造業68名となっており農山村地域としては製造業の割合（12.3％）が比較的高いが，これについては後述する．第3次産業は341人で，就業者総数の62％を占めている．中でも医療・福祉サービス就業者は119名を占めており，産業別項目の中では最大の就業者数となっている．これ以外の第3次産業については，公務－60，宿泊・飲食－41，教育・学習－40，商業－32などが主要な就業先となっている．

西興部村の財政も他の山間部地域と同様に，非常に脆弱である．例えば平成28年度の財政力指数（基準財政収入額÷基準財政需要額）は0.1にも満たない0.08〜0.09であり，平成28年度の決算状況によると，一般会計収入額は25.5億円であるが，このうち地方税は1億円強（歳入に占める割合は4％），本来の自主財源とは言いがたい繰越金などを含めた自主財源の割合は15％程度に過ぎず，地方交付税交付金が歳入の半数を占めている．

（2） 地域情報化で地域振興を

①村内全域のケーブルテレビ網整備

西興部村でテレビ放送が普及し始めるのはNHKの西興部中継所ができた1970年である．しかし，前項で述べたように，村は北見山地に遮られ，一部地域はテレビ・FMの難視聴地域のままであった．これを村が村内全域にケーブルを結んでテレビを見ることができるようになったのは1989年である．これが，全村を対象とした西興部コミュニケーションネットワーク

（略称 NCN）構築の始まりであり，情報化による地域振興の第1段階であった．

②光ファイバーネットワークの形成

ケーブルテレビ網整備から10年経過し，かつて整備した施設の老朽化も進んだ．その時点で村がとった方向は，老朽化した施設の更新ではなく，よりグレードアップした CATV 事業として展開することであった．財政力の脆弱さがあったため，村内外でも議論があったようであるが，村は一挙に全村光ファイバー網の整備に進むこととした．

2001年12月に現在のマルチメディア館が完成し，2002年3月から本格運用となった．2002年に完成した光ファイバーネットワークのシステムの中心になったのはマルチメディア館「IT夢（あとむ）」である．CATV を行う NCN 放送室，メディアルーム，全村インターネット接続のプロバイダ業務，各種講習会や会議室などが整備され，いわば村の情報発信基地と言える施設であり，これらを FTTH 方式の光ファイバー網伝送設備で送信されている．こうして村民は，農業振興に関わるサービス（2法人17農家），高齢者福祉サービス（64世帯），学校間交流サービス，農村生活に係るサービス（全世帯）などを，月1,000円で受けることができるようになった．言わば情報化の第2段階である．同時期に，村では公共施設をオレンジ色で統一したこと（「美しい村づくり条例）は情報公開条例の制定と併せて，全村光ファイバー網は西興部村の名を少なくとも全道に知らしめる契機ともなった．

③新たな時代のネットワークを

しかし，当時は先端と考えられた情報システムも，その後急速にブロードバンド化が進み，この数年間にスマートフォンがめざましい普及を遂げた．村営で構築された情報システムは個人の申込によってサービスが提供されるようになり，村の事業としては役割を終えつつある．上述した個々のネットワークも個人対応可能となり，現在は廃止されているものもある．西興部村

もこれまでの成果の上に立って今後の村内外のネットワークを考える段階に来ている．

（3）　西興部村の伝統的な基盤産業

西興部村の主要な基盤産業は農業及び一部の製造業であり，経済取引外の資金流入として各種の国庫支出金などが存在する．非基盤産業として商業，飲食店，公務などと並んで最大の産業とも言える医療・福祉，とりわけ福祉施設とその事業の存在は大きい．また，統計的には製造業に位置づけられる飼料製造や，現在進められているバイオガス製造などが地域内循環に資する産業（事業所）として期待されており，基盤－非基盤産業の分類だけでは括ることの出来ない産業構造となっている．

①農業（酪農）

西興部における事業体が他地域に財貨を供給し，地域所得をもたらす産業として大きいのは何よりも農業である．2015 年の統計を基に農業を概観してみよう．西興部村の農家戸数はわずかに 16 戸であるが，主要な農業はすべて酪農である．生産組織をもつ農業法人は 4 つある．1 つは「㈲興栄ファーム」である．この法人は JA や村の支援もあって 1997 年に 2 戸で設立され，現在は 4 戸で事業を進めている．自走式機械の共同利用組合である「三栄共同利用組合」の中心でもある．2 つ目は「㈲ノースグランド」である．この法人は 1998 年に 2 戸で設立され，その後離農などもあって，現在は 1 戸 1 法人として事業をしている．この法人も 3 戸の酪農家と構成する機械利用組合の中心でもある．3 つ目は 2016 年 10 月に法人となったばかりの「㈱ヴィレッジシャイニング」である．4 つ目は，後に詳述するが，2007 年には 8 農家と 2 法人で設立された㈱西興部グラスフィードファクトリーであるが，全国的にもここ 10 年で大きく数を増やしてきた飼料の共同生産組織である TMR センターであり，村の酪農の中で重要な役割を果たしている．

このほかに，法人化はしていないが，「239 グラスマスター」という生産

表 5-3　西興部村の酪農

総農家数	16 戸（19 経営体）
面積　　総面積 　　　　耕地面積	30,808ha 1,640ha　経営耕地なし　10 経営体 　　　　　　1.5〜2.0ha　　　1　〃 　　　　　　3.0〜5.0ha　　　1　〃 　　　　　　50.0〜100.0ha　　5　〃 　　　　　　100.0ha〜　　　 2　〃
農業就業人口	34 人（うち女性 13 人）
農業産出額	17.8 億円 　うち畜産　16.5 億円（乳用牛 16.4 億円） 　うち耕種　　1.3 億円
乳牛飼養頭数 牛乳販売額	3,040 頭 13.5 億円※
新規就農者（1994-2015）	11 人
生産農業所得 　1 戸当たり	2.2 億円 11,684 千円
農業地域分類	山間農業地域

資料：2015 年「農業センサス」，※は「オホーツクの農業 2017」．

　組織もある．239 という数字は 239 号線沿いに立地する農家で構成されていることに由来するが，2001 年度事業の自走式ハーベスター導入のために構成された 5 戸の共同利用組合である．その後様々な経過を経て現在は 4 戸で機械共同利用と飼料用原料収穫のみ共同で行っているゆるやかな共同生産組織である．

　2015 年の農業産出額は 17.8 億円であるが，耕種農業の産出額は 1.3 億円（総産出額の 7.3%）に過ぎず，ほとんどは酪農による産出額（16.5 億円）である．西興部村を含む西紋地域[12]の農業は 9 割以上が酪農であり，西興部村も同様なのである．乳用牛の産出額が 9 割以上を占め，そのうち牛乳が 13.5 億円（総産出額の 75.8%）を占める．産出額は 1990 年の 9.4 億円から 2015 年にかけて 2 倍近くに伸びている[13]．

　その酪農であるが，経営規模は 19 経営体のうち 50.0〜100.0ha 規模が 5 経営体，100.0ha 以上が 2 経営体となっており，規模は根釧地域には及ばな

いが大規模酪農地帯に属する．19経営体のうち乳用牛を扱っているのは16経営体であり，飼養頭数が3,040頭であるから単純に1経営体当たりの飼養頭数は190頭になる．経産牛頭数及び乳量は増加しており，2008-17の10年間に経産牛は1,467→1,867頭，牛乳の生産量は11,528㌧から16,988㌧へと増加した．2016年には1.7万㌧を上回った．

　生産農業所得[14]は2.2億円，農家1戸当たりの生産農業所得は1,168.4万円で西紋地域の中では高い地域に属する．

　このように酪農（牛乳生産）は村の最大の基盤産業であり，村の産業政策も酪農に関わる政策が重点となっている．これまで酪農への政策は，畜舎建設への村独自の補助金（9戸の牛舎），法人化（2法人の設立），新規参入者受け入れ（平成6-26年に9名）[15]など大規模・効率化を目指した対策を行ってきた．その後，第4期西興部村総合計画（平成24-33年）の酪農振興の項目においては，酪農基盤整備，規模拡大（乳牛頭数），経営体質の改善・強化，ふん尿等の土地への還元など環境保全型農業，後継者・担い手の育成を主要な施策と位置づけ，平成28年の『西興部村酪農近代化計画書』（平成28-37年度）では生産基盤の強化（担い手の育成及び労働力負担軽減，頭数減少への対応，飼料生産基盤の確立），経営収益力の強化，ふん尿など畜産環境対策が課題としてあげられてきており，ここには環境対応や酪農を地域内循環システムに位置づけるなど，より地域経済のサステイナビリティを強く意識した考え方も挙げられている．

②製造業

　西興部村の製造業事業所は3事業所（従業員4人以上）ある．1つは後述する飼料・飲料製造業に属する「㈱西興部グラスフィードファクトリー」である．2つ目は食料品製造業に属する「㈲むらた食品」である．3つ目は製造業分類でその他製造業の楽器ボディー製造の「オホーツク楽器工業㈱」である．西興部村の製造業事業所の従業員は66名，出荷額は10億7,491万円，付加価値額は4億4,069万円（2016年経済センサス）となっている．出荷額

に対する付加価値額の割合は 40% を超えており，北海道の製造業の中では高い方である．

〈食料品製造業（中分類）〉

食料品製造業は「㈲むらた食品」が担っているが，従業員は社長を含めて12 名，わらび，ふき，ゼンマイ，ウド，落葉きのこ，行者ニンニクなど，この地域に自生する山菜類を原料に全国に直送販売を展開している[16]．

なお，後述するが，エゾシカ生肉・缶詰など加工品販売を行っている西興部村養鹿研究会があり，実際に販売も行っているが，工業統計表に掲載されるには至っていない．

〈その他製造業（中分類−楽器ボティー）〉

この村には，酪農，食品関係の製造業と並んで楽器を製造する工場がある．山村地域にはなじみの薄いエレキギターボディーの製造である．エレキギターは既にブームが去っているが，1990 年設立以来地道な生産活動を続けているオホーツク楽器工業㈱である．

この工場はかつては広葉樹の製材工場であったが，木材の構造不況の中で経営が行き詰まり，隣町の興部町の製材工場が買収した．シナノキを原料として加工していた長野県茅野市の工場と取引があったのだが，シナノキの加工だけでは工場経営として成り立たないため，ギター板の加工だけでなく塗装にまで生産領域を広げることが求められた．また，現在の製品納入企業も生産の地域的分業化を進めたいとの意向をもっており，それとも一致した．そこで西興部村が工場の設備投資資金を補助し，村 51：会社 49 の出資金でオホーツク木材工芸振興公社として 1990 年に設立し，操業を開始した．当初は塗装技術も十分でなく，経営的にも厳しい状況が続いていたが，創業家が資産の一部を投入するなどの条件を得て経営を存続させてきた．経営的にも軌道に乗り始めた 2011 年 6 月に現在のオホーツク楽器工業㈱に改称し民営となった．資本金は 5 千万円である．2000 年代には経営も安定し，製造出荷額は 3 億円前後で黒字決算が続いており，村の経済にとって貴重な基盤産業として貢献している．

この工場が担っているのは，エレキギター完成品のボディーの原板加工，研磨，塗装などである．この地に設立した理由は，木材加工という製造基盤に加え，何よりもエレキギターに最も適した原料材－道産シナノキ－による[17]．シナノキは柔らかくひび割れしにくいため楽器の原料として適した木なのである．製品の納入先は長野県松本市に本社工場があるフジゲン㈱〔FUJIGEN Inc.〕[18]である．フジゲン㈱は多くの楽器工場がアジアに移転した後も国内で生産を続けている企業で，製品には定評のある楽器製造会社である．オホーツク楽器工業㈱はボディーを長野県の工場に FUJIGEN ブランドとして 1,000 体/月出荷している．

　代表取締役は斎藤義英氏で，氏は「(社会福祉法人)にしおこっぺ福祉会」の理事長でもある．経営者を含め全従業員は 42 名（女性 5 名），実際の作業を担うのは 2017 年現在 37 名で，若い従業員も比較的多いため年齢構成は低い．従業員の供給先は道内や道東付近が多いが，ギター演奏や音楽に興味ある道外の出身者も少なくない．工場側も住居費に一定の支援をするなど若い従業員の定着を計っており，工場のハローワーク求人によると，2018 年度の賃金は基本給＋手当の合計 15.3〜18 万円となっている．

　第 1 次産業とは異なるモノづくり産業として，しかもブランド製造品が村内で持続的に行われていることは地域所得をもたらす産業として大きな意味がある．

③飲料・たばこ・飼料製造（中分類）

　もう 1 つは飲料・たばこ・飼料製造（以下，飼料製造と略記）である．それは筆者が以前から注目している酪農業の協同化・システム化の 1 つのポイントとなっている TMR（Total Mixed Ration（総合混合飼料））※を製造する事業体である．酪農家のネットワーク事業であり，土地の効率的利用や飼料の公平な配送が可能となり，法人化によって個々の農家は飼料の自前の栽培及びそれに関わる重労働から解放される事業として期待されている．

　21 世紀に入って，TMR センターは酪農振興の事業として全国でも徐々

に事業体の数を増加させており，農林水産省の平成28年度調査によれば，全国に137のTMRセンターがあり，そのうち北海道には74のセンター（54％）がある[19]．

西興部村の㈱西興部グラスフィールドファクトリー（西興部GFFと略記）はTMRセンターの1つとして設立されたものである．

ここでは現在のこの事業体の概要だけを述べておこう．西興部GFFは2007年12月にTMRの運営主体を担う事業体として設立された．8農家2法人を構成員とし，出資金はそれぞれが10万円出資し100万円であった．会社のHP及び現地ヒアリングによると，経営規模は牧草地（637ha）飼料用トウモロコシ畑（270ha）あわせて907ha，牛の飼養頭数は経産牛・育成牛あわせて1,852頭，総出荷乳量は10,362㌧で，村内の乳量の2/3に相当する乳量に結実する飼料を生産している．1戸当たりの平均乳量は村の平均（776㌧）を上回っている．粗飼料を収穫しTMRの供給が開始されたのは2009年に入ってからである．売上高は平成21年に4.8億円であり，現在まで地域の製造業として一定の水準を保持している．

酪農は固定資本投資部分が多い資本集約型産業なので雇用力が大きい産業ではないが，雇用者は6名（2018年に5名）でうち女性が2名（1名は事務職）となっており，この地域では貴重な雇用先の1つである．ハローワークの求人票によると，正社員の給料は188,000円で，この地域の賃金としてはやや高めと言えるが，仕事はTMR部（TMR製造，パック詰め），資料生産部（圃場での栽培・収穫），管理部（買取，販売）の3部から成っており，労働はその袋詰め，圃場での作業，4㌧車での配送など結構ハードなのである．

この西興部GFFは後継者がないために離農せざるを得ない状況になることを防ぎ，農業生産力を維持・確保することを目的として設立された．少しでも「ゆとり」を得ることによって新規参入者や後継者の可能性を増大させ，個別農家ごとに差はあるが1頭当たり乳量を向上させ，全体としての乳量の生産も増加した．TMRを会社として販売しているため飼料の無駄が減少し

た．価格設定や交渉力を高め，高価な機械を共同利用することによって経費を軽減する効果が期待され，その成果は徐々に現れている．

　このように，西興部GFFは西興部村の酪農の持続と発展の鍵を握っているともいえる事業体であるが，しかしそれは，農山村部での外部資本導入型の事業体とは異なっている．図5-6を見て頂きたい．西興部GFFで生産されるのは牧草やデントコーンを飼料に加工したTMRである．次頁に示したように工場は1. TMR部，2. 飼料生産部，3. 管理部の三部から構成されている．10戸の農家が所有する土地で栽培した（栽培は西興部GFFが行う－図の下段右側）生草やデントコーンを，中段右にある委託した運送会社（紋別市）を通してTMRセンターに運送し，それをサイレージ設備（飼料製造設備）がある工場で加工する（飼料生産部）．それをTMR部でパック詰めする．委託された運送会社が，パックされた飼料を各農家に配送し（中段左）供給する（下段左）．そして余分がある時のみ非参加農家にも供給する．そして，管理部が取引に伴う支払いや代金受け取りの財務事務一切を行う．ただ，収益は単一の生産組織ではないため，一括計上するのではなく，個別酪農家ごとに計上される仕組みである．

　このように，西興部GFFはパック詰めしたTMRという商品を需要者である地域内の農家に供給する事業を行っているのであるが，この事業体が生産する資源も他地域からではなく，地域内で製造（栽培）している資源を活用し加工している．地域の基盤産業という概念は，地域内外の資源を使用して地域外の需要に供給する産業を指すのであるが，西興部GFFは地域内資源を使用して地域内需要を充たすという意味では地域内で完結した製造工業なのである．地域経済の活性化には地域外からの基盤産業の誘致あるいは地域内の基盤産業の生成・成長が政策課題として掲げられるが，西興部GFFはそうした意味での基盤産業に属さない事業体である．つまり，必ずしも地域外から地域所得を獲得する事業体ではなく，地域内経済循環の重要な位置を占める事業体である．実際，西興部村の農業産出額17.8億円に4.8億円の売上が対応しているのである．したがって，地域内経済循環に貢献する新し

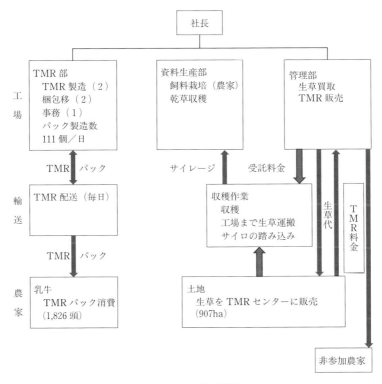

資料：西興部 GFF の HP（アドレス）を参考に筆者作成.

図5-6　西興部 GFF の業務の流れ

いタイプの事業体の事例を見ることができる．

　機械工業においては，大手の親企業があり，下請け企業と呼ばれる諸企業はその意思決定にしたがって生産活動を行うことによって効率的生産をすすめているのであるが，このTMRセンター方式は，言わば個々の自立したネットワークで形成されているため単純な量産システムの一翼ではない．それぞれ独立した酪農家の意思の一致によってのみ運営されているため，一致させるための苦労は多いが持続性は高いという特徴を持つ．

　今後，西興部村GFFを持続させるには次のような課題もある．第1に，独立した10酪農家の間の相違や格差をどのように調整するかという課題で

ある．飼料の質が高品質安定とならない場合，10経営体に供給される飼料の質がすべて下がってしまうリスクがあるが，そうした場合，どのように品質安定を図るかという点である．単一の経営体ではないため，TMRによる供給を受ける部門以外の経営方法はかなり多様である．各農家によって飼料の使用方法，搾乳設備，搾乳方法が違っており，それによってTMRに要求される飼料の中身も変わるがそうした状況への対応をどうするか．また，会社の設備更新を行うことと個別農家の了解とをどう調整して迅速・効率的に進めることが出来るかなど，単一経営体ではないことから発生するこうした諸課題への対応は大きな課題である．第2に，10経営体の農地が分散しているため今以上の作業効率の向上をどのように図っていくか，また牛群管理をどのように統一して行うか．第3に，製品価値の地域内循環を進めるには，域内での加工施設（例えばチーズ工房など）の整備なども必要になろう．また，隣接他地域のそうした施設との連携も課題となるかも知れない．第4に，確かに労働の軽減は図られたが，将来的に西興部GFFを担う若手経営者や労働力をどのように育成し，確保していくか．それは外国人労働力の活用とも深く関連している．人口減少・担い手不足，自然環境とともにある酪農の持続のためにはこうした課題を見通しながらすすめていくことが求められる．

（4）　西興部村の新たな複合産業

①環境産業

　21世紀に入り，物的財貨のより多くの生産（＝成長）という経済システムを超えて，地域内経済循環に焦点を当てた地域経済の発展という問題意識が強くなっている．それは，「成長」というキーワードから「持続性（サステイナビリティ）」を重視した地域経済への発想転換と密接に結びついている．バイオマス産業もその1つである．これまで経済的資源と考えられてこなかった地域の要素を「資源」に変え，地域内経済循環をコーディネートすることによって地域内の諸要素を活性化させようとする問題意識である．し

かも，その「資源」を電力に変えて販売することが出来れば，地域に所得を呼び込む基盤産業にもなり得る．

西興部村でもこうした問題意識に規定されてバイオマス資源*の活用を試みてきたし，その実現を具体化しつつある．全国多くの森林地域がそうであるように，西興部村でも森林（木材）を資源とした林業は昭和時代に終わりを遂げていた．現在は木材の切り出しを生業としているのは村内では1社（1人）のみとなっている．ただ，目前にある森林資源の有効活用への問題意識は一貫して続いており，バイオマス生産に向けた工場建設・運営への期待はあった．隣接地域の下川町で木質系のバイオマス生産をすすめていたことも刺激となっていた．しかし，村内で生産されたバイオマスを村内の事業所などが活用する仕組み作りには至らず，下川町と連携して下川の木質バイオマスを輸送して資源とすることもコスト的に不可能であったため，林業（木質系）ベースのバイオマス事業は頓挫した．

2007年にバイオマスの活用に重点を置いたバイオマス産業都市構想*が政府によって立ち上げられ，その後2013年にはそれを発展させたバイオマス産業都市が設定され，バイオマスを軸にした地域発展を7関係府省が選定し支援する政策が始まった．2017年度終了時点で選定された地域は79地域（うち北海道は1ブロック《十勝》＋13市町村）であるが，西興部村は「西興部村バイオマス産業都市構想」（2016年7月作成）を提出し選定された．バイオマスには廃棄物系と木質系の2種類があるが，木質系が頓挫したことを踏まえて，2016年に西興部村が提出した「構想」では酪農から排出される乳牛ふん尿に重点を置き，そこからのバイオガスによる熱利用，発電，肥・飼料利用という総合的なプロジェクトとして選定されている[20]．以下，村の「構想」に依りながら，バイオマス資源の状況，事業の内容，事業化への進捗状況，課題などについて述べておこう．

西興部村の廃棄物系バイオマス資源の賦存量は48,501㌧で，そのうち乳牛ふん尿が48,289㌧でほとんどが乳牛ふん尿である．西興部村でも乳牛ふん尿処理は地域の大問題であった（特に臭い）が，特に経産牛の場合，水分が

表5-4 バイオガスプラント計画（進捗中）

乳牛頭数	1,179 頭
バイオガス原料	88.6トン/日
うちふん尿	76.6トン/日
バイオガス発生量	3,195m³/日 （133m³/時間）
発電出力	277kW
発電量	2,216,000kWh
発電収入	86,424 千円
バイオガス発生量	1,166,175m³/年
バイオガス販売量	1,042,720m³/年
バイオガス販売収入	62,049 千円

資料：西興部村「西興部村バイオマス産業都市構想」平成28年7月より筆者作成.

多く敷料としての使用も困難だったのである．現在それらは，先述したTMRや個々の農家で何とか処理しているが，「西興部村バイオマス産業都市構想」は，ふん尿処理と同時にこれをガス化，電力化することによって新たな産業として展開し，バイオマス資源を基盤とした地域づくりの構想である．なお，バイオマスによる発電の構想は国内でもあまた出ているが，そのために逆に資源が不足し，木質や植物由来のバイオマス発電に制約が生じている現在，この構想は地域内で再生しうる資源を活用し，地域内需要にも応えようとする循環型酪農を目指そうとするものである．

　西興部村の酪農家は16戸であるが，そのうち15戸が参加する集中型バイオガスプラントを計画している．15戸の酪農家の参加による頭数は1,179頭（将来は1,300頭への増加），原料となるのは経産牛のふん尿76.6トン/日など89トン/日，時間当たりのバイオガス生産量は133m³，発電出力は277kWが可能となる．これを北海道電力に売電した場合，売電収入は86,424千円（発電量2,216MWh，売電価格39円を想定）というのがこの事業計画の中心である（表5-4）．

　集中型バイオガスプラントの立地場所は上述した西興部GFFのすぐ東側，国道239号線から見渡せる地点である．各農家からこのプラントにふん尿を収集し，そこでバイオガスを生産し，プラント隣接地に建設予定のバイオガス発電会社にガスを販売する．バイオガスプラント事業の収入は1.農家からのふん尿処理費，2.発電会社へのバイオガス販売，3.再生敷料販売で構成される．支出は1.プラント維持管理費，2.プラント建設の償却費，3.原料輸送費，4.プラント管理の人件費（3人の雇用を想定）から構成される．バ

イオガスプラント企業とは別会社の発電会社は FIT 制度（固定価格買取制度）を活用して北海道電力に売電する．それが上述した 86,424 千円であり，ふん尿処理費や発電会社へのバイオガス販売金は地域内資金循環として地域に資金を落とすのに対して，この発電会社からの収入は地域外から地域所得をもたらす．

ガスプラント建設工事は 2017 年から始まり，2018 年現在，工事は順調にすすんでおり，2019 年 2 月には工事終了し，3 月から試験運転開始という予定である．プラント本体の工事は 6.4 億円の計画であるが，7 億円を上回ると見られている．これに車両や車庫などを含めると，工事費総計は 12 億円程度が見込まれている[21]．ガスプラントの管理主体は村であるが，プラント建設後に建設予定されている発電施設はについては，発電会社を立ち上げ，ガスプラントを利用する酪農家による経営を想定している．ガスプラントの従業員はバイオガス原料を運搬する特殊な車両 3 台に対して積み卸しと運転労働に携わる 4 名を想定している．

建設費については過疎対策事業債の活用が可能であり，北電との交渉も進んでおり，バイオガス価格については 39 円/kW で 20 年間変動なしであり，実質的に事業として動いていくことになろうが，ノウハウをもった人材，水分の多いふん尿の効率的運搬と収集システムの構築など発電会社とのセットで事業を進めていくには課題も少なくない．新たな地域内経済循環を軸とした地域経済システムをどのように構築していくか期待したい．

②エゾシカを軸とした複合産業

もう 1 つの複合産業として，文字通り「エゾシカ」という地域資源を活用した新しいビジネスに取り組みつつある．これは管理型狩猟によって資源を生み出すことを通して，多様な「エゾシカビジネス」を生み出そうとする事業である．この産業化は多岐にわたっており，エゾシカハンティングツアーの組織化−捕獲−エゾシカの肉や皮の加工・料理−環境・教育事業を総称してエゾシカビジネスということが出来る．

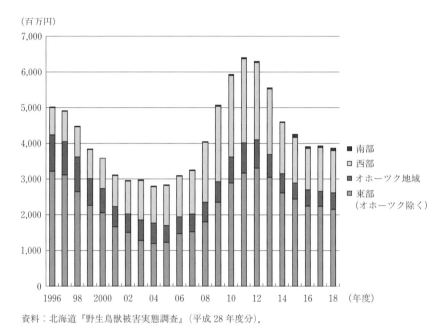

（百万円）

資料：北海道『野生鳥獣被害実態調査』（平成 28 年度分）．

図 5-7　エゾシカによる地域別農林業被害額の推移

　エゾシカは明治期には一時絶滅寸前にまで至ったこともあるが，その後の保護対策で急増し，2018 年には全道で 66 万頭と推定され，捕獲数は約 11.1 万頭となっている（北海道環境生活部エゾシカ対策課調べ）．それによる農林業への被害額も上昇し，食害による森林更新や踏みつけによる下層の裸地化−土壌流出などエゾシカによる農林業被害額は 2018 年に約 39 億円と推定されている[22]．北海道東部の被害が最も多く，オホーツク総合振興局管内の被害は約 4 億円で，道内被害額の 10.5％ を占めている．また，エゾシカに関わる交通事故も多発している．保護がかえって生態系とのアンバランスを生んでいる．こうした状況の中から，エゾシカを被害としてのみでなく積極的に地域資源として活用するという発想が生まれてきた．

　既に 1990 年に，村内有志 10 名（元村長高畑秀美氏を含む）で「西興部村養鹿研究会」が設立されており，鹿牧場をつくるなどエゾシカを村おこしに

活用しようとする動きは生まれていた．単なる駆除ではなく，管理型狩猟[23]の確立を通して生態系とのバランスに配慮し，エゾシカを地域資源として活用する動きが高まってきた．

2004 年に「NPO 法人西興部村猟区管理協会」が創設され，全村を猟区※に設定し，これを軸にエゾシカに関わる管理型狩猟事業が本格的に始まった．協会の活動目的は 1.エゾシカ個体群管理による農林業等への被害の抑制，2.ガイド付きによって安全な狩猟の実現，3.村外からの入猟誘致による地域経済への寄与，4.野生動物管理の担い手としての狩猟者の教育，5.次世代型の野生動物地域管理システムの構築，の 5 点であるが，これに基づき，さらに事業を多様に展開する見通しをもって以下のような事業を進めている．

〈ガイド付きハンティングツアーの概要〉

現在の最も大きい事業は 2008 年にスタートしたガイド付きハンティングツアーである．西興部村猟区管理協会による 2014 年の実績から見てみよう．主に本州からの客を対象に 1 日に入猟者 2 組（1 組は 1〜3 名）6 名に制限して行っている．受付は 7 月からであるが，入猟期間は 9 月 15 日〜4 月 15 日間と定め，9 月〜11 月は日の出から 3 時間程度−昼間に解体−夕方は日没前 3 時間程度，12 月〜4 月は日の出後（概ね 9 時頃）適宜出猟し，夕方までのハンティングとなっている．

地域経済への貢献という点で重要な需要者への料金システムは表 5-5 のようになっている．入猟承認料が 1〜2 人/日で 3 万円，ガイド料が 1〜2 人/日で 1.25 万円〜2 万円となっている．これに村内にある鳥獣処理加工センター「西興部ワイルドミート」[24] の解体施設や加工施設の利用料金が 1 万円程度かかり，また，こうした過程を委託する場合は 1.5 万円の委託料がかかる．一般の入猟者にとってはある程度高価なサービスであると同時に，狩猟結果が 100〜200 頭台（捕獲制限は 2 日間で 2 頭/人）であることを考慮すれば，現段階では村（猟区管理協会）にとっても地域経済に大きく貢献するという現状ではない．ここ数年間の入猟者数は年間 100 人程度である．

しかし，この入猟事業はエゾシカ関連ビジネス収入の 8 割を占めているの

表5-5　西興部村における入猟・加工施設利用の料金システム

(1)　入猟料金

人数／日数	承認料（円）	ガイド料（円）	合計（円）
2人／1日	30,000	12,500	42,500
2人／2日	30,000	24,000	55,000
2人／3日	40,000	37,500	77,500
1人／1日	30,000	20,000	50,000
1人／2日	30,000	40,000	70,000
1人／3日	40,000	60,000	100,000

(2)　鳥獣処理加工センター利用料

解体施設	加工施設	冷凍・冷蔵施設
エゾシカ・熊	3,000（1,000）円/日	1,500（500）円/日
5,000（3,000）円/頭	72,000（18,000）円/月	36,000（9,000）円/月

注：1)　承認料については，延長の場合は割安料金あり.
　　　　追加ガイド料については，2名以上の場合5,000円/1人.
　　2)　（　　）の料金は，村内に住所を有する者.
　　3)　解体委託（大バラシ，梱包，発送）は，15,000円/頭. ただし，
　　　　送料別.
　　資料：西興部村HP（西興部ワイルドミート利用について）.

である．ビジネスの対象が自然資源であるだけに量産型のサービスビジネス
になりにくいのも現実である．後述する関連ビジネスを含めた複合的ビジネ
スとして展開することが重要であろう．

〈ハンター教育事業〉

　エゾシカビジネスの2つ目はハンター教育事業である．エゾシカによる被
害は拡大しているのに対して，被害に対応する事業は進んでいない．ハンタ
ーが減少している上に特に新人のハンターの育成が進んでいないのである．
そうした中で，ハンター教育事業としてエゾシカの生態，捕獲方法，銃の取
り扱い，解体方法，料理の仕方など総合的な狩猟技術を体得してもらうため
の新人ハンターセミナーの開催，それらの実践の見学会，大学生の研修の受
け入れ，渓流釣りや林道散策などの関連事業を地道に進めている．また，エ
ゾシカ捕獲認証取得希望者にDCC[25]へのセミナーも行っている．

〈環境教育事業〉

西興部村の豊かな自然を後世に伝えるため，小学生を対象に自然体験学習やワイルドライフ教室を進めて，森の生物を知り，森の管理を体得するなどの活動も行っている．

〈調査研究事業〉

大学や森林総研などと連携して森や森の鳥獣の調査研究を行い，長期のスパンでエゾシカビジネスの持続可能性を検証している．5年前から行っている皮なめしの研究もその一環である．

〈エゾシカの個体の活用〉

増え続け，被害も拡大している現状を見ながら，北海道諸地域では少なからぬ地域でその個体を有効活用できないかと模索してきた．既に述べたように，西興部村ではその活用のあり方について1990年代からそうした問題意識を抱いてきており，現在では駆除されたエゾシカの7~8割の個体が活用されている．前述したハンティングシステムや教育事業のシステムなどのソフト系のインフラ整備と同時に，具体的なビジネスのためのハードのインフラ整備（先述の鳥獣処理加工センターなど）も進めてきた．その基盤の上に，例えば，エゾシカの生肉のパックや缶詰（600円/1缶）は既に売り出されている．シカ肉ジンギスカン，水煮，シカ肉カレー，山菜とのコラボ料理などシカ肉料理は地元では多様な活用を試みてられている．角や皮の活用も視野に入れている．皮については柔らかいという特性があるため，現在は興味ある人たちのサークルで，伝統的なアイヌの技術も参考に，手作り工程で生産の試みを行っているが，コスト的にも市場販売は現段階では難しい．地域経済への貢献のためには次のステップが求められている．

これまで述べたエゾシカビジネスの入猟状況（数，承認数，延べ日数など），セミナーへの参加者数，環境教育参加者数は漸増傾向にある．村役場もこのビジネスの成長への期待と支援を進めている．また，10数年前に村外から移住し，すっかり西興部村の虜となったA氏は，現在西興部村猟区管理協会の事務局長として様々な人的ネットワークも構築していて，エゾシ

カビジネスのキーマンとして活躍している．こうした人材の存在は極めて大きい．

エゾシカビジネスの環境が少しずつ整ってきた現在であるが，より高いステップで展開するにはまだまだ課題も多い．それを以下に述べておこう．

第1に，ハンター減少への対策である．人口減少社会にあって西興部村の人口も人口減少が止まっていない．また，人々の活動も多様化し，こうした傾向の中でハンター人口も減少している．これについては対策に決め手を欠くが，現在進めているハンティングツアーやハンティングに関する事業を地道に進めていくことが求められる．

第2に，エゾシカ被害が拡大する中で，エゾシカへのイメージ及びその個体（肉）への負のイメージは解消される傾向にはあるが，これをより科学的に認知度を上げていくことが求められる．これを「希少動物」としてではなく人間との共生を前面に押し出すことが大事であろう．人間の飼養による肉と異なり，野生動物の場合，衛生面で問題視されることが少なくないが，衛生環境を重視した解体・加工施設の下で行われていることを北海道レベル，全国レベルで市民権を獲得するよう公的規制団体と連携を図ることも重要であろう．

第3に，多様な加工のためには，ある程度の量産が可能な機械化工程も取り入れる必要があろう．言わば，完全な手作り工程と大量生産工程との中間的な生産システムの構築が求められよう．そのためには手作り職人と道外の加工業者との連携をどのように進めるかが問われよう．コストが減少すれば，現在は「珍品買い」にとどまっている市場が拡がることにつながるであろう．もちろん，コスト低下と持続性（サステイナビリティ）の両者のバランスを保ちながら市場を拡げていくべきであろう．

第4は，どのような販売システムを構築するかという課題である．例えば1つ1つの商品のデザインを高めるには都市部のデザイナーとの協働が必要になろう．商品を置いてもらうためにはAコープやアンテナショップ，デパート，スーパー，コンビニなどとの提携も求められよう．あるいは産直を

売りにした通販などの活用も求められるかも知れない.

第5に,エゾシカビジネスをコーディネートする人材が極めて重要である.そのためには,ある程度の経済基盤と自由裁量を与えて,責任をもった総合的エゾシカビジネスを進める人材を見つけ,育てていくことが求められる.

(5) 西興部村を支える地域内市場産業

過疎地域の場合,第3次産業の多くは地域内の市場を対象にした地域内市場産業である.卸・小売業(商業),宿泊・飲食のうち大半の飲食,教育・学習,そして村最大の産業とも言える医療・福祉,公務などは地元市場産業としての性格が強い.

2016年の西興部村における民営事業所の試算売上額によると,約43.7億円.建設業事業所売上が7.9億円,製造業が10.8億円,農林業が9.6億円,そして医療・福祉が6.9億円,商業4.6億円と続いている.農業及び製造業の約半数は地域外市場への供給が主であるが,上位5業種のうち,建設業,製造業の約半数,商業,医療・福祉のビジネスの基本は地域内市場が対象であり,飲食部門(宿泊・飲食1.8億円のうち宿泊は大半地域外市場),複合サービス(郵便,協同組合1.1億円)も地域内市場対象ビジネスなので,地域内市場ビジネスが多くを占めると推定される.特に注目されるのは村に所在する民間事業所の売上金額の15.7%を占める医療・福祉である.

西興部村の福祉については,当時の三宅村長の公約として,村の総合計画(1993-2002)に福祉の村づくりが位置づけられたことに始まった.

西興部村の主要な福祉施設の運営主体は「(社会福祉法人)にしおこっぺ福

表5-6 西興部村の主要民営産業の売上金額(試算)(2016年調査)

(百万円)

全産業	農林漁業	建設業	製造業	商業	宿泊・飲食	医療・福祉	複合サービス	他のサービス
4,365	955	791	1,075	462	183	687	114	14

注:法人でない団体,外国法人除く.
資料:『平成28年 経済センサス』.

祉会」((社福)にしおこっぺ福祉会と略記）である．(社福)にしおこっぺ福祉会は1988年に法人として設立され，現在主要な3つの事業と福祉に関連する多様な事業を行っている．会長を含む3名の非常勤理事と3つの事業の施設長3名及び2名の監事によって組織運営されている．この法人では86名（2名を除き西興部村村民）の施設・事業所職員が働いている．

　主な3つの事業（2018年5月現在）とは，1つは，法人設立と同時に設置された特別養護老人ホーム「にしおこっぺ興楽園」で，入所定員80名，職員は介護職員31名など合計43名（嘱託医を除く）が働いている．2016年現在，満室で待機者は25名に達している．2つは1997年に設置された障害者支援施設「清流の里」であるが，この施設には施設入所支援（知的障害者福祉寮−定員40名）と生活介護事業所（40名）26)−合計職員33名，就労継続支援事業所（定員30名−職員8名），それぞれ6〜9名のグループホーム5つで構成される共同生活支援（介護サービス包括型）事業（定員35名，職員19名）の事業を行っている．ここでは生活支援員・職業指導員以外に管理者，事務員（保護者会を含む），栄養士，看護師の合計55名が業務に当たっている．3つは1999年設置のケアハウス「せせらぎ」である．定員は30名で2018年3月の入所者は27名，従業員は介助員など4名と交代で勤務する警備員2名．入居者の半数は村の近郊に居住していた人たちである．子ども達が近くに居住しているという理由である．

　上述したように，(社福)にしおこっぺ福祉会に雇用されている職員数は86名であり，多様な労働形態の職員すべての合計は123名27)であるが，基本は村内居住を条件にしているため村内居住者が111名（村内出身者50名，村外からの移住者61名）で大半を占めている．国からの補助金・支出金を含めこれら働き手が地域でどれだけの所得を得，どれだけの消費をしているか等の研究は今後の1つの課題ではあるが，村の人口や経済規模を考慮するならば，これらの所得が地域経済に少なくない効果を与えていることが推測できよう．

　(社福)にしおこっぺ福祉会の事業活動を平成28年度「事業活動計算書か

らみると収入の決算は 6 億 5,558 万円，支出は 6 億 4,815 万円となっている．収入の項目では介護保険・老人福祉事業収益が約 3.8 億円（57.3％）で収入の半数以上，障害福祉サービス等事業収益が約 2.7 億円（41.5％）となっており，この 2 項目で収入のほとんどを占めている．周知のように，介護保険とは，広く国民から介護保険料を徴収し，それを財源に市町村が介護度の認定を行い，それに応じて利用者にサービスを提供するという仕組みである．指定された介護保険事業者（この場合は，「(社福)にしおこっぺ福祉会」）は市町村が行う介護度認定度に応じて介護給付等の請求を行い，保険者（市町村）が法定基準の 9 割を事業者に支払う．そして利用者負担は 1 割となっている．したがって，介護保険収益 3.8 億円のほとんどは市町村による介護保険料に基づいている．障害福祉サービス等事業収入は，指定された事業者（同上）が提供するサービスに対する国・道・村の支出金及び利用者負担金である．このように，事業収入のほとんどを占める 2 事業の収入源は保険者（市町村）や公共の支出金なのであり，これが言わば「基盤産業」として村の重要な地域所得の源泉となっている．

　費用（支出）から見よう．平成 28 年度の費用は約 6.5 億円であるが，そのうち 62.7％ は人件費であり，事業費が約 1.3 億円，事務費が 1 億円強となっており，人件費が最大の費用項目を占める労働集約産業なのである．事業費や事務費については，地域外からの調達が多いと推定されるのに対して，村の福祉施設で働いている人たちがすべて村民とは限らないが，それでも先述したように，111 名の被雇用者が給与を受け取り，主に地域内で生活費として消費していることは地域内経済循環として重要である．

　本論では高齢者の年金の循環については触れないが，福祉施設事業をめぐる経済循環は高齢者が多い村の年金と併せて，地域経済を成長という面だけでなく，サステイナビリティを考える上で 1 つの提起と考えられる．

　地域のサステイナビリティをめざしたこれらの試みは，最初から明確な戦略に基づいて進められたわけではない．財政力に限界があるが故に，政府の政策及びそれと結びついた補助金や地方交付税の動向を前提において様々な

政策をすすめざるを得なかったのも事実であろう．また，個別的には類似の産業構造をもつ他の自治体の政策にも刺激を受けた側面もあろう．地域情報化政策，主要産業である酪農の維持・発展政策，地域資源を活用したエネルギー政策，経済や雇用と結びつけた社会福祉政策，それらはいずれも人口が千人を下回りかねない山間自治体が地域のサステイナビリティを追及した結果なのである．

　人口が少なく，経済力も弱い地域（経済）が強くなっていくためには生産の三要素を効率的に地域に投入するというのがこれまでの定説であるし，しかし，今回のような山間地域の経済を分析して思うことは，地域外からの投入－産出だけではなく，地域内の投入－産出を地域経済の発展に位置づけることが大事な課題ではないかという点である．地域経済のサステイナビリティとは，資源もなく人材も不足している山間地域における様々な地域振興の試みを，地域経済内の投入－産出に結びつけることではないだろうか．これまでの地域経済学（経済地理学）の基盤産業－非基盤産業論と地域内経済循環の理論とがどのように理論的に結びつくのかという課題を解決したわけではない．本論では，基盤産業－非基盤産業という枠組みと地域内経済循環が現実の政策結果に反映していることを西興部村の事例から述べた．

注
1)　日本の社会問題として表面化したのは「３８豪雪（さんぱちごうせつ）」が契機である．文字通り昭和38年（1963）に日本海沿岸・山間地域の人々に「こんな地域にはもう住めない」と言わしめたほどの豪雪であった．現在ほど除雪体制が整備されていない時期のことである．英文には「過疎」という独特な単語があるわけではない．de-populationやunderpopulated areaなどが該当するが，いずれも人口減少の意味である．

2)　4回の過疎法は下記の通りである．
　①1970年　過疎地域対策緊急措置法（687万人：6.9%）
　②1980年　過疎地域振興特別措置法（846万人：7.6%）
　③1990年　過疎地域活性化特別措置法（786万人：6.5%）
　④2000年　過疎地域自立促進特別措置法（754万人：6.0%）
　2010年　　　〃　　　一部改正　6年延長（1,124万人：8.8%）

2012 年　　　〃　　　一部改正　さらに 5 年延長

2014 年　　　〃　　　一部改正

2017 年　　　〃　　　一部改正（1,088 万人：8.6%）

　　　以上の数字は，平成 30 年度版「過疎地域の現況」による．

　　　指定される過疎市町村は法律改正によって追加，削除されている．

3)　2017 年 3 月改正の過疎地域指定の要件は以下の通りである．

　　① 1970 年から 45 年間の人口減少率 32% 以上

　　② 1970 年から 45 年間の人口減少率 27% 以上，かつ高齢者比率 36% 以上

　　③ 1970 年から 45 年間の人口減少率 27% 以上，かつ若者比率 11% 以下

　　④ 1990 年から 25 年間で人口減少率 21% 以上（①～③は 1990 年から 25 年間で
　　　　人口増加率が 10% 未満）

　　2013 年から 3 年間の財政力指数 0.50 以下など，詳細は一部省略した．

4)　この数には，みなし過疎市町村（25：市町村合併などにより過疎地域を含む自
治体）や一部過疎市町村（145：市町村合併時に過疎地域に指定されていた地域を
含む市町村）を含んでいる．

5)　厚生労働省によれば，無医地区とは医療機関がなく，当該地区の中心的な場所
を起点としておおむね半径 4km 以内に 50 人以上居住している地区で，容易に医
療機関を利用できない地区のことを言う．

6)　総務省が 1999 年，2006 年そして 2010 年に過疎地域の調査を行っている．ここ
の叙述は 2015 年の結果による．総務省地域力創造グループ過疎対策室「過疎地域
等条件不利地域における集落の現況把握調査の概要」平成 28 年 9 月．

7)　1990 年代に高知県の過疎地域の調査を行った大野晃氏が名づけた概念で，65 歳
以上の高齢者が人口の半数を超えた集落をこう呼んだ．社会的共同性を基礎とし
ていた集落の自治的機能が低下し，構成員の交流が乏しくなり，構成員の社会生
活が乏しくなった集落のことを言う．「限界」という言葉には「崖っぷちに立たさ
れ」存続が無理というイメージがつきまとうため，学術的議論以外ではむやみに
使用すべきではないという意見もある．また，地域により集落機能に多様性があ
るため，統計的・数理的処理の対象にすべきではないとの意見もある．佐藤信
「『限界集落』論と北海道の農村社会」『開発論集』（北海学園大学）89 号，2012 年．

8)　北海道総合政策部「平成 31 年度北海道集落実態調査結果」

9)　「地域担当職員」とは，市町村職員が特定地域などの専門職員として地域問題の
解決に取り組めるようにした制度．

　　「集落支援員」とは，集落対策の専門知識・実践をもった人材が市町村から委嘱
を受け，職員とも連携しながら集落対策を進める制度．

　　「地域おこし協力隊」とは，地域問題の解決に意欲をもつ都市住民が市町村から
の委嘱を受け，地域の活性化に従事しその解決に貢献していく制度．

10)　同年には，「西興部村情報公開条例」も制定している．

11)　現実には，2010 年『国勢調査』から 2015 年の『国勢調査』まで微増（↓9 人，

＋1.7％）し，2018 年には 1,107 人となるなど一進一退を繰り返している．

12) 西紋地域とはオホーツク海に面した紋別市及びそれより西に位置する雄武町，興部町，西興部村，滝上町 5 市町村を指す．

13) 2016 年の産出額は 19.3 億円であるから 2 倍以上に増加している．

14) 生産農業所得とは，産出額から経費を控除し経常補助金等を加算した所得である．

15) 『オホーツクの農業 2017』（統計書）によると，平成 6 年から 25 年までに新規参入者は，学卒者 5，U ターン 2，新規 1 となっている．平成 26 年には新規 1 であるから 21 年間で 9 人である．

16) 主に北海道に自生する山菜を使用している．一部海外産を使用しているが，商品には明記してある．

17) 原料のシナノキは北海道内ですべて調達できているわけではない．現在は輸入木材が原料の半数を超えている．製品の高度化に対応するためで，よりギターに適合した木材をカナダなどから輸入している．

18) フジゲン㈱は，1960 年設立の富士弦楽器製造㈱が 1989 年に社名変更したもので，資本金 1 億円弱，売上 51 億円（2017/4），従業員 283 名の中堅会社である．エレキギターの OEM 生産や輸出用高級車のウッドパネルが主要な製品であるが，近年，自社ブランドギター・ベースの製造も行っている．以上，フジゲン㈱のHP による．

19) 農林水産省「TMR センターをめぐる情勢」（TMR センター調査結果より）平成 29 年 2 月．なお，TMR についての筆者の評価は高原一隆『ネットワークの地域経済学』法律文化社，2008 年（1 刷），60-69 頁．道北・士別市の㈲デイリーサポート士別を事例としてその意義を述べた．

20) 北海道の資料によると，西興部村の構想の概要は以下の通り．「村のスモール・メリットを活かし，乳牛のふん尿を中心とした，村全域のバイオガスプラントを先駆けに，地域バイオマスの活用により，基幹産業や地域経済の活性化，災害に強いまちづくりを目指す．」http://pref.hokkaido.lg.jp/ks/jss/biomass_sityouson.htm

21) バイオガスプラント建設への村としては大規模な予算は，平成 28 年度の一般会計予算 24 億円強だったものが，29 年度（30.6 億円），30 年度（31.5 億円）となっており 30 億円を超えている．このうちバイオガスプラントに関わる予算は約 8 億円であるが，過疎対策事業債の活用で対応している．

22) 北海道の統計数字によると，鳥獣被害の総計（海獣類被害は除く）は同年に約 46.8 億円であるが，エゾシカ被害が約 38.6.億円で大半を占めている．また，ここ 2～3 年の被害額はやや減少しているが，2011-2012 頃にはエゾシカ被害だけで 60 億円以上の被害額であった．

　北海道『平成 28 年　野生鳥獣被害調査結果』，伊吾田順平（NPO 法人西興部村猟区管理協会）「ガイド付きハンティングで地域おこし」https://www.ezoshi

ka-club.net

23) 管理型狩猟とは捕獲による個体管理，捕獲個体の有効活用など自然との調和を
図って総合的・計画的に狩猟を進めるやり方．そのために法律や条例を制定し，
様々な基準に基づいて狩猟することである．

24) この処理加工センターは，先述した「西興部養鹿研究会」が指定管理者になっ
ている．

25) DCC とは Deer Culling Certificate の略称で，シカ捕獲者の教育と認証を行う
制度である．1995 年イギリスで創設された制度を参考に（養鹿研究会によるイギ
リス視察の成果），日本では 2015 年にエゾシカ協会が中心となって創設した制度
である．また DCC は衛生的にシカを解体する認証も含んでいる．

26) なお現在，これに加えて自閉症への支援を専門的に行う事業所（定員 10 名）を
建設予定である．

27) この数字は，北海道が発行している「北方創生ジャーナル　創る」vol. 6（2018
年 3 月）に基づいているが，2015 年国勢調査の産業別人口における「医療・福
祉」119 名（表 5-2 参照）に近い数字であり，実態を反映していると考えられる．

おわりに

　以上北海道の主要産業を概観し，多様な地域の基盤産業の衰退や創成を追いながら，21世紀への基盤産業を考察してみた．また，食関連産業，自動車関連産業，エネルギー産業，観光産業，高齢者福祉産業，バイオ産業などの最近の動きを追いながら，北海道のこれからの基盤産業の可能性について探ってきた．

　21世紀の地域経済の構造変化に対応した産業がはっきりと見えているわけではないが，少しずつではあるが，新しい産業の芽は見ることができるように思われる．それを進めるには他地域から補助金や投資を期待し，それを基礎として北海道経済の振興を考えるという発想を大きく転換させることがまず求められると思うのである．発想の転換とは外部依存から脱却し供給サイドの産業創成，起業に産業振興の重点をかけることである．供給サイド重視の地域振興を地域内（北海道内）の資源，人材，社会的関係資本に求めるためのコーディネート力が今ほど問われているときはないのではないだろうか．

　本書は，その主体としてのコーディネーター，システムとしての企業間協同の意義と現代的役割についても述べてきた．これまで筆者はフィールドワークに基づいて道内外の新しい企業間連携による相乗効果について研究してきた．それはどちらかといえば，主に自治体レベルの比較的狭域の地域・空間が対象であった．本書では北海道という広域地方圏を対象に，札幌，地方都市，過疎地域という3類型の地域を取り上げ，人口減少社会における経済基盤の再構築という意味を込めて実証的に述べてきた．

　ところで，筆者は前著『ネットワークの地域経済学』において，書名の通

り，地域経済活性化の1つの方法として，企業間ネットワークによって経営の拡大と安定を図ることを提案した．そして事例として，北海道内の共同受注企業を設立して売上を伸ばした事例や地域内の異業種企業や団体のネットワークの事例，第1次産業の協同組合と住民各層の学習ネットワークによって地域の活性化を進めている事例などを紹介した．そうした試みはヨーロッパではビジネスネットワーキングとして実証が進められており，北海道経済の再生にとってもヒントになることは間違いないであろう．

小さな企業間のネットワークの形成には，そのネットワークをコーディネートする人材が不可欠であるが，そうした人材が見いだされるのは，偶然に負う場合が決して少なくない．そこで前著の小さな企業間ネットワークを少し拡大させて，地域のリーダー諸企業を軸にしたネットワークが求められると考えたのが本書の1つの問題意識である．

本書は北海道経済の持続的発展のための総論部分である．したがって，各論的に具体化しなければならない部分が少なくない．最後に実際に実現させていくための課題を述べておくことにする．

第1は，政府や自治体が行おうとしている地域政策の検討である．地域の現状分析の上に立って，課題克服のための地域の公共政策の検討をすることは不可欠の課題である．特に，政府や自治体だけが政策主体ではなく民間を含めた協働の地域づくりが求められている現在，どのような主体でどのような政策内容を進めていくかが問われているからである．筆者も21世紀に始まった産業クラスター政策そして構造改革特区，総合特区政策と続く地域活性化策について叙述する1つの章を考えていた．とりわけ，北海道においてはそうした特区政策と密接に関連する食関連産業の展開がカギを握っていると考えられるため特に重要だと認識していたからである．

しかし，政策はその時々の政権の性格によって内容が変わるし，予算配分に至っては根底から変わることもありうる．現に，北海道フードコンプレックスは民主党政権の核になる政策と位置づけられていたが，安倍政権に交代した後，政権の三本の矢の1つとして「国家戦略特区」（2014年5月に6カ

所指定）が指定されるなど総合特区の影が薄れてしまい，政策の継続性にはほど遠い状況である[1]．産業クラスターの提唱者である M. ポーターも産業クラスターが競争優位を実現するには 10 年以上を必要とするが，政治の立場からすれば 10 年は永遠とも言える長さであり，その違いがイノベーションを阻害すると述べている[2]．

第 2 は，本書で取り上げた地域がまだ限定されていることである．例えば旭川などと同類型の地方中核都市・帯広市や漁業都市・釧路市は第 4 章で事例として言及できなかった．また，室蘭市や苫小牧市など北海道内では工業都市である地域には言及していない．さらに，第 5 章に関して，農村的環境をもち，人口増を果して注目されている東川町や中山間地域の中間的性格をもった人口 2〜3 万人の都市や登別市など伝統的な温泉リゾート地域，現在は多国籍のスキーリゾート地域になりつつあるニセコ町などにも触れることが出来なかった．

とりわけ，紙数の関係で十勝・帯広について残念ながら掲載することが出来なかった．帯広市は道東の一部を構成する十勝地域の中心都市であり，十勝地域の中核都市である．人口の動きは他の地方中核都市と少し異なっており，十勝の中でお互いの競争意識は強いが，十勝全体が団結して十勝ナショナリズムを発揮する．平成の合併時にいずれの町村も合併を選択せず，食糧自給率は 1000% を超えており，以前から食関連産業の振興に力を入れ，北海道フードコンプレックス特区に関連して，帯広市を事務局とした独自の「フードバレー十勝」プロジェクトを進めているのである．

第 3 は，具体的な政策提言が十分になされていないことである．「はしがき」で述べたように，本書は地域経済の構造分析に重点を置いており，具体的な政策提言を目的にしているわけではない．しかし，北海道経済活性化の枠組みとして経済ネットワークの重要性は提起したつもりである．筆者はこれまで小さな企業間のネットワークの形成とそれをコーディネートする人材育成によって，北海道レベルの市場とそれより狭域の市場内での地域内経済循環を進めることの重要性を提起してきた．本書はその提起を拡げ，地域の

中堅企業や団体のリーダーシップにも言及した．それが基盤産業の充実と地域所得の上昇に結びつくと思うからである．

ただ，それぞれの地域経済に責任を持っているわけでもない筆者が，市場の広がりや深みについて十分な裏づけなしに提言することは無責任となりかねないため叙述を控えた面がある．グローバリゼーションが急速に進む現代社会では，地域に embeddedness（埋め込み）した地域の比較的規模の大きい企業や団体が，地域経済を大局的に見る立場からコーディネーターとしての役割を果たすことが求められていると思うのである．

本書執筆に当たって，家族から多大な支援を受けたことに感謝したい．特に，パソコンで図表を作成することが苦手な筆者に変わって数十に達する図表を作成してくれたことに心から感謝の意を表したい．

地域経済の研究者として，地域経済の再生，活性化及びその持続性には「平和」が何より重要であることを強調したい．戦争は地域経済だけでなく地域を崩壊に導いてしまう．地域産業にも軍需の影が忍び寄らないこと，多くの若者が軍事より成熟社会に見合った産業で創造性を発揮できるような地域経済の姿を望みたい．

1) 「アベノミクス特区」登場で影薄く／失速する先行2特区『日本経済新聞』2013年11月4日付．
2) マイケル・M. ポーター（竹内弘高訳）『競争戦略論II』ダイヤモンド社，1999年，33–34頁．

2020年1月25日

　　　　　　　　　　　　　　　　　　　　　　　　　　　　　筆　者

参考文献

（統計書等を含む．なお注に掲載した文献，資料のうち主要なものは再掲，複数の章で使用した
ものは若い章で掲載した．）

【第1章】

板橋守邦『屈折した北海道の工業開発』北海道新聞社，1992年．

大沼盛男・松井安信・鈴木敏正・山田定市編『北海道経済図説』北大図書刊行会，
　　1990年．

大沼盛男編『北海道産業史』北大図書刊行会，2002年．

鹿島守之助『北海道総合開発の諸問題』ダイヤモンド社，1958年．

小林好宏『北海道の経済と開発』北海道大学出版会，2010年．

小林好宏・佐藤馨一『北海道開発の役割は終わったのか？』北海道建設新聞社，2008
　　年．

祖田修『地方産業の思想と運動』ミネルヴァ書房，1980年．

髙原一隆「北海道型産業・ビジネスモデルの構築に向けて」経済地理学会北東支部編
　　『北東日本の地域経済』八朔社，2012年．

地方史研究協議会編『日本産業史大系2　北海道地方編』東京大学出版会，1960年．

中山伊知郎編『北海道開発論』東洋経済新報社，1960年．

農政史研究会『戦後北海道農政史』農文協，1976年．

北海学園大学開発研究所編『北海道開発の視点・論点』，1998年．

北海道『新北海道史』第1巻　概説，1981年．

北海道『新北海道史』第2巻〜9巻，1969-81年．

北海道開発局『北海道開発局五十五年史』，2008年．

増田壽男・今松英悦・小田清編『なぜ巨大開発は破綻したか－苫小牧東部開発の検
　　証－』日本経済評論社，2006年．

山崎幹根『国土開発の時代』東京大学出版会，2006年．

山崎幹根『「領域」をめぐる分権と統合』岩波書店，2011年．

【第2章】

〈統計書等〉

国立社会保障・人口問題研究所『日本の地域別将来推計人口』2016年3月．

資源エネルギー庁『都道府県別エネルギー消費統計』．

資源エネルギー庁『電力システム改革について』．

総務省『経済センサス』（北海道分）2016年調査．

『地域経済総覧』東洋経済新報社，（2000 年以降の各号）．

農林水産省北海道農政事務所『北海道農林水産統計』（2017 年より農業経営統計編，水産編を統合）．

北海道『北海道経済要覧』．

北海道『道民経済計算年報』．

北海道『北海道統計書』．

北海道『北海道建設業の現状』．

北海道「北海道高齢者保険福祉計画・介護保険事業支援計画　2018 年 4 月〜2021 年 3 月」（2018 年 3 月）．

北海道運輸局（国土交通省）『北海道の運輸の動き』（年報）2019 年度．

北海道運輸局（国土交通省）『数字でみる北海道の運輸』．

北海道運輸局（国土交通省）『北海道の観光基礎データ』2018 年．

北海道開発局『平成 23 年度北海道産業連関表』．

北海道観光産業経済調査委員会『第 6 回北海道観光産業経済効果調査』2017 年．

北海道経済産業局『北海道バイオレポート』．

北海道経済部『北海道エネルギー関連データ集』2019 年 4 月．

北海道経済部観光局『北海道観光入込数推移』．

北海道経済部観光局『北海道観光の現況』．

北海道経済部観光局『平成 28 年観光動態・満足度調査結果概要』．

北海道建設部「北海道における建設業の概況」平成 29 年版，平成 30 年．

北海道水産林務部『水産統計』．

北海道水産林務部『北海道木材需給実績』．

北海道水産林務部『北海道林業統計』．

北海道総合通信局（総務省）『北海道のブロードバンドサービスの普及状況』（2018 年）．

北海道電力「エネルギー・電力設備」．

北海道電力「北海道エリアの需給実績」．

北海道電力「電気事業をめぐる状況について」2018 年．

北海道農政部『北海道農業・農村の現状と課題』2019 年 6 月．

『北海道　農協年鑑』北海道協同組合通信社．

北海道農政事務所『北海道の農業の概要』．

〈雑誌〉

日本経済新聞社産業地域研究所『日経グローカル』．

北海道開発協会『開発こうほう』．

〈文献〉

小磯修二『地域と共に生きる建設業』中西出版，2014 年．小磯修二・関口麻奈美『地域と共に生きる建設業 II』中西出版，2015 年．

小磯修二・山崎幹根『戦後北海道開発の軌跡』北海道開発協会，2007 年．

高原一隆『地域システムと産業ネットワーク』法律文化社，1999 年.

高原一隆『ネットワークの地域経済学』法律文化社，2008 年.

日本経済新聞社編『北海道 2030 年の未来像』日本経済新聞社，2006 年.

北海道自動車産業集積促進協議会『北海道自動車産業集積促進アクションプラン（2017-2020）』，平成 29 年 6 月.

【第 3 章】

〈統計書，市町村史等〉

小樽市『小樽市史』第 10 巻.

札幌市『札幌まちづくり戦略ビジョン』平成 25 年.

札幌市『札幌市勢概要』（各年版）.

札幌市『札幌市統計書』（各年版）.

札幌市『札幌の人口移動』（平成 8 年度，13 年度，18 年度）.

札幌市教育委員会『新札幌市史』第 2 巻～5 巻(上)(下)通史 2～5(上)(下) 1991-2005 年.

北海道 IT 推進協会『北海道 IT レポート』（各年版）.

〈文献〉

青木由直『魚眼で覗いたサッポロバレー』共同文化社，2005 年.

鰺坂学・高原一隆編『地方都市の比較研究』法律文化社，1999 年

小林好宏『北海道の経済と開発　論点と課題』北海道大学出版会，2010 年.

札幌市教育委員会編『札幌人気質』（さっぽろ文庫 99），2001 年.

柴那典『初音ミクはなぜ世界を変えたのか？』太田出版，2014 年.

武邑光裕「トランスメディアとしての創造都市－メディアアーツ都市の創造経済」，ocn-j.net/activity/pdf/ad16fa0c23a0423c33eco121de7bbe7.pdf

日本経済新聞社編『札幌』（日経都市シリーズ），日本経済新聞社，1995 年.

平澤享輔「第 6 回札幌支店企業動向調査(1)」『札幌学院大学経済論集』創刊号（通巻第 1 号），2010 年 3 月.

平澤享輔「北海道の市町村階層間の人口移動」『札幌学院大学経済論集』第 5 号，2010 年 3 月.

北海道商工指導センター『北海道卸売業の現状と課題』1984 年.

北海道情報産業史編集委員会『サッポロバレーの誕生』イエローページ・ムック，2000 年.

増田寛也『地方消滅』中公新書，2014 年.

宮本憲一『都市政策の思想と現実』有斐閣，1999 年.

【第 4 章】

〈統計書，市町村史等〉

旭川市『旭川市統計書』.

旭川市『あさひかわの農業』.
旭川市史編集会議『新旭川市史』第2巻通史2〜第4巻通史4.
『都市データパック』2018年度版，東洋経済新報社，2018年.
函館市『函館市統計書』.
函館市『函館市農林水産概要』.
函館市史編纂室『函館市史』通説編　第2〜4巻／デジタル版.

〈文献〉

粂野博行編著『産地の変貌と人的ネットワーク：旭川家具の挑戦』御茶の水書房，
　　2010年.

【第5章】

〈統計書，市町村史等〉

オホーツク総合振興局『オホーツクの農業』.
西興部村『西興部村　人口ビジョン』2015年12月.
西興部村『西興部村酪農近代化計画書』（2016〜2025年度）.
西興部村『西興部村バイオマス産業都市構想』2013年7月.
西興部村『まち・ひと・しごと創生人口ビジョン・総合戦略』2017年5月（改訂版）.
西興部村『西興部村鳥獣被害防止計画』平成29年度.
西興部村史編纂委員会『西興部村史』1977年.
北海道『野生鳥獣被害実態調査』.

〈文献〉

北倉公彦「酪農家激減地域における酪農生産維持発展に関する研究」北海学園大学開
　　発研究所『開発論集』82号，2008年.
小林・後藤・山崎・野田「中山間地域における酪農業の保全に向けた猟区制度活用の
　　今日的課題−西興部村における猟区制度の下での秩序ある狩猟と鳥獣害対策の両
　　立−」日本都市計画学会『都市計画論文集』Vol. 50, No. 3, 2015年3月.
高原一隆「エネルギーの地産地消と地域−地産地消による地域循環型経済の実践
　　例−」『熊本学園大学　経済論集』第23巻1-4合併号，2017年，pp. 5-31.
水野谷武志「小規模地域の人口推計に関する一考察：北海道紋別郡西興部村を事例と
　　して」北海学園大学開発研究所『開発論集』82号，2008年.

〈新聞〉

『日本経済新聞』『朝日新聞』『北海道新聞』の記事を参考にした.

〈インターネット〉

インターネットについては，北海道や本書で取り上げた北海道や道内市町村のHP及
　　び各地域の主要団体（JA，商工会議所，商工会等），国の公的団体（経済産業省，
　　北海道経済産業局，総務省など）のHP，民間シンクタンクの情報で個人の署名
　　のないものを参考にした.

用語解説

ここでは，本書中に出てくる特殊な用語，現在はほとんど使用されない用語などを中心に解説したものである（五十音順）．

オリゴノール

ある物質からポリフェノールを低分子化して抽出し精製したポリフェノール．低分子化することによって体への吸収力が高くなり幅広い抗酸化作用が得られる．メーカーではライチから抽出し精製して製造している．

介護制度

以下は厚生労働省やその研究会に掲載されている文書などから筆者がパラフレーズしたものである．

①介護保険制度：高齢者の増加，核家族化の進行，介護離職などの社会問題に対応するために2000年に創設された制度である．第1号被保険者（65歳以上）と第2号被保険者から成り，65歳以上の人は原則年金から介護保険料を徴収し，要介護・要支援の認定を受けて介護サービスを受けることが出来る．保険者（市区町村など）は被保険者の保険料を徴収し，事業に関わる費用の9割（2018年から一部2〜3割）を介護サービス事業者を通じて被介護者に給付するという仕組みである．

②介護サービスの内容

介護給付によるサービスには主に，(1)居宅サービス，(2)地域密着型サービス，(3)施設サービスの三種のサービスに分けられる．

(1)居宅サービスには多様なものがあるが，その1つが訪問介護（ホームヘルプサービス）である．居宅サービスは要介護者の居宅に介護福祉士が出向き，入浴，排泄，食事など日常生活の世話をするサービスである．また，入浴に限定したサービスが訪問入浴サービス，医師の指示の下に看護師が出向いて行なうのを訪問看護，リハビリをする場合には訪問リハビリテーションなどとなっている．

通所介護は，自宅の要介護者をデイサービスセンターに通わせ，その施設で介護を行なうサービスである．短期入所生活介助・療養介護は短期間施設に入所させ要介護者に様々なサービスを提供する．

(2)地域密着型サービスは，介護が必要となっても住み慣れた地域で生活できるよう支援するサービスであり，これにも多様なサービスがあるが，例えば，地域内の定期的巡回や通報を受けて要介護者の介護を行うサービス（定期巡回・随時対応型訪問介護や看護），夜間に行うサービス（夜間対応型訪問介護），地域の高齢者施設入居者に介護サービスの提供（地域密着型特定施設入居者生活介護），認知症と診断された高齢者をデイサービスセンターに通わせたり，共同生活できる住居に入居

させて必要な介護サービスを提供する（前者を認知症対応型通所介護，後者を認知症対応型共同生活介護－後者を特にグループホームと言う）などのサービスがある．

(3)には次のようなものがある．

特別養護老人ホーム

①特別養護老人ホーム（特養）：1963年の老人福祉法制定時に創設され，介護保険法の制定と同時に介護老人福祉施設として介護保険制度に組み込まれた施設である．65歳以上で介護を必要とする高齢者の様々な介護サービスを提供している．要介護3以上の認定を受けた高齢者の入所が原則であるが，高齢者の激増に施設整備が追いつかないため，原則より介護度が高くないと入所しにくいとも言われている．現在，特養は老人福祉の中核をなす施設となっている．

②養護老人ホーム：経済的に困窮し住宅もなく独力で暮らせない65歳以上の高齢者のための施設である．「高齢者の最後の砦」とも言われるが，基本的には介護施設として位置づけられたものではない．

③軽費老人ホーム：自立した生活が困難で家族からの援助が困難な60歳以上の人のための施設である．名のごとく無料または低額な料金で食事やその他生活上の便宜を提供する施設．A型，B型，C型（ケアハウス）の3類型があり，C型（ケアハウス）は，さらに都市部の低所得者に配慮した「都市型」と呼ばれる小規模なホームに分けられている．現在はA型，B型は新設されていな

いため，ケアハウスと言えば軽費老人ホームのことを指す場合もある．ケアハウスには自立型と介護型があり，後者は65歳以上で要介護1以上の高齢種に対して介護サービスを受けることも可能である．

④サービス付高齢者住宅（略称サ・高・住）：①～③は公的施設であるのに対して，④⑤は民間施設であり，基本的には介護保険によるサービス提供とは異なるが，公的施設と連携して一部はそのサービスを受けることが出来る．

2011年10月に高齢者住まい法の改正によって提供されるようになった高齢者住宅で民間の営利事業者が運営している．主に自立した（或いは軽度の要介護）高齢者（60歳以上）を対象とし，安否確認と生活相談の2つのサービスを提供している．最近，従来からのサービスに加えて介護が必要になると外部サービスを活用する介護型サ・高・住も現れるようになったが，この場合はかなり高額になるし，需要者にとって介護付有料老人ホームとの区別を見分けにくくなっている．

⑤有料老人ホーム：概ね65歳以上の人を入居させ i 排泄，入浴，食事提供サービス　ii 食事の提供　iii 洗濯・掃除など家事サービスの提供　iv 健康管理のいずれかのサービスを提供する施設である．

近年急増している有料老人ホームは民間の営利企業が運営しているが，サービスのあり方は極めて多様で基本的には 1) 健康型有料老人ホーム，2) 住宅型有料老人ホーム，3) 介護

付有料老人ホームの3つに分類される．介護付有料老人ホームは介護保険における「特定施設入居者生活介護」の指定を受けており介護施設の概念に近いが，前2者は介護が必要となった場合の対応，ホームの部屋の条件（利用権か賃貸借かなど），入居する場合の費用など事業者によってサービス内容が大きく異なる．

寄生地主制／農地改革

土地の所有者である地主が，小作人に土地を貸し，農業労働に従事させることによって小作料を取り立てる仕組み．土地所有者は実際に労働に従事しないで小作料の取り立てだけをする地主が多かったことから「寄生」という言葉がついた．しかし，高い小作料や農村の支配関係から様々な矛盾が生まれていた．終戦により，GHQ主導の第2次農地改革によって国家による強制買収，売り渡し等により，北海道においても地主－小作関係が解体され，自作農民主体の農業基盤が確立した．

国有未開地処分法（1897）

北海道全域を国有地とした明治政府は，農業の定着とそれによる地租徴収を目的として土地払い下げを行った3回目の法律である．払い下げを無償から有償に改正するなどによって土地払い下げの処分面積は大きく伸びた．

産業クラスター政策

クラスターとはブドウの房という意味である．高度成長期の大企業主導型経済が限界に達した時代背景のもとで，コアな経営資源をもったビジネスの集積によ

り競争優位性を獲得し，新たな経済活性化を定着させていくことが求められ，経済産業省により2001年から3期・20年計画で進められた政策である．マイケル・ポーターの産業クラスター理論を参考にして政策化されたものである．

全国18カ所が指定されたが，北海道においても北海道産業クラスター政策が進められたが，北海道におけるIT産業とバイオ産業の成長はこの政策推進によるものである．

食糧管理制度（食管法）

食糧管理制度とは，米の価格や供給を国が管理する制度．その中心は食糧管理法という法律に基づいて行われた．戦時体制下の1942年に制定され，1995年に廃止された．現在は1995年の「主要食糧の需給及び価格の安定に関する法律」（食糧法）を経て，その改正版である新食糧法に基づいて農業者以外も自由に米の流通や販売が出来る仕組みとなっている．

成長の極

経済発展は一様ではなく，ある地点から現れるが，それが成長の極である．その発展は様々に経路を経て一国の経済に影響を及ぼす．これは，成長の極理論を提唱したフランスの経済学者F.ペルーの問題意識（1950年代）であるが，その後発展途上国の発展のあり方のみならず一国内の発展途上地域の発展にどのようにして経済効果が波及し，どのような政策が求められるかなど，地域経済発展の考察において重要な理論課題を提起している．

全国総合開発計画（全総）

　1950年に制定された国土総合開発法を根拠法として進められた開発計画で，略称は全総．1962年の第1回目の開発計画から第5回目に当たる開発計画まで53年間にわたって実施された．朝鮮戦争を契機に日本経済の高度成長政策が始まっていくが，その地域版としての開発計画．高度成長政策をすすめる一方で地域格差の是正，大都市への人口や経済力の過度の集中防止などをも目的としていた．その意味でこの計画は地域や地域の経済に極めて大きな影響があった計画であった．2005年に国土総合開発法に代って国土形成計画法を制定し，それに基づいて国土形成計画が策定されている．

第一次エネルギー供給

　第一次エネルギー供給とは，自然から得られた変換加工されていないエネルギーを言う．石油，石炭，原子力，天然ガス，水力，太陽光などを指す．
　第二次エネルギーとは，第一次エネルギーから変換加工して得られたエネルギーを言う．変換加工とは，発電所で生産された電力，原油から生産された都市ガス，原油からつくられた水素なども第二次エネルギーである．最終エネルギー消費とは，工場，交通，家庭などで動力，暖房，給湯，厨房などで消費されるエネルギーの消費総量を言う．転換部門のロスや自家消費を除く消費なので供給量とは一致しない．2015年度は一次エネルギー供給を100とすれば，最終エネルギー消費は68程度である．（2017年度『エネルギー白書』の説明に基づく）．

電気事業者の分類

　電気事業法では長らく一般電気事業者，卸電力事業者，特定規模電力事業者，特定電気事業者に分類され，広域地域の10電力会社であった一般電気事業者が不特定の顧客に発電－送電－配電を行う地域独占的な事業者であった．東日本大震災と東京電力による原発事故を境に，それまで徐々にすすめられていた電力システム改革が加速され，2016年4月から電気事業法改正により電力事業者は下記のように分類されるようになった．

1. 小売電力事業者：電力の小売を行う事業者
2. 発電事業者：電力小売や送配電事業者に供給するために発電する事業者
3. 送配電事業者：一般送配電事業者（旧10電力を含む，2019年現在全国に約800社），送電事業者（3社），特定送配電事業者（26社）

道央新産業都市（道央新産都）

　第1回目の全総計画は開発方式として拠点開発方式を採用した．全国の拠点開発地域が15，工業整備特別地域が6地域指定された．指定された地域の1つが道央新産業都市，略称：道央新産都である．小樽－札幌－千歳・恵庭－苫小牧－室蘭を結ぶ一帯を工業地域として開発しようという計画であった．

バイオマス産業都市構想

　「バイオマス産業都市構想」とは，関係7府省によると，「経済性が確保された一環システムを構築し，……バイオマス産業を軸とした環境にやさしく災害に強いまち・むらづくりを目指す地域であ

り，関係 7 府省が共同で選定.」

北炭（北海道炭礦汽船株式会社）

　1889 年に空知地域の炭鉱開発と流通を目的として北海道炭礦鉄道会社という名で創立された会社．1906 年に北海道炭礦汽船株式会社と改称し三井財閥の傘下に入り事業をすすめていた．戦後，エネルギー生産（石炭採掘）が活発な時期には 18 の炭鉱と 25,000 名の従業員を抱えていたが，1995 年にすべての炭鉱が閉山となる中で会社更生法の適用を受け，現在も存続し（本社：東京），石炭関係の業務と同時に夕張鉄道バスなどにも関わっている．かつては，室蘭の日本製鋼所や輪西製鉄所（現在の日本製鉄室蘭工場）を運営していた．

北洋漁業（基地）

　必ずしも厳密な定義があるわけではないが，オホーツク海，ベーリング海など北太平洋海域での漁業を指す．かつては，母船式カニ漁，母船式サケ・マス漁，母船式底曳き網漁（スケトウダラなど）などが活躍していたが，200 カイリ規制などにより現在は衰退の道を辿っている．1988 年には母船式サケ・マス漁の拠点都市であった函館からの出向が終結し，1991 年には日米加ロ 4 国の協議で，公海上のサケ・マス漁業が禁止となった．ロシア 200 カイリ内のサケ・マス漁獲については両国の交渉によって漁獲量などを決めることになっていたが，2017 年からはそれも禁止となった（試験操業のみ）．

　なお，漁業の型には 3 種類（沿岸漁業，沖合漁業，遠洋漁業）と養殖及び栽培漁業がある．沿岸漁業は 5〜10ﾄﾝ程度の船

で日帰りできる範囲，遠洋漁業は 100ﾄﾝ前後の船で 1 週間程度の期間，遠洋漁業ははるか離れた他国の沿岸まで含めた漁業とされている．北洋漁業の典型はほぼ沖合漁業が相当する．養殖は，卵からある程度成長したものを放流して漁獲する方法，栽培漁業は，漁獲するのではなく育てて出荷する漁業のことを言う．

母船式漁業

　母船とは小型漁船（独航船）が漁獲した水産物を加工処理したり冷凍保存する大型の船舶で，言わば海上の水産加工場と言えるものである．捕鯨の母船は 1 万ﾄﾝ以上になるが，サケ・マス母船の場合 8,000ﾄﾝ級のものが多い．通常，1 隻の母船と数隻または数十隻の独航船で船団を組んで漁を行う．

　独航船とは母船に並走して実際にサケ・マスなどを漁獲する漁船のことを言い，100〜200ﾄﾝクラスの漁船である．

ポリフェノール

　ほとんどの植物にある苦みや色素の成分であり，植物由来の抗酸化物質の 1 つ．抗酸化作用が強いため，そうした機能に着目して，体の有害物質を無害化したりすることによって動脈硬化など生活習慣病の予防に役立てようとしている．コーヒー，ブドウ，チョコレート，豆類，緑茶などに多く含まれているとされる．

民泊

　一般に，個人の住宅に宿泊することを指すが，厚生労働省資料によれば，「個人の住宅の一部，空き別荘，マンションの空き室を活用して宿泊サービスを提供する」宿泊形態を指す．住宅宿泊事業法

の施行によりその対象は旅館業法対象外
（年間営業日数が 180 日以内）の施設に
限定される．似通った宿泊施設としてゲ
ストハウス（Guest House）がある．民
泊の法的根拠が住宅宿泊事業法であるの
に対して，ゲストハウスは旅館業法に基
づいており，簡易宿所と呼ばれ，いわゆ
る安宿という意味であるが，単に低価格
の宿泊施設と言うだけでなく，改装した
古民家で宿泊者同士の交流や農村体験，
改装した古民家で日本の家屋文化の体験
が出来ることを売りにしている．

木質バイオマスと廃棄物バイオマス

バイオマスは生物資源の量を表す概念
であるが，そのうち木材に由来するもの
を木質バイオマスと言う．林地の未利用
材，建設発生材，製材工場などから発生
する．廃棄物に由来するものを廃棄物バ
イオマスと言う．家畜のふん尿，下水汚
泥，農業残渣，生ゴミなどを原料として
堆肥，飼料，メタンガス，エタノール，
固形燃料などを製造する．

ライラック乳酸菌

北海道機能性表示制度により認定され
ている機能性食品の 1 つ．ライラックの
花から機能性乳酸菌を採取し，カプセル
状にしたおからの成分とを融合させた製
品．コストなどおからの処理が大変なこ
とから，おからを有効活用しようとした
小樽の企業が開発した製品である．

猟区

自由に狩猟できるのを乱場と言うのに
対して，猟区とは，一定範囲を区切って
入猟者数，入猟日，捕獲対象鳥獣や捕獲
数の制限を行う区域を言う．鳥獣の生息
数を確保し，安全な狩猟をするためには
『「管理型狩猟システム」を導入する必要
がある．その手段が猟区の設定である．』
エゾシカ協会報告書は，猟区の設定の効
用として，1. ハンター教育，2. 地域振
興，3. シカ個体群の適正管理をあげて
いる．猟区は鳥獣保護法によって環境省
の許可を得て設定され，区域内では設定
者の承認を経て猟が行われる．北海道で
は現在西興部村と占冠村で設定されてい
る．（http://yezodeer.org/topics/news
letter/whatsryoku.html）参照．

AHCC

体の免疫力をうまく機能させる機能性
食品．ガンなどで免疫力が低下した人が
利用すると免疫力が向上し，栄養状態が
改善される効果があるとされる．キノコ
の菌糸体をタンクで長期間培養すること
によってつくられる．[㈱アミノアップ
HP]．

ETAS

体の細胞内のタンパク質を有効に機能
させる食品．これにより，抗ストレス，
快眠などの効果があるとされる．コーヒ
ーなどに多く含まれているが，メーカー
ではアスパラの未利用部分（茎）を活用
して製造している．

FIT

FIT（固定価格買取制度）とは，Free-
in-Tariff の略称．東日本大震災後，
2012 年 7 月に施行された「電気事業者
による再生エネルギー電気の調達に関す
る特別措置法」によって，大手電力会社
などは発電された電力を固定価格で買い
取る義務があり，経済産業省が年度初め

に価格を決めるという内容．ただ，2017年4月より改正され，木質バイオマスなどは買い取り価格が下がったが，家畜ふん尿などメタン発酵ガスの価格は 39 円/kWh で 20 年間変わらない設定価格である．なおこれについては，拙稿「エネルギーの地産地消と地域」『熊本学園大学経済論集』第 23 巻 1-4 合併号，2017 年，5-31 頁，をも参照．

TMR

TMR とは TMR（Total Mixed Ra-tion（総合混合飼料））の略称であるが，牛の飼料（牧草，デントコーン）の肥培管理，収穫，更新，堆肥散布など牛乳製造の間接的過程である重要だが重労働である飼料生産を担う事業のことを言う．低迷を脱し得ない酪農への支援システムの 1 つとして注目されてきているもので，酪農家が協同で法人を設立してこうした過程を酪農家との分業関係において専門的に担う事業体である．

索引

著者紹介

髙原 一隆（たか はら かず たか）

1947 年生まれ．立命館大学大学院社会学研究科博士課程
単位取得．札幌学院大学経済学部，広島大学総合科学部，
北海学園大学経済学部を経て，現在北海学園大学名誉教授．
博士（経済学）2001 年（立命館大学）．
主著
『地域問題の経済分析』大明堂，1986 年（共編著）
『地域システムと産業ネットワーク』法律文化社，1999 年
『地方都市の比較分析』法律文化社，1999 年
『ネットワークの地域経済学』法律文化社，2008 年
『地域構造の多様性と内発的発展－北海道の地域分析－』
　日本経済評論社，2014 年

改訂版
地域構造の多様性と内発的発展
北海道の地域経済

2020 年 3 月 31 日　第 1 刷発行
2024 年 3 月 30 日　第 2 刷発行

著　者　髙　原　一　隆
発 行 者　柿　﨑　　　均
発 行 所　株式会社 **日本経済評論社**
〒101-0062 東京都千代田区神田駿河台 1-7-7
電話 03-5577-7286／FAX 03-5577-2803
E-mail: info8188@nikkeihyo.co.jp

装丁＊渡辺美知子　　　　　　藤原印刷／根本製本

落丁本・乱丁本はお取替いたします　　Printed in Japan
価格はカバーに表示しています

Ⓒ TAKAHARA Kazutaka 2020
ISBN978-4-8188-2556-7

・本書の複製権・翻訳権・上映権・譲渡権・公衆送信権（送信可能
　化権を含む）は，㈱日本経済評論社が著者から委託を受け管理し
　ています．
・[JCOPY]〈（一社）出版者著作権管理機構　委託出版物〉
　本書の無断複製は著作権法上での例外を除き禁じられています．
　複製される場合は，そのつど事前に，（一社）出版者著作権管理機
　構（電話 03-5244-5088，FAX 03-5244-5089，e - mail : info
　@jcopy.or.jp）の許諾を得てください．

シリーズ社会・経済を学ぶ